Dr. med. Markus Tebartz   Gott in der Welt

Gott

in der Welt

Der Weg zu Gott in uns

Dr. med. Markus Tebartz

Johannes-Markus Verlag

© 1997 Johannes-Markus-Verlag
Steigweg 2
88085 Langenargen/Bodensee
Alle Rechte vorbehalten
Printed in Germany
Schriftsatz: Gerda Carola Kickers
Druck und Bindearbeiten: Bercker Graphischer Betrieb GmbH, Kevelaer

ISBN-Nr. 3-9805856-0-3

Vorwort

Im Anfang war das Wort,
das Wort war bei GOTT
und GOTT war das Wort.

Die ersten Worte des Johannes-Evangeliums in der christlichen Bibel schenken uns Aufschluß über wahrhaft göttliche Wahrheit und Weisheit.

Wer weiß, diese Worte zu deuten und zu verstehen, dem erschließt sich eine ganz neue Dimension des Seins. Dieses und andere Wissensinhalte des menschlichen Seins sich erschließen zu lassen, dies ist das Anliegen dieser Schrift. Medial empfangen, bringt sie uns das Wort Gottes näher, eröffnet unendliche Dimensionen des Seins in uns.

Nur wer diese Worte versteht, vermag zu erahnen, welche unendliche Macht der Gedanken und des Glaubens in uns selbst verborgen liegt. Nur wir selbst können dafür sorgen, daß sich dieser Kraftquell in uns erschließt und uns zu einem ganz neuen Leben verhilft. Noch glücklicher, noch zufriedener, noch harmonischer, noch ruhiger, noch gelassener und noch friedvoller wollen wir alle sein, Tag für Tag, und doch gelingt uns dies so selten.

In der Natur ist alles einfach und leicht zu verstehen.

Wer sich diesen Glaubenssatz zu eigen macht, eröffnet sich selbst und Anderen ganz neue, dimensionslose und unendliche Weiten des menschlichen Seins. Wer sich nach innen wendet anstatt nach außen, dem eröffnet sich die Schönheit der ganzen Schöpfung in uns. Es offenbart sich die Liebe und Güte eines allmächtigen Gottes dem, der sich Gott zuwendet, Gott in uns. Denn im Innen, in uns, liegt alle Glückseligkeit, alle Zufriedenheit, alle Harmonie und Vollkommenheit verborgen, und wartet darauf, von uns entdeckt zu werden. Nur wer sich auf die Reise und die Suche macht, entdeckt Gott in sich selbst.

Mögen diese Worte Eingang finden in die Herzen aller Menschen !

Markus Tebartz

1

Wir alle haben einen Vater in den Himmeln, der uns nährt und für uns sorgt. Sein allein heiliger Wille sollte für uns Sterbliche und erdgebundene Geister höchstes Gesetz sein. Seit Urzeiten erfüllt die materielle Welt einzig und allein nur einen Zweck: Uns gefallene Engel wieder in den Himmel zu bringen. Nicht als Strafe, sondern als Gnade sollten wir all das betrachten, was uns jeden Tag begegnet und oft so schwerfällt. Gott möchte einzig und allein unsere Seele gerettet wissen. So läßt Er es auch zu, daß wir am Körper Mangel und Krankheit erleiden, damit wir eine Chance haben, unsere Fehler und Schwächen zu erkennen und uns zu verändern.

„Wenn dein Auge dich zur Sünde verführt, steche es aus. Wenn ein Glied deines Körpers dich zur Sünde verführt, hacke es ab, denn es ist besser, wenn dein Körper Schaden erleidet, als daß deine Seele für immer verloren geht."

Körper, Seele und Geist bilden eine energetische Einheit. Der Körper ist nichts anderes als ein Handwerkzeug, welches der liebe Gott uns für eine gewisse Zeit mit auf den Weg gegeben hat. Dieses sollen wir nach bestem Wissen und Gewissen hegen und pflegen und dafür dankbar sein. Verletzen wir allgemein bestehende und gültige Regeln der Natur, so kann es sein, daß wir diese Auswirkungen unseres Denkens, Fühlens, Handelns und Seins, im wahrsten Sinne des Wortes, am eigenen Leibe erfahren.

Natürlich ist hier regelmäßig das Geschrei groß. Wir fühlen uns ungerecht behandelt, betrachten die Krankheit und das Leiden als Bedrohung von außen und kommen gar nicht auf die Idee, wir könnten all dieses, nach dem allgemein gültigen kosmischen Gesetz von Ursache und Wirkung, selbst verursacht haben.

Verzweifelt versuchen wir, die Ursache unseres Leidens von anderen Sterblichen aufklären zu lassen, müssen leider immer wieder die Erfahrung machen, daß dieses nur unzureichend und wenig heilbringend gelingt. So durchlaufen viele von uns einen langen und unerquicklichen Leidensweg, ohne bei einem von vielen Ärzten und Heilern Hilfe finden zu dürfen.

Haben wir doch die natürliche Ursache unseres körperlichen Mißstandes völlig außer acht gelassen - uns selbst !

Wir erhoffen uns von anderen Menschen, die oft kaum Einblick in unsere seelisch-geistige Beschaffenheit haben können, Aufschluß über den Grund unseres Leidens. Somit haben wir automatisch unseren besten Arzt - uns selbst - aus der Therapie ausgeschlossen.

Jeder Mensch weiß um seine Stärken und Schwächen, wenn wir uns selbst gegenüber nur ein kleines bißchen ehrlich sind. Diese Schwächen, unter Umständen auch die Stärken, können dazu führen, daß wir aus Selbstüberschätzung aus der von Gott in der Natur geschaffenen Ordnung herausfallen und, entsprechend der begangenen Ordnungswidrigkeit, ein Krankheitssymptom an uns entdecken dürfen. Da wir über diese Zusammenhänge oft nur wenig wissen, bringen wir diese Ursache und die eintretende Wirkung nur selten in unmittelbaren Zusammenhang.

Heilung ist gegen die Natur niemals möglich. Solange wir seelisch-geistig gegen geltende, natürliche Ordnungen verstoßen, muß die entsprechende Symptomatik immer wieder auftreten, bis wir selbst in uns einen Prozeß des Umdenkens und der Veränderung eingeleitet haben.

Einfacher gesagt als getan. Das erste Problem ist das Erkennen dessen, was wir verändern oder ablegen sollen, das zweite, das neu erworbene Wissen und Bewußtsein auch in die Tat und in das alltägliche Leben umzusetzen. Dieses scheitert nur allzu oft an unserer menschlichen Trägheit, Faulheit und Nachlässigkeit.

Wir wissen, was uns schädigt, uns krank macht und schaffen es nicht, uns aus eigener Kraft aus dem selbst bereiteten Loch heraus zu befreien. Wir lassen es zu, daß der Körper mit seinen niederen Trieben und Gelüsten, seinen Leiden und Gebrechen die Seele und den Geist regiert. Dieses zu rechtfertigen, ist uns jedes Mittel recht, um weiter vor unserem eigenen Gewissen und der Welt bestehen zu können.

Wir finden alle möglichen Ausreden und widrige äußere Umstände, die angeblich eine persönliche Veränderung nicht zulassen, und machen fröhlich weiter wie bisher. Dies führt zwangsläufig, früher oder später, zu einem vorläufigen oder endgültigen Zusammenbruch unseres natürlichen Systems, wie es der Mensch nun einmal darstellt.

Bis zu einem gewissen Grad kann der Körper auftretende Ungleichgewichte und Disharmonien ausgleichen. Vermag er jedoch eingetretene Schäden in Ruhe- oder Schonphasen nicht mehr auszubessern, verschafft er sich, völlig automatisch und von außen kaum beeinflußbar, eine Zwangspause. Diese kündigt sich meist durch kleinere Wehwehchen und andere Formen des Unwohlseins an.

Da wir erziehungs- und umweltbedingt gewohnt sind, diese Form der vermeintlichen, persönlichen Schwäche weit von uns zu weisen und nicht wahrzunehmen, tut es über kurz oder lang einen Schlag, und unser Handwerkszeug vermittelt uns eine Ruhephase in Form einer Erkrankung zum Zwecke der Selbstüberprüfung und Selbstbewußtwerdung. Dieses scheint zu diesem Zeitpunkt auch dringend nötig, da wir doch die uns verbleibende Lebenszeit „sinnvoll" und „nutzbringend" verwenden wollen und sollen.

Aus diesem „Wollen" und „Sollen" heraus ergibt sich letztendlich die Ursache allen Übels. Unser persönliches „Wollen", welches uns durch unsere gute Kinderstube und die gesellschaftliche Norm im Laufe unserer persönlichen Entfaltung und Entwicklung in diesem Leben eingeprägt wird, erstreckt sich im Regelfall auf größtmögliche Arbeitsleistung bei gerinstmöglichem Anspruch auf Selbstverwirklichung und das Erspüren eigener Bedürfnisse und Begabungen. Und da scheinbar alle es so machen, unterwerfen wir uns diesem äußeren Zwang und freuen uns auf die Rente, die wir aufgrund verschiedener körperlicher und geistiger Gebrechen oft auch nicht mehr so recht genießen können.

Wir selber lassen zu, daß die zarte Stimme unseres Höheren Selbst, unseres inneren Führers aus frühen Kindheitstagen, ungehört in uns verhallt. Später erinnern wir uns wehmütig an diesen eigentümlichen und ungekannten Zustand der Leichtigkeit, Sorglosigkeit und scheinbaren Glückseligkeit.

Heute erspüren wir eher ein Gefühl der Erdenschwere, von Hektik, vielen kleinen Ängsten, äußerer und innerer Unruhe, Streß und Nervosität. Unkontrolliert gewähren wir den Untugenden der Eitelkeit, des Neides, der Eifersucht, des Zorns und der Boshaftigkeit Einlaß in unseren Geist, ergeben uns in vielerlei Süchte und Depressionen, spielen mit Selbstmordgedanken, suchen verzweifelt Halt, Anerkennung und Liebe im Außen, welche wir doch eigentlich nur aus uns selbst schöpfen sollten.

Wir fragen uns zu Recht nach dem Sinn des Lebens, suchen Rat bei längst verstaubten Philosophen oder modernen Gurus, und sind danach genauso schlau wie vorher. Viele durchlaufen auf diese Art und Weise eine sogenannte „midlife-crisis", verlassen Haus, Hof, Familie und Beruf, suchen ihre Erfüllung und Glückseligkeit bei einem anderen Partner, einer anderen Firma, auf einem anderen Kontinent oder einer einsamen Insel.

Einige wenige machen scheinbar ihr Glück, viele stehen vor einem Scherbenhaufen, verlieren alles, Unzählige kehren nach einem kurzen Ausflug ins süße, verheißungsvolle Ungewisse zurück in ihre alte vertraute Welt, vielleicht nicht das letzte Mal.
   Und alle fragen sich insgeheim, was mache ich nur falsch ? Warum steigt in mir immer wieder diese Unlust, diese Langeweile, diese Frustration und Übersättigung, diese Unzufriedenheit mit mir selbst und den anderen auf ?
   Die Versuchung ist groß, immer die Schuld und Verantwortung bei anderen Menschen, mißlichen äußeren Umständen, dem Wetter, der schlechten Wirtschaft, der miesen Politik oder dem bösen Nachbarn zu suchen. Was ist unbequemer als die Wahrheit ?
   Alles, was uns begegnet, schöpfen wir selbst. Durch die Kraft unseres Denkens, unseres Fühlens und unseres Seins formen wir alle Dinge, die uns in diesem Leben begegnen. Durch diese uns von Gott geschenkte Kraft zeichnen wir persönlich verantwortlich für alles Glück und Unglück in dieser unseren Welt.
   Gott gab uns aus lauter Liebe den freien Willen, selbstständig und auf eigene Verantwortung bestimmte Dinge entscheiden zu dürfen. Ganz allein aus dem Grunde, damit wir hier in dieser sterblichen, materiellen Welt Erfahrungen sammeln können. Diese positiven und negativen Erfahrungen sollen dazu beitragen, das kosmische Prinzig von Ursache und Wirkung am eigenen Leibe erfahren zu dürfen, daraus Lernprozesse abzuleiten und uns seelisch-geistig daran fortzuentwickeln.

„Wie du in den Wald rufst, so schallt es heraus !"

Wie weise spricht der Volksmund, wird uns doch hier auf einfachste Art und Weise das geltende Ordnungsprinzip vermittelt. Alle Dinge, die wir mit unseren beschränkten fünf Sinnen um uns wahrnehmen können, sind aus einem Gedanken, einem Wort, einer Idee entstanden.

„Im Anfang war das Wort,
das Wort war bei Gott,
und Gott war das Wort".

Dies sind die ersten Worte der Offenbarungen des Heiligen Johannes im Neuen Testament. An dieser Stelle würde es für einige wahrscheinlich zu weit führen, hieraus die Entstehung der Welt herzuleiten.

In der von Gott geschaffenen Welt und Natur ist jedoch alles einfach und leicht zu verstehen. Der Mensch ist nichts anderes als der Mikrokosmos im Makrokosmos. Und jeder ist sein eigener Schöpfer. Wenn man dieses nur ansatzweise begreift, ist schon vieles vollbracht.

Jeder Gedanke, jede Idee, jedes Gefühl, jede Stimmung wird uns gebracht, und wir sollen entscheiden, ob wir sie annehmen wollen oder ablehnen wollen. Die Auswirkungen unserer Entscheidung erfahren wir in unserer Umwelt.

So gibt es Menschen, die vornehmlich die „positiven" Gedanken und Gefühle annehmen. Diese lassen es nicht zu, daß sie von Ängsten und Sorgen gequält werden, schieben diese weg, finden immer einen Ausweg, machen aus einem Nachteil einen Vorteil, gewinnen immer, imponieren durch ihr fröhliches Wesen und ihre gute Ausstrahlung, man fühlt sich in ihrer Nähe wohl. Uneingeweihte würden von einem Glückspilz sprechen.

Andere Zeitgenossen zeichnen sich eher aus durch ein von Ängsten und Sorgen geplagtes Lebensgefühl, bei ihnen geht immer irgend etwas schief, vielleicht nicht mehr als bei anderen, aber sie empfinden es so. Eine Katastrophe jagt die nächste, Unfälle und Krankheiten stellen sich ein wie der Briefträger, und leider tragen - wie üblich - andere die Schuld für all dies Pech und Schwefel. Man bezeichnet sich selbst gern als Pechvogel und vergräbt sich in eigenes Leid, was die Sache noch erheblich schlimmer macht.

Was lehrt uns dieses ? Das Prinzip der Resonanz:
„Was ich denke, das bin ich."

„Glaube versetzt Berge" lehrt uns unser Erlöser Jesus Christus in der Bibel. Alle Dinge, die uns in dieser Welt, in dieser jetzigen Wiedergeburt begegnen, sind an sich neutral. Sie erfahren durch unseren freien Willen eine positive oder negative Bewertung.

Wir entscheiden jeden Augenblick, bei jedem Gedanken und jeder Gefühlsschwankung zwischen Gut und Böse, zwischen Liebe und Nicht-Liebe, zwischen Annehmen und Ablehnen.

Durch positives Annehmen einer guten Sache mehren wir unseren Lernerfolg und unsere Tugenden. Wir überwinden uns selbst, tun anderen zuliebe bestimmte Dinge, die wir nicht mögen, verschenken freigiebig manches, was wir glauben zu lieben, helfen alten Damen über die Straße, natürlich nur, wenn sie es wünschen, pflegen unliebsame Schwiegermütter im häuslichen Kreise der Familie, sprich: Wir sind einfach gute, bescheidene, demütige, barmherzige, liebevolle und selbstlose Menschen vor dem Angesicht Gottes.

„Der eine ist des anderen Knecht".

Dadurch, daß ich anderen helfe, für andere da bin, anderen Freude bereite, ziehe ich automatisch nach dem allumfassenden göttlichen Prinzip der Resonanz diese guten Aspekte in mein Leben.

„Was du nicht willst, was man dir tu',
das füg' auch keinem Anderen zu."

Ich vermeide sorgfältig jede Handlung, jeden Gedanken, der andere schädigen kann oder muß, da ich damit rechnen muß, daß all dieses „mit Knüppelschlägen" auf mich zurück kommt.

Anfangs tue ich dies somit aus Berechnung. Später jedoch überwiegt mehr und mehr die Befriedigung, das unbeschreibliche Glücksgefühl, völlig selbstlos und uneigennützig einem anderen Wesen geholfen zu haben, einen Akt der Liebe vollbracht zu haben.

Ich spüre die Dankbarkeit des anderen, seine freudige Überraschung und sein Erstaunen, daß von so völlig unerwarteter Seite Hilfe auf ihn zu kam. Bescheiden und demütig lehne ich seinen Dank ab. Im Stillen lobpreise ich meinen Schöpfer, daß er mich in die günstige Lage versetzt hat, einem geistigen Bruder oder einer geistigen Schwester, einer verwandten Seele, einem anderen gefallenen Engel, Beistand leisten zu können.

Mehr oder weniger bewußt darf ich sogar sicher sein, eine für mich vorbereitete Prüfungssituation gut gemeistert zu haben, und damit auf der Treppe zur Erlösung eine kleine Stufe höhergestiegen zu sein.

Und zu meiner Überraschung darf ich feststellen, daß einige Zeit später jemand anders mir unerwartet zur Seite steht oder eine Freude bereitet. Aus heiterem Himmel erhalte ich für eine verschenkte Sache einen mehr als gerechten Ausgleich in Form eines Gewinnes oder Geschenkes und wundere mich ganz kräftig.

Wer dies selber schon lebt, weiß wovon hier die Rede ist. Je mehr ich weggebe, um so mehr fließt zu mir zurück. Dies darf selbstverständlich nicht mit materieller Verschwendung für unnütze Dinge oder privaten Luxus verwechselt werden !

Je größer die Liebe und Hingabe ist, mit der ich eine gute Sache tue oder vollbringe, um so vollkommener ist der Erfolg. Dieses ist ein kosmisches Gesetz ! Jeder Mensch weiß darum !

Was hindert uns dann eigentlich daran, alle zufrieden, glücklich, sorglos und gesund zu sein in diesem irdischen Paradies ?

Der Satan in uns ! In jedem von uns ist das Gute und das Böse, das Helle und das Dunkle. Und wir entscheiden, welche Seite von beiden in uns zu- oder abnimmt.

Und diese Entscheidung treffen wir jeden Augenblick, jede Sekunde, bei jedem Gefühl, jedem Gedanken. Wie in einem Comic schwebt auf der einen Seite geistigerweise ein kleines Engelchen, auf der anderen steht geistigerweise ein kleines Teufelchen.

Wir reichen automatisch bei jeder kleinsten Gedanken- und Gefühlsentscheidung einem von beiden die Hand und mehren dadurch, oft unbewußt, dessen Einfluß auf unseren Körper, unsere Seele, unseren Geist, unser gesamtes Sein. Das Engelchen mehrt unsere göttlichen Tugenden und Wesenheiten, die alle in uns enthalten sind, wie Liebe, Geduld, Barmherzigkeit, Wille, Weisheit, Ernst, Ordnung, Güte, Nachsicht und Toleranz.

All dieses wieder zu erlangen, schenkt uns Gott seit Jahrmillionen immer wieder die Gnade, auf diesem eigentlich schönen Planeten reinkarnieren, wiedergeboren werden zu dürfen.

Tatsache ist leider, daß der Großteil der Menschen aus lauter Dummheit, Arroganz und Eigensinn diese Chance immer wieder ungenützt verstreichen läßt und mit jedem neuen Leben unbewußt den alten Fehler wiederholt, sich zu sehr dem Teufelchen zuzuwenden.

Anstatt sich ihrer göttlichen Tugenden bewußt zu werden und endgültig in den „Himmel“, denn den gibt es wirklich, auffahren zu dürfen, mehren die meisten Menschen, wenn auch oft unbewußt, das Böse in sich, und damit in der Welt.

Man läßt sich allzu leicht zu Eitelkeit, Neid, Eifersucht, Betrug, Lüge, Wut, Ärger, Zorn und sogar zu Todsünden hinreißen, immer frei nach dem Motto, alle anderen machen es ja auch, so schlimm kann es ja nicht sein. Es ist so schlimm!

Für Sünden dieser Art gibt es vor unserem Gewissen, unserem höheren göttlichen Selbst und vor Gott keine Entschuldigung!

„Jedem wird gegeben nach seinen Werken."

Sowohl im Guten wie auch im Bösen ist das Prinzip der Resonanz, das Prinzip von Ursache und Wirkung in unserem Leben, in unserer Welt, die wir mit unseren beschränkten fünf Sinnen wahrnehmen, verankert. Und ein jeder von uns ist der Schöpfer!

Beschweren kann sich jeder, wie dunkel und düster es auf dem Schulungsplaneten Erde aussieht. Daran ändern können nur wir selbst etwas, wir gefallene Engel, indem wir bei uns selbst damit anfangen.

„Wer ohne Sünde ist, werfe den ersten Stein.

"Bevor Du Dich über den Splitter im Auge deines Nächsten ereiferst, entferne den Balken aus deinem eigenen Auge."

Ankläger und Richter gibt es heutzutage genug. Menschen, die die Liebe leben, sich selbst überwinden, dem Dunklen in sich abschwören, die Versuchung von sich weisen, viel zu wenige.

„Du sollst Dein Licht auf den Tisch stellen, nicht unter den Schemel."

Nur die Kraft des Lichtes und der Liebe vermag das Ungute in uns allen zurückzudrängen und aufzulösen, den Satan in seine Schranken zu weisen. Allzu bereitwillig lassen wir uns immer wieder zur Sünde verführen, ohne ernsthaften Versuch der Gegenwehr.

Entschuldigungen für unsere Versäumnisse und Nachlässigkeiten sind da reichlich. Und doch eines ist gewiß: All unsere Worte und Taten, unsere geheimsten Gedanken, unsere nie geäußerten Gefühlsregungen werden wie mit einem Seismographen registriert und aufgezeichnet. Mehr oder weniger Eingeweihte der Esoterik kennen dieses als die Akasha-Chronik.

Dieses sogenannte „Buch aller Leben" existiert für jeden gefallenen Engel, für jede von Gott abgefallene Seele, sprich für jedes in diesem Augenblick und zu früheren Zeiten auf diesem Schulungsplaneten Erde inkarnierte Lebewesen.

Man fragt sich nun zurecht, wie so etwas wohl funktionieren soll, ohne daß ein jeder von uns einen Kabelbaum zur Datenübertragung hinter sich herschleppt. Man stelle sich nur folgendes völlig anschaulich und bildhaft vor: Wie den Naturheilverfahren der Medizin, der Akupunktur, aber auch der Schulmedizin bekannt, besitzt jede Körperzelle des Menschen wie auch des Tieres, ein elektrisches Potential. Selbstverständlich kommt, entsprechend den physiologischen Regelkreisläufen des Körpers, ein energetischer Stromfluß im Körper zustande. Dieser wird unter anderem zu diagnostischen Zwecken der Schulmedizin, zur Dokumentation von Funktionen, wie z.B. der Herz- und Hirntätigkeit, ausgenutzt.

Jeder Stromfluß, auch der des menschlichen Körpers, induziert ein Magnetfeld, welches Schwingungen und Wellen aussendet. Tatsache ist, daß sich entsprechend dem Funktionszustand des Organismus ein Kraftfeld um den menschlichen Körper aufbaut, welches man auch als Aura oder Astralkörper bezeichnet.

Aurasichtige Menschen können daran Gesundheits- und Krankheitszustand eines Menschen ablesen, aber auch Gefühle, Gedanken und Charakter eines Menschen übertragen sich. Seit neuestem ist die Aura auch über eine Technik der Biophotonen-Forschung für das menschliche Auge sichtbar zu machen.

Mit anderen Worten: Körper, Seele und Geist bilden eine energetische Einheit. Gehirn und Kraftfeld des menschlichen Körpers bilden eine Sende- und Empfangseinheit, welche man sich, je nach Schulung und Gabe, mehr oder weniger bewußt zunutze machen kann.

Man denke nur an die zahllosen persönlichen Erfahrungen mit dem Prinzip der Resonanz. Ein Mensch, an den man gerade intensiv denkt, meldet sich augenblicklich per Telefon. Eine Mutter spürt plötzlich, daß ihr geliebtes Kind in Gefahr ist, und erfährt erst später von der Richtigkeit ihrer Empfindung.

Zahllose Versuche und Experimente mit sogenannten Medien, sprich Menschen, die über außerordentliche geistige Fähigkeiten verfügen, wurden durchgeführt. Über Tausende von Kilometern wurden vollständige Botschaften nur über Gedankenübertragung sicher wie mit dem Telefon übermittelt.

Jedem einzelnen Menschen sind noch viel mehr dieser sogenannten ungeklärten Phänomene bekannt.

Alles ist einfach und leicht zu verstehen. Geistheilungen und Heilungen durch Handauflegen funktionieren nach dem gleichen Prinzip. Wenn man begriffen hat, daß die gesamte Materie nur aus energetischen Ladungen aufgebaut ist, daß die gesamte Materie schwingt, dann lassen sich alle genannten Phänomene mit ein wenig gesundem Menschenverstand chemisch-physikalisch begründen.

Eine Beweisführung in diesen Dingen anzutreten, würde Rahmen und Form dieser Abhandlung sprengen, und soll kompetenteren Geistern überlassen bleiben. Wir begnügen uns damit, zu glauben, daß es viele Dinge zwischen Himmel und Erde gibt, die der Mensch mit den ihm momentan zur Verfügung stehenden begrenzten Mitteln zu beweisen nicht in der Lage ist.

Praktische Erfahrungen und menschliche Bewußtseins- und Glaubensinhalte können leider oft nicht auf sogenannte wissenschaftliche Fakten reduziert werden. Je mehr man sich innerlich bestimmten Dingen öffnet, umso eher darf man eine persönliche Empfindung, eine individuelle Erfahrung für sich daraus ableiten. Jede durchgemachte Erfahrung begründet neues Wissen und neuen Glauben.

2

Den Willen unseres Vaters in den Himmeln zu tun, ist gar nicht so einfach. Viele von uns beten jeden Tag im Vaterunser „Dein Wille geschehe", doch letztendlich leben wir immer mehr unseren eigenen Willen. Wir versuchen unseren Weg durch das irdische Labyrinth zu finden, laufen viele Umwege und Sackgassen, kehren um und tappen im Dunkeln.

Einfacher und zweckmäßiger wäre, im wahrsten Sinne des Wortes, das Licht einzuschalten, sich mit seinem Höheren Selbst, seiner inneren Stimme, zu verbünden. Wir alle haben diesen Rufer tief in unserem Herzen, doch unsere Alltagsbeschäftigung und unsere geistige Taubheit lassen diese Stimme oft ungehört verhallen.

Dieses hat man sich folgendermaßen vorzustellen: Gott ist ein lebendiger Gott. Er und die göttlich-geistige Welt, Seine Engel und Erzengel leben in der Unendlichkeit und der Ewigkeit. Das, was wir als Raum und Zeit in unserer materiellen Welt wahrnehmen, ist nichts anderes als die irdische Schule. Genau wie in unserer wohlbekannten und oft ungeliebten Schule werden hier verschiedene Klassen durchlaufen.

Wer das Klassenziel erreicht hat, kommt in die nächsthöhere Klasse. Wer sich besonders viel Mühe geben möchte oder einfach ein wenig ungelehrig und bockig sich anstellt, darf eine Ehrenrunde drehen.

Schulziel ist die Wiedererlangung der sittlich-geistigen Reife zum Wiederaufstieg in die geistige Ebene des Seins, die Rückkehr in die göttlich-geistige Welt, unser eigentliches Zuhause. Dies bedeutet die Befreiung vom karmischen Rad von Wiedergeburt und Tod.

Solch ein Zyklus beläuft sich für jede Seele auf eine unterschiedliche Zahl von Wiederverkörperungen, je nachdem, wie schlau man sich anstellt, wie bewußt man sich führen läßt.

Betreut werden wir während dieser schier unendlichen Zeit durch unsere Schutzengel und andere Geistwesen, die sich, je nach Bedarf, als geistige Lehrer und Führer einstellen, um uns zuverlässig unserem Schulziel zuzuführen.

Natürlich wissen wir mit jeder Neugeburt nichts mehr von unserem früheren Leben. Alte Bewußtseins- und Lebensinhalte würden uns nur unnötig davon abhalten, uns den nun anstehenden Lehr- und Lernzielen zuzuwenden.

So sind auch verschiedene praktizierte Techniken, wie Rückführungen in frühere Leben, Hypnose, Wahrsagerei und Kontaktaufnahme mit Geistern aus dem Jenseits auf keinen Fall gottgewollt.

„Wahrsagerei, Kartenlegen und Totenbefragung sind dem Herrn ein Greuel", lehrt uns die Bibel im Buch Moses.

"Lasset die Toten ruhen."

Durch Wiederbelebung der Lebensinhalte längst vergangener Zeiten können unter Umständen psychische Schocks ausgelöst werden. Nicht selten kommt es auch, wie leider sehr häufig beim leichtsinnigen und unkontrollierten Umgang mit niederen Geistwesen der Astralwelt, zu Formen der Besessenheit und bleibenden Persönlichkeitsstörungen.

Ein hoher Engel des Herrn wird sich durch nicht gottgewollte Unternehmungen, wie die gerade aufgeführten - erweitert um das Pendeln und Tischerücken und andere Formen der Magie - niemals rufen und ansprechen lassen. Niedere Geister dagegen antworten uns sehr gerne auf unsere vorwitzigen und neugierigen Fragen. Wer sich zu sehr darauf verläßt oder daran glaubt und Schaden erleidet, ist selber schuld.

„Geister, die ich rief, werd' ich nicht mehr los" weiß Goethes Faust zu berichten. Wenn ich selber dem Bösen und Unguten durch meinen freien Willen Tür und Tor meiner Seele und meines Körpers öffne, darf ich mich nicht wundern, daß die Einladung zuverlässig und pünktlich angenommen wird.

All dieses ist natürlich der Erreichung des Klassenzieles nicht gerade zuträglich. Unser Schutzengel hat genug damit zu tun, entsprechend den ihm zur Verfügung stehenden Mitteln unsere seelisch-geistige Existenz zu retten, damit wir nicht ganz in den Fängen des Satans verloren gehen. Die ihm zur Verfügung stehenden Mittel bestimmen wir übrigens durch unsere innere geistige Einstellung und unseren Glauben selbst.

Auch hier herrscht selbstverständlich das göttliche Prinzip der Resonanz, sprich Ursache und Wirkung. Je gottesgläubiger und -fürchtiger ich in der Vergangenheit gelebt habe, um so mehr Hilfe darf mein Schutzengel mir entsprechend göttlichen Gesetzen zukommen lassen. Symbolhaft darf man sich hier tatsächlich die Waage der Gerechtigkeit vorstellen.

„Jedem wird gegeben nach seinen Werken. "

Habe ich in diesem Leben nicht ganz so gewissenhaft gelebt, bin arm an Liebe und guten Werken und befinde mich in einer kritischen Lebenssituation, werden meine Vorleistungen aus früheren Leben berücksichtigt. All dieses kann sich, für menschliche Verhältnisse kaum vorstellbar, in einem Sekundenbruchteil abspielen. Ganz einfach aufgrund der Zeitlosigkeit und Unendlichkeit der göttlich-geistigen Welt. Innerhalb eines Momentes kann über Leben und Tod entschieden werden.

Letztendlich setze ich immer selbst die Ursache dafür, ob das Ungute und Böse mich überhaupt noch erreichen kann, durch mein Denken, Fühlen, Handeln und Sein. Wenn ich durch ein wenig Gedankenhygiene und -disziplin nur Liebe ausstrahle, ziehe ich auch nur Liebe an.

Gott ist nur Liebe. Jedes Geistwesen, jeder Engel, der, wie ich selbst, Gott dient und Gott liebt, fühlt sich dann augenblicklich angesprochen und eilt mit mehr als Lichtgeschwindigkeit, mit Gedankenschnelle herbei, um mich aufzufangen und mich zu schützen. Die Menschheit spricht dann immer von einem sogenannten Wunder.

Grundsätzlich besteht natürlich auch die Möglichkeit, daß das Durchleben und Erleben von persönlichen Krisensituationen zu meinen Lehrinhalten für dieses Leben zählt, oder daß ich auf diese Art und Weise mein karmisches Konto ausgleichen darf. Habe ich zum Beispiel im früheren Leben einen anderen Menschen getötet, kann ich unter Umständen in diesem Leben selbst gewaltsam zu Tode kommen, einfach um mein karmisches Konto abzugleichen
. Karma bezeichnet die Gesamtheit der während all meiner Leben durch mein Denken, Fühlen und Sein ins Leben gerufenen Ursachen, deren Wirkung ich im Laufe meiner Lebens an mir selbst erfahren darf - Schule des Lebens !

Habe ich im früheren Leben meine Tochter mißhandelt, kann mir dieses in einem späteren Leben selbst passieren. Habe ich in einem mit materiellem Wohlstand und Überfluß gesegneten Leben zugesehen, wie mein Nachbar hungerte und dürstete, werde ich eventuell als Kind der sogenannten Dritten Welt recht frühzeitig Hungers sterben.

Es ist eine Gnade, daß wir auf diese Art und Weise unsere Sünden und unsere Schuld abtragen dürfen, auch wenn dieses persönlichen Schmerz und persönliches Leid bedeutet. Jedes neue Leben ist ein solcher Gnadenakt.

Nur leider sind wir dämlich genug, uns um diesen Aspekt unseres Seins möglichst wenig zu kümmern. Wir verlieren unsere Zeit mit Fernsehschauen, Faulenzen und anderen schönen Dingen des Lebens, die unserem geistigen Wachstum nicht gerade zuträglich sind.

Wir lassen den lieben Gott einen guten Mann sein und scheren uns nur um das eigene, meist körperliche Wohl. Oft sind wir dumm genug, uns neue Sündenlasten aufzuhalsen, vernachlässigen die uns in der Bibel geschenkten göttlichen Gebote sträflichst und verkünden superschlau und wenig weise: „Man lebt nur einmal!"

So schaufeln wir uns unser geistiges Grab für die Ewigkeit selbst. „Nach mir die Sintflut!" Wer so denkt, stellt sich selbst ein Armutszeugnis aus.

Die materielle Welt, in der wir leben, ist nur eine Trugwelt, unser Aufenthalt auf der Erde nur ein flüchtiger. Wie schnell verfliegen die Stunden und Tage! Noch in der Jugend denken wir, wie lang ist das Leben!

Im Alter wundern wir uns, wo die Jahre geblieben sind und sprechen von den „guten alten Zeiten" und fürchten uns ein wenig vor dem Tod. Welchem Tod?

Dem Tode des Körpers. Denn Körper, Seele und Geist bilden eine energetische Einheit. Unsere Physik weiß, Energie kann nie verloren gehen.

„Erde zu Erde, Asche zu Asche, Staub zu Staub."

Unsere sterbliche Hülle wird aus den vier Elementen der Materie Erde, Feuer, Luft und Wasser aufgebaut.

Nach abgelaufener Schulzeit auf dem Planeten Erde verlassen die feinstofflichen Energien von Seele und Geist das Handwerkzeug und Vehikel Körper und gehen hinüber ins sogenannte Jenseits, eine andere Dimension des Seins.

Die atomaren und molekularen Energien des Körpers werden aufgelöst und umgewandelt. Unzählige Berichte, tausende Bücher über Nahtodeserfahrungen und ein Leben nach dem Tode liegen uns heute vor. Menschen, die klinisch schon tot gesagt waren, berichten hier über ähnliche und übereinstimmende Erfahrungen beim Übergang vom Leben zum Tod.

Einige berichteten, wie im Augenblick des Todes ihr „Ich-Gefühl" sich wie in einem Sog vom Körper löste. Darauf folgte das eigenartige Erlebnis, den eigenen Körper von außen betrachten und sich selbst bewundern zu dürfen. Alles war irgendwie freier und leichter.

Hierauf ist regelmäßig von der Wahrnehmung von Lichterscheinungen, einer Lichtröhre oder einem Lichttunnel die Rede, in welchem man sich mit vielen anderen Wesen befand. Am anderen Ende des Tunnels wurde eine gleißende Lichtgestalt beschrieben, die eine unendliche Güte und Wärme, unendliche Liebe ausstrahlte. Gläubige, hinübergegangene Seelen erkannten hierin Jesus Christus, unseren Erlöser.

Die meisten berichteten von einem unendlichen Glücksgefühl und wollten nicht in ihren Körper zurück. Viele kehrten schlagartig aufgrund unternommener Wiederbelebungsversuche durch Ärzte oder andere Beistand leistende Menschen zurück in diese Welt, spürten aber noch deutlich diesen wunderbar leichten Schwebezustand in sich und waren über ihre Rettung oft nicht so recht glücklich. Doch geschehen all diese Dinge frei nach Gottes Willen, den alleinigen Herrn über Leben und Tod. Gegen seinen Willen stirbt niemand, wird auch niemand vor dem Tod errettet !

Jeder Mensch hat eine für ihn festgelegte Lebenszeit, somit ein weitgehend bestimmten Schicksalsweg, auf welchem er alle benötigten Lehrinhalte durchlaufen und aufgelaufenes Karma abtragen kann. Selbstverständlich sind Abweichungen von der zeitlichen Dauer, dem Verlauf und anderen Umständen her grundsätzlich möglich. Diese erfolgen jedoch nach einem für Menschenhirn wohl unfaßbaren Prinzip der göttlichen Ordnung und Gerechtigkeit, die in Frage zu stellen uns nicht ansteht.

Nach abgelaufener Lebenszeit kommt die Seele auf den Prüfstand. Bildhaft stelle man sich dieses, ohne hier zu sehr ins Detail gehen zu wollen, wie eine Art Videoband vor. Erst wird das tatsächlich gerade abgelaufene Leben abgespult, hiernach zum Vergleich der eigentlich vorgesehene und erwünschte Ablauf gezeigt. Nach einem wiederum für Menschenhirn kaum faßbarem Prinzip wird die Meßlatte angelegt.

Erreichte Lernziele werden abgehakt, neu aufgeladene oder sich noch abzeichnende Defizite werden registriert, sprich, es erfolgt die karmische Abrechnung. Der Entwicklungsstand der Seele wird ermessen, weiterführende Maßnahmen automatisch eingeleitet. Hat die Seele sich wacker geschlagen, hat ein „gutes Leben" geführt, kann es sein, daß sie von der irdischen Wiedergeburt befreit ist - wohlgemerkt: von der irdischen !

„Der Himmel meines Vaters hat viele Wohnungen."

Diese könnt ihr allabendlich an unserem Sternenhimmel bewundern. Nichts anderes ist damit gemeint, als daß unser Universum, neben anderen Universen, noch andere Formen intelligenten Lebens beheimatet. Angesichts der Unzahl von Sternen und Planeten scheint dieses sehr wahrscheinlich, häufen sich doch in den letzten Jahrzehnten die Berichte in den Medien über Kontakte mit sogenannten außerirdischen Wesenheiten. Diese verfügen offensichtlich noch über wesentlich weiter entwickelte und intelligentere Technologien, die es ihnen erlauben, uns zu besuchen und ein wenig nach dem Rechten zu sehen.

In Wahrheit sind dies unsere geistigen Brüder und Schwestern, ebenso Kinder unseres „Vaters" im „Himmel", die nicht, wie wir als gefallene Engel, als Adamskinder der Sünde, auf unserem Schulungsplaneten Erde inkarnieren mußten.

Diese versuchen, uns nach dem Willen Gottes, unseres Herrn, ein wenig die Hand zu reichen, um uns aufzuhelfen. Mit allen ihnen von Gott erlaubten Mitteln möchten sie verhindern, daß wir Kinder der Dummheit, der Arroganz und der Sünde unseren wunderschönen Planeten zerstören.

Die Erde ist unsere einzige Chance, an uns selbst zu arbeiten, uns selbst zu erkennen, das Prinzip von Ursache und Wirkung wieder erlernen zu dürfen !

Dies ist der einzige Weg für jede Seele, für jeden von uns, wieder in die göttliche Ordnung, die von Gott geschaffene Einheit und Harmonie, diesen unfaßbaren Zustand der Glückseligkeit einkehren zu dürfen.

Wer der Versuchung des Satans folgt, sich selbst für schlau zu halten und zu glauben, dies beträfe ihn kaum, weil er ach so weise, irdisch gescheit oder materiell reich ist, der irrt gewaltig und wird wahrlich in der Hölle schmoren. In der Hölle der ewigen Finsternis und Kälte, des Abgeschnittenseins von Gottes Licht und Liebe !

Niemand lasse sich von seinem momentanen vermeintlichen Zustand des irdischen Glücks und des Wohlstandes täuschen ! Für jeden von uns kommt über kurz oder lang der Zustand des irdischen Ablebens. Wir kommen alleine und nackig auf diesen Planeten, und wir verlassen diesen Planeten alleine und nackig.

Während unserer irdischen Pilgerfahrt sind wir jeden Augenblick uns selbst, unserem Höheren Selbst, der Stimme unseres Gewissens, unserem Über-Ich, Gott-in-uns, Rechenschaft schuldig, für alles, was wir denken, fühlen und für all' unser Tun und Handeln.

Nach der Rückkehr aus der irdischen materiellen Scheinwelt ins wahrhaft göttliche Sein erfahren wir Aufklärung über unseren derzeitigen geistigen Entwicklungsstand. Mangels Einsicht, Disziplin und gutem Willen dürfen sich die meisten auf eine erneute Erdengeburt freuen.

Wir werden nicht <u>für</u> unsere Sünden bestraft, sondern <u>von</u> unseren Sünden. Unser himmlischer Vater hat uns aus unendlicher Liebe aus sich selbst heraus geistig geschaffen, als Geistwesen nach seinem Ebenbild. Und Er schöpft unendlich weiter in der Ewigkeit und jeder von uns war als Sein treuer Diener dazu ausersehen, zu helfen, Seine Schöpfung noch zu vergrößern, aus uns von Anfang an geschenktem freien eigenen Willen heraus.

Das Licht und die Liebe Gottes schöpft aus Sich selbst heraus noch mehr Licht und Liebe, das einzig wahre Perpetuum Mobile in der geschaffenen Welt. Wir schulden Gott und Seinem eingeborenen Sohn Jesus Christus, gezeugt und nicht geschaffen, unendlichen Dank, unendliche Liebe und unendlichen Gehorsam.

Das heißt, Jesus Christus war nach Gott der erste und einzige Geist am Anfang aller Dinge. Hiernach legte Gott alles weitere in die Hand Seines Sohnes. Jesus Christus schuf im Namen Seines Vaters die gesamte Schöpfung. Zuallererst die Erzengel Satanael, Michael, Uriel, Ariel, Gabriel und so weiter.

Hieraus folgten die übrigen Engelhierarchien, zu denen auch wir gehörten. Und alle halfen aus lauter Liebe zu Gott, unserem Herrn, aus eigenem freien Willen heraus, die Schöpfung weiter auszubauen.

Alle Wesen und Dinge schwingen in der göttlichen Einheit und Harmonie. Leider jedoch entfernte sich irgendwann der erste Erzengel Satanael aus dieser göttlichen Ordnung. Er erkannte Gott als Herrn, Jesus Christus jedoch nicht als Seinen Generalbevollmächtigten an. So fing er an, eigene Vorstellungen, Gedanken und Wünsche zu produzieren und gab diesen Virus an andere Engel weiter. Diesen versprach er große Gaben, über die er selber gar nicht verfügte. Denn alles, was er besaß, bekam er vom Vater.

Der erste Erzengel des Herrn, Satanael, eigentlich der Lichtträger, wurde somit der Vater der Eitelkeit und Eigenliebe. Er schuldete Jesus Christus, und damit Gott unserem Herrn, dem Vater aller Dinge, den Gehorsam und versuchte viele andere Engel, deren einige ihm aus Eitelkeit, andere aber auch aus Unwissenheit und Gutgläubigkeit folgten. Denn wer kommt schon auf die Idee, daß ein solch schön erschaffener und strahlender Engel des Herrn etwas nicht Gottgewolltes, etwas Sündiges tun würde?

Auf diesem Wege schuf sich Satanael nach und nach eine Anhängerschaft. Da man jedoch gegen die allumfassende Liebe Gottes verstieß, entfernte man sich aus der göttlichen Ordnung. Gottvater schaute sich all diese Vorgänge nachsichtig-liebevoll an. Denn obwohl diese Engel sich gegen Jesus Christus und damit gegen Seinen Willen versündigten, waren es doch Seine Kinder, die Er über alles liebte.

Als Gott das Ganze dann doch zu bunt wurde, tat es einen Schlag und Satanael, der Lichtträger, wurde zu Satan. Und mit ihm stürzte seine gesamte Anhängerschar in die Tiefe, die gefallenen Engel. Und das sind wir!

Aus eigenem freien Willen heraus versündigten wir uns gegen die göttliche Ordnung, fielen aus derselben heraus in unvorstellbare Tiefen, in das sogenannte Vorparadies. Hier spielte sich die allgemein bekannte biblische Geschichte von Adam und Eva ab. Adam als ehemaliger Engelfürst wurde erwählt, der Vorsteher der neu erschaffenen feinstofflichen Welt zu sein.

Den einstigen Engeln waren zu diesem Zeitpunkt all ihre Privilegien und göttlichen Eigenschaften genommen worden. Je nach ihrem Gehorsam, guten Willen und Entwicklungsstande sollten sie die Leiter in die göttliche Ordnung wieder hinaufklettern dürfen.

Aus der „Rippe" des Adam wurde Eva als seine Begleiterin erschaffen. Adam als Vorsteher der neuen Welt zeichnete verantwortlich für die Einhaltung der von Gott vorgegebenen Ordnung und den Gehorsam.

Wie im Alten Testament nachzulesen, ließ sich Adam denn doch durch Eva zur Sünde verführen, zum Ungehorsam gegen Gott. Nach dem auch hier geltenden Prinzip von Ursache und Wirkung, kam es unmittelbar zu einem selbst verursachten Strafgericht nach göttlicher Ordnung. Die gesamte feinstoffliche Schöpfung fiel noch tiefer in die Grobstofflichkeit, in die starre Materie. Im Laufe von Jahrmillionen entwickelten sich im Rahmen der sogenannten Evolution heute bestehende Lebensmuster.

Wie auch aus der Physik bekannt, besteht die Materie aus Energie. Diese Energie offenbart sich in den unterschiedlichsten Lebensformen, aufgebaut aus den vier Elementen Erde, Feuer, Wasser und Luft.

Über die Zwischenstufen des Mineralienreiches, des Pflanzenreiches und des Tierreiches erreichte die Schöpfung des Menschen vor Millionen von Jahren ihren Gipfelpunkt. Keinesfalls durch Zufall oder andere von der heutigen Wissenschaft angenommenen Gründe ! Einzig und allein durch Gottes Gnade wurde es gestattet, daß die gefallenen energetischen Geistpotenzen sich nach und nach, entsprechend ihrem fortschreitenden geistigen Entwicklungsprozeß, wieder zu höherwertigen Organismen wandeln durften.

Im Kosmos und so auch in unserem täglichen Leben geschieht nichts durch Zufall. Hinter allen Dingen steht ein tieferer Sinn, nämlich Gott und Sein allein heiliger Wille. Doch wie sagt doch Goethe so schön:

"Das Schwerste ist oft, was das Leichteste dir dünkt,
mit den Augen zu sehen, was vor den Augen dir liegt."

Wir wissen aus archäologischen und prähistorischen Funden, daß schon Tausende von Jahren vor christlicher Zeitrechnung bedeutende und auch höher entwickelte Formen zivilisierten Lebens auf der Erde existent gewesen sein müssen. Weiter ergibt sich aus Gesteinsformationen in unterschiedlichen geographischen Lagen dieser Erde Aufschlüsse darüber, daß sich die Weltenmeere und die Klimazonen mehrmals durchgreifend verlagert haben müssen. Alles Zufall ohne tieferen Sinn ?

Es gibt keinen Zufall. Alle Vorgänge entsprechen der von Gott in allen Dingen geschaffenen kosmischen Ordnung. So ist zu Beginn aller Zeiten von zwei Kontinenten die Rede, Atlantis und Lamurien, die später wohl versunken sein müssen. Ersteres lag im Bereich des heutigen Atlantiks, zweiteres im Bereich des heutigen Pazifiks.

In biblischen Berichten ist von Sodom und Gomorrha die Rede. Diese beiden Zivilisationen sollen aufgrund sündigen Lebenswandels ihrer Einwohner ebenfalls versunken sein. Das sündige Babylon wird hier weiter genannt. In der Geschichte finden wir weitere Beispiele höher entwickelter menschlicher Lebensgemeinschaften, die alle aus ähnlicher Ursache wieder dem Untergang und dem Zerfall anheim gefallen sind. Doch davon später mehr.

Nach dem Fall der Engel war natürlich das Zähneknirschen groß. Aus der göttlichen Ordnung heraus gefallen, befand man sich nun auf dem irdischen Schulungs- und Erlösungsplaneten. Mit ihren zusammengeschrumpften und auf fünf reduzierten Sinnen, ihrem um einiges reduzierten Bewußtseinsstand sollten die Menschen, geistig gesehen, erst einmal wieder Laufen lernen.

Durch den Sündenfall unterlagen sie den Gesetzen der Materie, und somit auch Krankheit und Tod. In einem immer wiederkehrenden Zyklus hat jede Seele Gelegenheit, durch das Erlernen und Wiederbewußtwerden der göttlichen Tugenden der Liebe, die biblische Jakobsleiter mit ihren ursprünglich sieben, jetzt acht Stufen, wieder hinaufzuklettern.

Mit Erreichen der achten Stufe mag sich das Rad von Wiedergeburt und Tod aufhören zu drehen. Wenn man den Schlüssel zum Himmelstor wiedergefunden hat, ist man endgültig nach Hause, in das göttliche Himmelreich, heimgekehrt. Unsere geistigen Brüder und Schwestern, die Engel, brechen bei Ankunft jeder geretteten Seele in himmlische Jubelrufe und göttliche Lobpreisungen aus wegen der unendlichen Liebe und Güte unseres Vaters, der alle seine verlorenen Schäfchen wieder nach Hause holen möchte.

Denn bei Gott geschieht nichts ohne tieferen Sinn und Verstand. Mit unendlicher Geduld und Barmherzigkeit läßt er es zu, daß unsere Brüder und Schwester im Himmel versuchen, uns aufzuhelfen, und uns in einem seit Jahrmillionen laufenden Schulungsprogramm die aus eigener Schuld verlorenen Tugenden wiederzuschenken.

Selbstverständlich verfügen die Engel hierzu allein schon über ihre rein energetische, rein geistige Existenz auf der jenseitigen Ebene über für Menschenverstand schier unglaubliche Fähigkeiten. Dadurch, daß sie nicht im schweren Erdenkleide wandeln, sind sie unendlich schnell und schwerelos beweglich. Aus diesem Grunde werden uns die Engel symbolisch auf kirchlichen und anderen bildlichen Darstellungen immer mit Flügeln gezeigt.

Da sie ja in der von Gott geschaffenen Ewigkeit, im göttlichen All leben, sind sie unsterblich. Wie auch bei uns herrscht dort Aufgabenteilung. Jedes Lichtwesen hat eine seiner ihm geschenkten Tätigkeiten entsprechende Aufgabe zu erfüllen.

Die einen, mit Sicherheit fortgeschritteneren, Engel bemühen sich, in schier unendlicher Liebe, Langmut und Geduld, uns oft recht eigensinnige und schwerfällige Menschenkinder auf den rechten Weg zu bringen. Sie und unsere Schutzengel führen uns heil durch unsere irdischen Prüfungen.

Andere betreuen andere Planeten oder machen sich sonstwie in der göttlich-geistigen Welt nützlich. Und alle tun dies aus lauter Liebe und Dankbarkeit unserem himmlischen Vater gegenüber. Jeder hilft nach bestem Wissen und Gewissen dem anderen, erfüllt seine Aufgabe in Demut und Freude.

Keiner fragt danach, was er dafür bekommt, oder was er dabei verdient. Denn jeder weiß, daß Gott der ewig Gebende und Schenkende ist, der alles, das gesamte All, aus lauter unendlicher, selbstloser Liebe aus Sich selbst heraus hat entstehen lassen und allen Seinen Geschöpfen Leben und Existenz geschenkt hat.

Und Gott stellt keinem von uns etwas in Rechnung, erwartet nur ein wenig Dankbarkeit und Liebe Seiner Kinder. Würde Er nur einen Augenblick Seine Liebe, das Licht, welches aus Ihm in das All, in den Kosmos strahlt, zurückhalten, wäre die gesamte Schöpfung mit einem Schlag ein Nichts !

Die unermeßlich große und strahlende Kraft, die von ihm ausgehend die Zentralsonnen und Weltsonnen unterhält, würde unterbrochen. Damit wäre in einem Sekundenbruchteil die gesamte Schöpfung ausgelöscht, und damit ein jeder von uns !

Auch wir ach so wichtigen kleinen Erdlinge, die glauben, daß ohne sie die Welt nicht funktioniert, und die meinen, sie könnten durch ihre popelige Technik und ihre hochtrabenden stolzen Wissenschaften aus eigener Kraft alles vollbringen, würden sich ganz kräftig wundern, wenn mit einem Schlag die Lampe ausgeht.

All diese wichtigen kleinen Details, um die wir uns tagtäglich unermeßlich zu sorgen gewohnt sind, wären schlagartig vernichtet und unser armseliges, aber sich selbst aus Unwissenheit und Eitelkeit unendlich selbst überschätzendes Ich für immer und ewig aufgelöst !

Kein schöner Gedanke, und doch haben die meisten von uns während ihrer vielen Leben wirklich nichts dazugelernt, sondern gefallen sich selbst immer wieder in der Rolle von kleinen selbstgefälligen, unbescheidenen, eitlen Wichtigtuern. Von Demut und Dankbarkeit, Liebe zum Nächsten keine Spur !

Jeder ist sich selbst der Nächste, Hauptsache, die Kasse stimmt, die Erde und die Natur sind ein reiner Selbstbedienungsladen und wir selbst die kleinen Könige, die mit einem Haufen Boshaftigkeit einander belügen und betrügen, einander unterjochen und töten, und in maßloser Selbstüberschätzung behaupten, wir wüßten, was gut ist für alle anderen !

Wer sich mit offenen Augen in der Welt umsieht, weiß, daß es so ist. Nichts funktioniert so, wie es sollte, da sich in das System immer wieder kleine Schwächen und Fehler einschleichen - der menschliche Faktor.

Nur eines funktioniert, zumindest solange der Mensch es in seinem eitlen Vernichtungswahn halbwegs zuläßt - die Natur.Und die ist ja laut unserer aufgeklärten Wissenschaft durch Zufall entstanden und erhält sich von alleine am Leben. Daß hinter der Natur und den in ihr geltenden Regeln und Gesetzen eine unendlich große Intelligenz stehen muß, weiß jeder Mensch, der sich ihr mit ein wenig Liebe und Aufmerksamkeit widmet.

Man gerät schier in höchste Verzückung beim Anblick eines berauschenden Sonnenuntergangs über tiefblauem Ozean, bei einem Spaziergang durch Gottes schöne Wälder und Felder, beim Betrachten der Vielfalt der geschaffenen Lebewesen in ihrem Artenreichtum und ihrem scheinbar unendlichen Potential, sich immer wieder zu erneuern und zu regenerieren.

All dies nehmen wir als selbstverständlich hin und beschäftigen uns lieber damit, uns gegenseitig das Leben, sprichwörtlich, zur Hölle zu machen. Anstatt dankbar, zufrieden und glücklich zu sein für die uns gewährte Gnade, trotz unseres Ungehorsams auf diesem eigentlich wunderschönen Erlösungsplaneten leben, lieben und zur Schule gehen zu dürfen, lassen wir den lieben Gott einen guten Mann sein und gehen eigene Wege.

Damit machen wir, wenn auch unbewußt, da weiter, wo wir aufhören mußten, als wir aus eigener Schuld aus dem Paradies purzelten. Und rechnen insgeheim damit, daß dieses in der Zukunft immer weiter so gehen wird. Obwohl wir ja so nach und nach erkennen müssen, daß wir uns nun wohl doch in einer Sackgasse befinden, lügen wir uns immer weiter etwas vor, basteln heldenmütig an wackeligen Konzepten zur Rettung von Natur und Umwelt, bekämpfen an allen Fronten weltweit Arbeitslosigkeit, Hunger, Seuchen und Wirtschaftskrisen, Gewalt und Kriege. Und stolpern immer wieder über den gleichen Stein - uns selbst !

In jedem von uns ist das Helle, das Lichte, die Liebe. Aber auch das sogenannte Böse, das Satanische begehrt in uns immer wieder auf und möchte die Oberhand gewinnen. Und wer ist schuld daran ?

Wir selbst. Wir lassen es immer wieder zu. Bei allen guten Vorsätzen, allem guten Willen, den wir manchmal aufbringen, bei allen Hilfestellungen, die uns unsere himmlischen Helfer, die Engel, jeden Augenblick im Namen Gottes bereit sind zu geben, lassen wir selbst es immer wieder zu, daß wir fallen, weil wir uns immer wieder, wie bei Adam und Eva, in Versuchung führen lassen !

Jetzt, jetzt und jetzt. Jeder negative Gedanke, jedes miese Gefühl, jedes böse Wort, welches wir unkontrolliert aus uns herausfließen lassen, muß zwangsläufig, nach dem Prinzip der Resonanz, dem Prinzip von Ursache und Wirkung, seine Entsprechung, sein Echo in unserer Welt finden.

Und dieses Prinzip zu erlernen, uns selbst mit unseren Schattenseiten und unserer Bereitwilligkeit, immer wieder das Böse zu tun, zu erkennen, das ist Sinn und Zweck unseres Lebens auf diesem irdischen Planeten !

„Wer es fassen kann, fasse es.“

Diese Lektion zu lernen, und dann das neu erworbene Wissen sofort, unmittelbar in die gute Tat und das tägliche miese Alltagsleben umzusetzen, ist die erste, höchste und einzige Aufgabe, der wir unser gesamtes Leben verschreiben müssen, jeder an seinem Platze. Es gibt keinen anderen Weg ! Niemals !

Und wir bekommen jede erdenkliche Hilfe, die man sich nur vorstellen kann, wenn wir ernsthaft und aufrichtigen Herzens darum bitten. Und von wem ?

Von unserem Schutzengel, dem Sonderbeauftragten, der sich einzig und allein dafür verantwortlich fühlt, uns auf den Weg nach Hause zu bringen. So sicher wie das Amen in der Kirche betrachtet Ihr Schutzengel Sie genau in diesem Augenblick liebevoll-besorgt, und sieht bis in den tiefsten Grund Ihres Herzens, zu Gott betend, Er möge Ihrer Seele die Kraft schenken, sich voll Vertrauen und Glauben in Ihm an Gott zu wenden !

Möge Gott Ihr verkrustetes Herz durch die Kraft der Liebe aufbrechen, auf daß Sie aus Ihrem jahrhundertelangen Dornröschenschlaf erwachen mögen !

Jesus Christus war der Prinz, der uns alle wachküssen wollte, nur die meisten von uns haben dies leider verpennt. Nutzen sie diese einmalige Chance ihres Lebens, das Ruder ihres Seelenschiffes herumzureißen, weg von dem Abgrund des ewigen Todes, hin zu dem sicheren Hafen der Liebe und des ewigen Lebens !

Nur Sie selbst sind der Steuermann, immer, hier und jetzt, nicht morgen und auch nicht nächste Woche !

Wie Sie den Kurs ändern können ? Sie brauchen hierzu nicht in eine Sekte einzutreten, brauchen keinen persönlichen Guru zu buchen, keinen Spendenscheck auf die Reise zu bringen, noch nicht einmal das nächste Gotteshaus zu stürmen, auch wenn dieses vielleicht nicht ganz von Nachteil wäre. Alles was Sie dazu benötigen, haben Sie in diesem Augenblick bei sich.

Einen gesunden Menschenverstand, ein liebendes, wenn vielleicht auch ein wenig eingemauertes menschliches Herz und den unfaßbar großen Luxus, durch die Kraft des gedachten oder gesprochenen Wortes über Ihren Schutzengel, der mit Begeisterung und großer Freude Ihrer Bitte entsprechen wird, schlagartig, gedankenschnell auf der Stelle Kontakt zu Ihrem Herrn und Gott herzustellen, Ihn um Gnade und Hilfe anzuflehen.

Klingt unglaublich einfach ! Ist es auch. Was steht dem entgegen ? Unser Stolz und unser Unglaube. Wir sind es gewohnt, die Dinge, an die wir glauben, anfassen und sehen zu können.

Dies sind die schlimmsten Verstrickungen der materiellen irdischen Welt. Alles, was wir nicht anfassen und sehen können, betrachten wir mit unglaublicher Dummheit und Kleinkariertheit als nicht existent.

Trotzdem tolerieren wir es stillschweigend, daß unser Fernseher samt Fernbedienung jeden Augenblick meistens superzuverlässig funktioniert, telefonieren wichtig mit unserem persönlichen überflüssigen Handy rund um die Welt, und nehmen mit Selbstverständlichkeit Untersuchungen unseres menschlichen Körpers mit den neuesten Errungenschaften der sogenannten modernen Medizin in Anspruch, voll blindem Glauben und Vertrauen in den Weißkittel, der ihn bedient.

Die wenigsten von uns haben auch nur annäherungsweise eine Vorstellung, wie diese modernen Kisten wohl funktionieren mögen. Aber wir sind es gewohnt, alle haben es, zwar kann man Ströme, Schwingungen und Wellen nicht anfassen und nicht sehen, aber es funktioniert doch wohl !

Würden wir nur ein klein wenig weiterdenken, würden wir begreifen, daß der gesamte Kosmos nur reine Energie, nämlich Ströme, Schwingungen und Wellen der Liebe ist. Und dieser energetische Strom des Lichtes und der Liebe muß nach geltenden kosmischen und physikalischen Gesetzen eine Quelle und einen Ursprung haben - Gott !

Und wie kann jeder einzelne als kleine hilflose, unwissende und bis jetzt ungläubige Seele Gott in sein Leben rufen ?

Durch Vertrauen und Glauben. Gebet und Meditation. Man muß Altes, Vergangenes loslassen können, damit sich Neues, Schöneres erschließen kann. Man setzt sich in sein stilles Kämmerlein, jeder nach Geschmack mit einer Kerze oder einem Meditationskissen und spricht oder denkt in ganz normalen sterblichen Worten, jeder in seiner Sprache, zu unserem himmlischen Herrn und Schöpfer.

> *„Lieber Gott, ich bin klein und dumm,*
> *ich kann Dich nicht anfassen und sehen,*
> *aber wenn Du da bist,*
> *dann gib mir doch bitte ein Zeichen. "*

Dieses Gebet kommt an ! Der Vater aller Dinge kennt seine Pappenheimer länger und besser, als wir uns selbst. Er weiß jeden Augenblick über das die gesamte Schöpfung überziehende und umfassende energetische Netz Seiner Engel und Erzengel jedes kleinste Detail über Körper und Seele eines jeden von uns. Man kann Ihn nicht täuschen !

Echte Hilfe, Veränderungen im Leben, sprichwörtliche Wunder können nach geltenden Regeln der von Gott in allen Dingen geschaffenen Ordnung nur bei aufrichtigem, ehrlichem und demütigem Gebet geschenkt werden.

„Du sollst Gott, Deinen Herrn, nicht versuchen."

Jeder Versuch, aus Neugierde oder Unglauben oder falschem Stolz heraus, bestimmte Dinge zu erwirken, kann unabsehbare und fatale Folgen haben. Wer den Zorn Gottes herausfordert, den straft Er unnachsichtig und hart. Alles in der Bibel nachzulesen. Denn diese ist tatsächlich das Buch der Bücher. Alles, was in der Bibel steht, ist wahr!

Durch Prophetenhand wurde den verirrten Seelen Hinweise gegeben, wie sie den Weg heim ins Himmelreich antreten könnten.

„Bittet, so wird euch gegeben werden,
klopfet an, so wird euch aufgetan,
suchet, so werdet ihr finden."

Der gute Wille allein zählt, denn jeder wird von Gott angerührt, egal auf welche Weise. Und jeder muß Stellung beziehen, sagt ja oder nein dazu. Und jeder muß, jetzt und in der Ewigkeit, die Konsequenzen seiner Entscheidung tragen. Denn es wird kommen der Tag des jüngsten Gerichts, „zu richten die Lebendigen und die Toten."

Dieses hat weniger etwas mit den Irdisch-Lebendigen oder Irdisch-Toten zu tun. Die, die im Glauben an den Herrn und Gott lebendig sind, und die, die im Glauben tot sind.

„Viele sind berufen, wenige sind auserwählt."

Wie ist das zu verstehen? Ganz einfach. Niemand besser als Gott kennt unsere Seele seit Anbeginn aller Zeiten mit all ihren Stärken und Schwächen. Er weiß genau, daß einige es wohl niemals schaffen werden, sich selbst, ihre Eitelkeit und ihren Stolz, den Teufel in sich zu überwinden und an sein liebendes Vaterherz zurückzukehren. Andere stehen auf Messers Schneide, jeder Schritt bei dieser Gratwanderung kann ewiges Leben oder ewigen Tod bedeuten.

„Viele sind berufen", jeder wird angerührt, „wenige sind aus- erwählt", wenige schaffen es letztendlich wirklich, sich dauerhaft zu ändern und bei der Stange zu bleiben. Heute hüh und morgen hott. Damit sind in der Bibel die Lauen und Nachlässigen gemeint. Der gute Wille allein zählt. Gott läßt sich nicht gern vertrösten.

Wenn man zum hundertsten Mal beim Finanzamt, dem man ei- nen Haufen Geld schuldet, den Termin verschwitzt, darf man sich nicht wundern, wenn selbst dem gutmütigsten, geduldigsten und barmherzigsten Finanzbeamten der Kragen platzt, und er mit einem Schlag ihre Seele gleich mitkassiert. Das ist kein Witz !

Man wappne sich mit Vertrauen und Glauben und bitte demü- tigst um Erbarmen. Wiederholungen dieser Übung können nur von Vorteil sein. Man fühle sich jeden Augenblick, egal wo man geht, steht oder schläft, beobachtet, geprüft, durchleuchtet und abgehört.

Man stimme sein gesamtes Leben, sein gesamtes Sein auf die göttlichen Gebote des Neuen Testamentes und die übrigen vermit- telten Lehrinhalte ab, ohne Ausnahme. Das hat mit überfrommem Leben oder Strebertum nicht das mindeste zu tun !

Es gilt kein „Ja und Nein", kein „Vielleicht", sondern nur ein „Ja oder nein". Möchte man hier im Irdischen eine Gehaltsaufbes- serung erreichen oder seinen Rausschmiß vermeiden, bemüht man sich ja auch peinlichst genau, geltende Regeln und Verordnungen am Arbeitsplatz einzuhalten.

Wer sich etwas in die Tasche lügt, ist selber schuld. „Big brother is watching you", dank sei Gott dem Herrn. Sonst würde es auf diesem Planeten wahrscheinlich noch finsterer aussehen.

Aber warum läßt Gott denn überhaupt zu, daß so furchtbare Dinge wie Kriege, Hungersnöte, Seuchen und andere Katastrophen geschehen, wenn Er doch so allmächtig ist ?

Weil Er uns als Seine Kinder so sehr lieb hat, daß Er uns den freien Willen läßt. Er weiß, daß, wenn Er uns die Entscheidung abnimmt und bestimmte Dinge nicht geschen läßt, wir niemals die Chance haben, einen Lernerfolg zu erzielen, und das Schulziel der Erlösung nach Seiner Gerechtigkeit niemals erreichen könnten.

Damit würde das Unternehmen „Erlösungsplanet Erde" zur Farce und, sogar für uns Erdlinge geistig nachvollziehbar, völlig blödsinnig und sinnlos. Aber Gott tut niemals etwas Sinnloses oder Unsinniges !

„Die Wege des Herrn sind oft verschlungen und undurchsichtig. "

Aber immer und ewig gerecht !

Nur mit unserem beschränkten irdischen Horizont fällt uns dieses nachzuvollziehen oft recht schwer. Gott hat uns in Seiner unendlichen Güte und Barmherzigkeit auf dieser üppigen Erde nun wirklich mit allen Gnadengaben der Natur überschüttet.

> *„Ora et labora."*
> *„Bete und arbeite."*

Natürlich war es von Anfang an nicht so vorgesehen, daß uns gebratene Tauben in den Mund fallen, aber mit ein wenig vertretbarem Aufwand konnte sich eigentlich jeder ganz gut ernähren und wohnlich einrichten. Die Erde, die Natur und die Tiere waren geschaffen worden, um dem Menschen zu dienen, und damit der Mensch sich um sie sorge.

Geschehen ist leider etwas völlig anderes. Anstatt demütig, klein, dankbar und bescheiden zu sein und sich im Schweiße seines Angesichtes redlich zu nähren, ließ sich der Mensch vom Satan zu allen nur erdenklichen Untugenden versuchen, aus eigener Schwäche und Dummheit.

Eitelkeit, Neid, Eifersucht, Habgier und Zorn sind einige der stärksten Waffen des Satans, sich den Menschen zu unterjochen. Und der läßt es zu und beschwert sich noch, wenn alles schief geht. Niemand aus der göttlich-geistigen Welt hat die Menschen geheißen, sich gegenseitig umzubringen, sich gegenseitig zu quälen und mißhandeln, sich gegenseitig verhungern zu lassen, sich zu belügen und betrügen, die Tiere umzubringen und den Planeten zu verseuchen.

All dieses ist menschlich, aber bestimmt nicht göttlich !

Aber wie allseits bekannt, schuld sind immer die anderen, nie wir selbst. Und hier muß halt der liebe Gott dafür herhalten, wenn es immer finsterer wird auf unserem geschundenen Planeten Erde !

Diese hat übrigens auch ein Bewußtsein, ist auch leidensfähig, wie wir selbst, kommt nach und nach immer mehr ins Schlingern und schreit und fleht den lieben Gott um Hilfe und Gnade an.

Diese „Planetensprache" hat die NASA übrigens schon mit Richtmikrophonen via Satelliten von den verschiedensten Planeten abgetastet und abgehört.

Was sich bei anderen Planeten noch harmonisch klingend an- hört, läßt im Falle der Erde eher auf unendlichen Schmerz und Höllenqual hinschließen. Man überzeuge sich selbst anhand von im freien Handel erhältlichen Tonträgern.

Jeder von uns hat eine unendlich große Verantwortung für sich selbst und den Rest der uns anvertrauten Schöpfung. Beileibe keine gute Reklame !

„Unwissenheit schützt vor Strafe nicht. "

Wer sich nicht ernsthaft um die existenziellen Fragen des Seins bekümmert: „Wer bin ich", „Was bin ich", „Warum bin ich", wird später Mühe haben, eine akzeptable Entschuldigung vorzu- bringen. Schon gar unter dem Aspekt, daß doch in der heutigen so- genannten „aufgeklärten Zeit" für jeden von uns Zugang zu allen benötigten Informationen besteht.

Allzu häufig schon haben wir behauptet, „ich habe doch von nichts gewußt", wenn uns unsere eigene Lauheit, Feigheit oder so- gar ein persönlicher Vorteil dazu bewogen haben zu schweigen.

Aber Gott ist ein lebendiger Gott, den wir uns ohne weiteres, entsprechend unserem Kinderglauben, als einen weisen alten Mann mit weißem Rauschebart, majestätisch auf seinem Himmelsthron sitzend, vorstellen dürfen.

„Herr der Heerscharen" ist Sein Name, „Schöpfer Himmels und der Erden".

„Wer Augen hat, der sehe, wer Ohren hat, der höre !"

Wer sich freiwillig blind und taub stellt und somit seinen ei- genen Entwicklungsprozeß aufhält oder sogar umkehrt, kriegt die Quittung. Das ist so sicher wie das Amen in der Kirche.

Eigentlich sind wir ja alle getaufte Christen, nur vergessen wir das wieder so schnell und leben nicht danach. Wir schicken unsere Kinder zur Taufe, Kommunion oder Konfirmation, heiraten kirch- lich und gehen Weihnachten und Ostern in die Messe. Warum ei- gentlich ?

„Weil man das so macht." Es stehen nicht umsonst so viele Kirchen und Gotteshäuser in der Gegend herum.

Das ist kein Zufall und hat einen tieferen Sinn. Möge Gott Ihr Herz öffnen und Ihren Verstand erleuchten. Um Ihrer selbst willen !

3

Der Umgang mit der göttlich-geistigen Welt ist für den unge-
schulten Laien, den Alltagsmenschen, anfangs ungewohnt. Man ist
ängstlich und unsicher, fühlt sich beobachtet und kontrolliert, ist
übervorsichtig in allem, was man tut.

Leider ist man bisher gewohnt gewesen, tägliches Leben und
den Umgang mit Gott auf kirchlichen Raum isoliert, wenn überhaupt, und auf tägliche oder gelegentliche Gebete reduziert zu sehen. Man glaubt, damit sein Pflichtteil getan zu haben und lebt
fröhlich weiter vor sich hin. Aber hier gilt eher das Alles- oder
Nichts-Gesetz, Hopp oder top, ganz oder gar nicht.

Man kann nicht auf der einen Seite seinen eigenen Weg gehen,
primär seine eigenen Vorteile sehen und für sich selbst immer das
Beste herausschinden, auf der anderen Seite jedoch sich selbst als
guten, von Gott begnadeten Menschen betrachten, weil man doch
betet und an Gott glaubt.

> *„Viele führen meinen Namen im Munde,*
> *aber nicht im Herzen."*

Wer sich selbst Christ nennt und wahrhaftig an Gott glaubt,
sollte sich zu seinem eigenen Vorteil nicht nur ein wenig und ab
und zu, sondern jeden Augenblick nach Gottes Wort und den uns
geschenkten Geboten des Neuen Testamentes ausrichten.

Wo diese zu finden sind, ist den meisten von uns seit Geburt
bekannt. Aber auch die meisten lesen die Bibel nicht, oder verstehen sie angeblich nicht. Mit dem Alten Testament hat man sowieso
seine Probleme. Die Interpretation der hier vermittelten Lehrinhalte
und Symbole überläßt man lieber Schriftgelehrten oder Kirchenmännern.

Passagen des Neuen Testamentes werden uns häufig im Religi-
ons- oder Kirchenunterricht vermittelt. Den Wortlaut des „Vater
unser" auswendig herunterleiern zu können, gehört offenbar zur
Schulpflicht. Dies allein genügt jedoch selbstverständlich nicht,
Gott in unser Leben zu rufen. Das, was man betet, muß man auch
bereit sein zu leben.

„Nicht die Worte zählen, sondern die Taten."

Wie viele von uns rennen ein- bis zweimal die Woche in die Kirche, stehen engagiert in der ersten Reihe, tun sich allgemein hervor, damit auch jeder registriert, daß sie da waren, reden viel von Gott und betonen, was für ein guter Mensch sie selbst, und wie schlecht doch die anderen seien !

Die Realität sieht beileibe oft etwas anders aus. Dies sind die gleichen Menschen, die sich vor und nach dem Gottesdienst das Maul über ihre Nachbarn oder Verwandten zerreißen, diesen, falls sie ihn zufällig in der Messe treffen, noch liebevoll lächelnd begrüßen, um gleich darauf hinter seinem Rücken weiter boshaft und wahrhaft teuflisch zu lästern und zu zischeln. Danach geht es vielleicht noch zum Umtrunk in die Stammkneipe, was an sich ja nichts Sündiges ist, aber hier geht es munter weiter.

Befriedigt und scheinbar glücklich zieht man denn nach Hause, um seiner Familie und Verwandten, den Siechen und Gebrechlichen, Gottes Wort und einen Haufen mieser Schwingungen mitzubringen.

Und Gott lassen wir schön in seiner Kirche, da paßt der Pastor oder Pfarrer drauf auf, daß nichts an ihn heran kommt und nichts Schlimmeres passiert. Wer so oder ähnlich fühlt, denkt und lebt, wenn auch oft unbewußt, ist unter Umständen weiter von Gott entfernt, als jemand, der das ganze Jahr gar nicht zur Kirche geht, oder sogar aus ihr ausgetreten ist !

Fromm tun hat wahrhaftig nichts zu tun mit fromm, demütig und bescheiden zu sein, den Willen unseres Vaters in den Himmeln zu tun !

„Der Geringste in meinen Himmeln ist höher
als der Größte auf Erden."

„Die Ersten werden die Letzten sein,
und die Letzten werden die Ersten sein."

„Der eine sei des anderen Knecht."

Gott und den Menschen zu dienen, dies sollte unsere vornehmste und erste Aufgabe sein.

Derjenige, der aus freien Stücken gibt, sich über andere nur nach bestem Wissen und Gewissen sehr vorsichtig und zurückhaltend äußert, welcher, soweit möglich, mit all seinen Mitmenschen nach besten Willen in Frieden und Harmonie zu leben bemüht ist, und auch sonst die Tugenden der Ehrlichkeit und Wahrhaftigkeit hochhält, mag Gott, auch unbewußt, recht nahe sein. Auch wenn man von sich selbst behauptet, es fiele einem schwer, an Gott zu glauben.

Je bewußter und entschlossener man sich Gott zuwendet, um so wahrnehmbarer und auch für uns Menschen geistig nachvollziehbarer tritt Er in unser Leben. Erinnern wir uns doch nur an das Resonanzphänomen und unsere geliebten Engel ! Jeder von uns kommuniziert jeden Augenblick mit ihnen, wenn auch unbewußt !

Jede gute Idee, jeder gute Gedanke, jede Inspiration eines Künstlers, Wissenschaftlers oder Arztes kommt aus der göttlichgeistigen Welt ! Je nachdem, wie sehr wir uns selbst dafür bereiten, um so mehr kann uns nach göttlichem Gesetz gegeben werden.

„Hilf dir selbst, dann hilft dir Gott. "

Gott ist in einem jeden von uns. Beklagenswerter Weise ist uns diese feststehende Tatsache und dieses Bewußtsein selbstverschuldet entfallen. Unbewußt schöpfen wir jeden Augenblick aus dem gewaltigen geistigen Potential unseres Schöpfers, mit dem wir alle durch unseren Ursprung aus Ihm verbunden sind.

Die Wissenschaft spricht hier von dem „kollektiven Unterbewußten". Unsere Kindschaft eines gemeinsamen Vaters macht uns alle zu geistig verwandten Seelen, Brüdern und Schwestern.

Schlimm genug, daß wir es häufig trotz irdisch bestehender Verwandschaft zulassen, in Feindschaft und Haß einander zu begegnen, Kriege zu führen und einander zu töten. Aus der Sicht eines Lichtwesens aus dem Jenseits ist dieses absolut unverständlich und geistig nicht nachvollziehbar. Dort weiß jedes Wesen, daß es einen gemeinsamen Vater, die gleiche Quelle des Lebens und Bewußtseins hat. Alles ist eins in allem !

„Ich bin im Vater, und der Vater ist in mir," sagt Jesus bei Johannes. Damit wird zum Ausdruck gebracht, daß ich jedes Mal, wo ich ein anderes Wesen, einen anderen Menschen verletze, ich unwissentlich mich selbst verletze und schädige, da Gott in Ihm ist, genauso wie in mir selbst !

Das göttliche All umfaßt alle Geschöpfe und Wesen, alle zwölf Universen des kosmischen Rades, dessen Zentrum Gott darstellt. Alles entsteht aus den Ausstrahlungen Seines Lichtes und Seiner Liebe, und breitet sich aus und schöpft weiter in der Unendlichkeit des Seins !

Eigentlich wissen wir das alles ! Aber da wir ungläubig und dumm versuchen, alles auf eigene Faust herauszufinden und zu erforschen, haben wir keine Chance, das Puzzle jemals richtig zusammenzusetzen.

Es sei denn, wir wenden uns im gläubigen Gebet an unseren Schöpfer und Seine Diener und bitten um Befreiung und Erleuchtung unseres Geistes. Je nachdem, ob wir würdig genug befunden werden, je nach geistigem Entwicklungs- und Tugendstand, wird geholfen.

Gehen wir dann mit dem uns vorsichtig und zurückhaltend geschenkten neuen Wissen und Bewußtsein ganz im Sinne Gottes und der gesamten Menschheit demütig und bescheiden um, werden wir weiter geführt und unterstützt.

Geben wir unser gesamtes Sein, unseren freien Willen ganz in Gottes Hand, geschehen wahre Wunder in unserem Leben. Diese werden übrigens jedem geschenkt, der sich ernsthaft darum bemüht.

„Jedem geschieht nach seinem Glauben."

Wie ein kleines Kind lernt man das Laufen, stolpert hier und da, fällt manchmal furchtbar auf die Nase und kommt vom Wege ab. Meint man es wirklich ehrlich, ist standhaft und voll Vertrauen und Glauben, wird man immer aufgefangen und beschützt. Auch wenn hier und da zugelassen wird, daß wir uns blaue Flecken und aufgeschlagene Knie holen. Denn auf diesem Wege erlernen wir am schnellsten und zuverlässigsten das Prinzig von Ursache und Wirkung, das Gesetz der Liebe !

„Wer nicht hören will, muß fühlen."

Wir sind wie kleine Kinder, denen man verbietet, an den heißen Ofen zu gehen. Kaum fühlen wir uns unbeobachtet, was wir niemals sind, rennen wir hin, verbrennen uns gewaltig die Finger und fangen furchtbar an, zu plärren. Insgeheim, ganz nach Menschenart, fühlen wir uns ungerecht behandelt und suchen die Schuld woanders.

Und Gott läßt es zu, weil Er aus höherer geistiger, wahrhaft göttlicher Sicht weiß, daß wir keine andere Chance haben, zu lernen !

Gott ist unendlich gütig und gerecht. Er ist sogar so gerecht, daß Er sich selbst und alle Seine Geschöpfe der von ihm zu Anbeginn aller Dinge, am Anfang allen Seins geschaffenen Ordnung unterwirft.

„Im Namen des Vaters, des Sohnes und des Heiligen Geistes."

„Im Namen des Vaters", unseres Gottes und Herrn, Ursprung und Quell allen Seins, „des Sohnes", unseres Erlösers Jesus Christus, gezeugt und nicht geschaffen. Seit Anbeginn der Schöpfung ist Christus der erste und einzige aus Gott gezeugte Geist, dem Gott alle Dinge, und damit auch die gesamte bestehende Schöpfung, „im Himmel wie auf Erden", anvertraut hat.

Natürlich ist Jesus Christus eins mit dem Vater, ist Er doch aus Ihm gezeugt worden. Genauso selbstverständlich sind wir eins mit Jesus Christus, der uns nach Seinen Vorstellungen als Engel geschaffen, den Atem des Lebens eingehaucht hat.

Wir gefallenen Engel jedoch haben uns durch Satanael versuchen lassen, uns bewußtseinsmäßig ein „Ich" aufgebaut. Hierdurch haben wir uns zwangsläufig in unserem Abgeschnittensein isoliert.

Nicht mehr das All mit seinem gemeinsamen Ursprung aus Jesus Christus in Gott lag uns am Herzen, sondern mehr eigene eitle Vorstellungen und Wünsche lenkten unseren Geist in selbstverschuldete Isolation, und damit in den geistigen Tod.

Wir entzogen uns selbst die Existenzgrundlage des Lebens in der göttlichen Welt und fielen aus der von Gott geschaffenen Ordnung, „dem Heiligen Geist". Dieses sind die Ausstrahlungen der Liebe und des Geistes Gottes, die in Form von Schwingungen und Wellen durch den gesamten Kosmos laufen und die geschaffene Ordnung seit Anbeginn aller Dinge aufrecht erhalten !

Ganz einfach nichts anderes als die von Gott geschaffene Gesetzgebung und Gerechtigkeit in Seinem Königreich, welcher Er sich fairerweise und aus lauter Liebe selbst unterwirft. Sonst würde Er sich gegen Sein eigenes Gesetz versündigen und damit jede bestehende Ordnung hinfällig machen, Seine gesamte Schöpfung in Frage stellen.

Gott läßt aus unendlicher Liebe zu uns, Seinen geschaffenen Kindern, Gott-in-uns, einem jeden den freien Willen zur persönlichen Fortentwicklung und Entfaltung, zum Guten als auch zum Schlechten. Und es schmerzt Gott, irdisch gesehen, unendlich, und Er leidet wahrhaft darunter, aus lauter Liebe und Gerechtigkeit mit ansehen zu müssen, wie wir uns gegenseitig zerfleischen und zerreißen. Er hat sogar aus lauter Liebe zugelassen, daß Sein einziger und geliebtester Sohn, Jesus Christus, Ihm in allem am ähnlichsten, als sündenfreier Mensch vor zweitausend Jahren auf diese unsere Erde kam !

Dazu muß man folgendes verstehen. Nachdem wir gefallenen Engel in unser selbstgewähltes Exil, die starre Materie, unseren Planeten Erde gefallen waren, war uns erst einmal der Rückweg heim in das Himmelreich abgeschnitten. Aus der Sicht eines Engelwesens der göttlich-geistigen Welt ist die Erde wahrhaft die „Hölle", das Reich des Satans.

Der Urheber der Revolution selbst, Satanael, alle seine Rädelsführer als auch die mehr oder weniger schuldigen Mitläufer bildeten, energetisch gesehen, die gefallenen Geistpotenzen, aus denen unser Planet aufgebaut wurde. Seitdem sind wir durch die Materie wahrhaft an diesen Planeten gekettet, wenn uns auch kleinere Ausflüge zum Mond gestattet werden. Das bis vor zweitausend Jahren geltende Recht und Gesetz war das des Satans.

Ob gut oder schlecht, kein Mensch war vor den Anfechtungen, Versuchungen und Anfeindungen dieses Menschenmörders und Vaters der Lüge seit Anbeginn aller Zeiten sicher. Unsere nicht gefallenen geistigen Brüder und Schwestern verkehrten zwar geistigerweise als unsere Engel weiter auf der Erde, um eine gewisse Ordnung, die den Fortbestand des Planeten sichern sollte, aufrecht zu erhalten. Ansonsten befand man sich aber in einer vogelfreien Zone ohne Recht und Gesetz, wie im Wilden Westen oder einigen ausgesuchten heutigen Krisengebieten dieser Welt.

Bis dato gab es keine Möglichkeit, trotz gutem Willen und lieber Worte und Taten ins Himmelreich zurückzukehren. Die Brücke zwischen beiden Welten war einfach nicht existent. Auch wenn man sich im Laufe seiner vielen Leben, entgegen den Einwirkungen des Satans, gebessert hatte, bestand keine Aussicht auf Heimkehr.

Wir hatten uns als Engel aus freiem Willen in die Welt Satans begeben, und Gott in Seiner Gerechtigkeit und Liebe, hat, wenn auch, irdisch gesprochen, mit wahrscheinlich blutendem Herzen, unserem Wunsche entsprochen. Nun hätte ja Gott durch seine allumfassende Macht unsere Ketten des Satans einfach sprengen können, ihn selbst und seine engste Führungsriege vernichten und einfach auflösen können !

Das wollte und durfte Gott aber aus Gerechtigkeitssinn wegen der von Ihm selbst in allen Dingen geschaffenen göttlichen Ordnung und Gesetzgebung, an die Er sich selbst gebunden fühlt, nicht zulassen.

So wurde denn ein Weg gesucht, wie innerhalb der bestehenden Ordnung trotzdem eine Erlösung der gefallenen Seelen stattfinden konnte. Eine Änderung des Gesetzes und damit eine Ungerechtigkeit gegenüber Satan und seinen Genossen durfte natürlich nicht geschehen. Gott wollte in das dem Satan überantwortete Reich, die Erde, Seinen Heiligen Geist, Seine im All bestehende Ordnung einfließen lassen. Niemals durfte eigenes Recht und Gesetz verletzt werden.

So wurde bestimmt, daß ein hoher Geist Gottes aus freiem Willen auf der Erde als Mensch geboren werden sollte. Dieser sollte genauso sterblich, leidensfähig, sündenanfällig und durch den Satan angreifbar sein, wie alle anderen Menschen auch. Er sollte anfangs das gleiche Alltagsbewußtsein wie du und ich besitzen, geschlagen mit allen menschlichen Schwächen der Angst, der Sorge und des Zweifels wie wir selbst.

Für uns eigentlich kaum vorstellbar - da kommt Jesus Christus, der höchste, reinste, strahlendste und allmächtigste Geist nach Gott im göttlichen All, obwohl völlig frei von Makel und Sünde, aus freiem Willen als armes kleines unschuldiges Baby auf diese unsere schmutzige, sündige Welt.

Und warum das Ganze ? Die göttliche Gerechtigkeit hatte in Ihrer allumfassenden Einsicht und Vollkommenheit beschlossen, daß dieser Sohn Gottes als Menschensohn auf dieser Erde unendlich mehr durch die Einwirkungen des Satans auf die Menschen leiden sollte, als jemals ein Sterblicher zuvor.

Es sollte, Gott selbst in Seinem Sohn, sich demütig und geduldig aus freiem Willen Seinem ärgsten Widersacher und Feind in Liebe, Nachsicht und Geduld unterwerfen.

Man versuche, sich dieses in seiner gesamten Tragweite mit unserem kleinen Menschverstand nur halbwegs vorzustellen !

Das ist ungefähr so, als wenn Sie selbst einer kleinen, lästigen, aufsässigen, miesen, bösartigen Laus gestatten, Sie eine ganze Zeit lang bis auf's Blut zu reizen und zu peinigen, Sie zu tyrannisieren und sich in Demut und Geduld seiner Willkür und Boshaftigkeit zu unterwerfen und Milde, Liebe und Güte walten zu lassen.

Nichts gegen Läuse ! Auch sie sind Geschöpfe Gottes und sollen leben. Aber so kann man sich eventuell annäherungsweise vorstellen, welchen Aufwand Gott aus lauter Liebe und Gerechtigkeitssinn betrieben hat, um Sich selbst und Seiner Ordnung treu zu bleiben.

Seien wir Menschen ehrlich gegeneinander ! Jeder andere von uns hätte mit einem müden Lächeln den fiesen Peiniger von der Platte geputzt und im Mülleimer versenkt. Ähnlich ungläubig und fassungslos müssen wohl die Engel anfangs geschaut haben, als sie von diesem bereits beschlossenen Unterfangen ihres gelobten und gepriesenen Herrn und Gottes hörten.

Und so kam die Sache ins Rollen. Alles wurde natürlich von langer Hand vorbereitet. Der Satan sollte zwar vorher wissen, daß ein Erlöser kommen würde. Aber ihm sollten genauer Zeitpunkt und Ort des Geschehens verborgen bleiben. Der Erlöser sollte, wie jedes andere Kind, von Seiner natürlichen Mutter geboren werden.

Die Gottesmutter Maria war von Gott mit den höchsten Gnaden, Vorzügen und Tugenden ausgestattet worden. Ihre beständigen Lobpreisungen Gottes und ihre Gebete für die Menschheit, ihr keuscher Lebenswandel und ihre umsichtigen und vollkommenen Werke zur Ehre ihres Herrn und Schöpfers als sterbliches, menschliches Wesen wie du und ich galten selbst den Engeln in den Himmeln wie ein kaum faßbares Wunder. Sie übertraf trotz ihres sterblichen Körpers und Wandels auf Erden alle Engel in den Himmeln an Gnaden, Tugenden, Demut und Liebe zu Gott. Anfangs war auch ihr nicht bewußt, wozu sie auserkoren worden war. Das erschloß sich ihr erst nach und nach durch den beständigen Verkehr mit den Engeln des Herrn in sichtbarer Form.

Für einen Engel ist es übrigens kein Problem, ist er ein wahrer Engel des Herrn, sich nach Gottes Willen den Menschen in seiner Lichtgestalt zu zeigen, oder sogar in normal sterblicher Form unter uns Menschen zu wandeln. Auch heute nicht ! Denn Gott ist ein lebendiger Gott und lebt in der Unendlichkeit und Ewigkeit !

„Mein Reich ist nicht von dieser Welt", heißt in unsere Sprache übersetzt, daß es noch eine andere Form, eine rein geistige,
energetische Form des Seins in einer anderen Schwingungsebene
mit einer unendlich hohen Frequenzzahl gibt.

Frequenz bedeutet übrigens Schwingungen pro Minute. Je höher die Frequenz, um so höher die Energie, die übertragen wird.
Hierdurch ist es ein leichtes, bei entsprechend vorhandenen und
von Gott geschenkten persönlichen oder technischen Möglichkeiten, die starre Materie zu durchdringen, zu verändern oder sogar
aufzulösen. Aber so etwas kriegt nur der in die Finger, der die entsprechende sittliche Reife besitzt und keinen Unfug damit anstellt!

„Der Herr hat es gegeben, der Herr hat es genommen."

Wenn der liebe Gott nicht möchte, daß wir unreifen Erdlinge
uns bestimmte technische Fähigkeiten aneignen oder zunutze machen, genügt ein müder, kleiner Knopfdruck in der geistigen Welt,
um unsere Raketen explodieren zu lassen, weltumspannende Satelli-
tenanlagen lahmzulegen oder die so kritisch zu betrachtende Kern-
kraft zu beherrschen.

Bis zu einem gewissen Grad wird immer zugelassen, daß wir
bestimmte Erfahrungen zu unserem persönlichen Nutzen und Schaden machen. Aber gegen Gottes Willen geschieht nichts, aber auch
absolut nichts in der Welt!

Noch nicht einmal das Husten einer Ameise!

Nach diesem kurzen erklärenden technologischem Exkurs zurück zum Erlösungswerk. Wie im Alten Testament nachzulesen, war
durch Propheten Geburtsort und -zeit des Messias, des Erlösers, in
etwa angekündigt worden. All dieses ist in der Bibel genaustens
nachzulesen.

Der heilige Joseph wurde aufgrund besonderer Tugenden von
Gott zu Jesu irdischem Vater auserwählt. Dieses war unbedingt
vonnöten, einmal um das Prophetenwort zu erfüllen, zum anderen,
um die Jungfrau und Gottesmutter Maria als Frau wegen der unbe-
fleckten Empfängnis vor Nachstellungen ihrer Zeitgenossen zu
schützen. Alleinerziehende Mütter waren damals nicht selbstverständlich!

Die unbefleckte Empfängnis ist eine unumstößliche Tatsache! Gott der Herr hat selbst durch die Kraft des Heiligen Geistes den Samen zur Menschwerdung des göttlichen Wortes in den Schoß der Gottesmutter Maria versenkt. Zweifel hieran sind niemals statthaft! Gott in Seiner Allmacht sind alle Dinge möglich!

Als einfachste Form der irdischen Erklärung möge uns genügen, daß der Samen mit der göttlichen Erbinformation im Schoße des menschlichen Körpers der Gottesmutter Maria materialisiert wurde. Nach all dem, was wir bis hierher über Schwingungen, Wellen und göttliche Liebes- und Lichtenergie gelernt haben, ist dieser Sachverhalt ganz einfach als gegeben hinzunehmen.

Ganz nach göttlichem Willen hatten Maria und Joseph unendlich vollkommen der Tugend der Keuschheit entsprochen. Alle weiterführenden Inhalte über das Leben der Gottesfamilie und Jesu Leben, Leiden und Tod sind der Bibel zu entnehmen.

Die Bibel ist wahr! Durch Menschenhand wurden übersetzungsbedingt, und oft aus Unwissenheit, Fehlinterpretationen vorgenommen. Das ändert jedoch nichts an der von ihr vermittelten Allgemeingültigkeit der christlichen Lehre unseres geliebten Erlösers und Herrn Jesus Christus! Das menschgewordene Wort wandelte auf Erden, litt durch die Verfolgungen, Nachstellungen und eitlen Wahn der Menschen mehr als je ein Sterblicher zuvor. Er hat wahrhaft für uns alle das Kreuz getragen. Mit Seinem Tode am Kreuze überwand Er nach Gottes Gerechtigkeit die Macht des Satans auf Erden. Er vollbrachte das Erlösungswerk als sterblicher Mensch wie du und ich, starb für uns am Kreuze.

„Es ist vollbracht."

Mit diesen Worten beschloß Jesus Christus Seinen irdischen Wandel. Bis dahin hatte Er mit der gleichen Leidensfähigkeit, wie jeder von uns, Sein menschliches Schicksal mit allen Anfechtungen, Ängsten, Sorgen und Zweifeln getragen. Ab einem gewissen Zeitpunkt Seines Lebens wußte Er durch den Verkehr mit Seinen göttlichen Dienern, Seinen Engeln, was Seine Aufgabe und Bestimmung auf diesem höllischen Planeten war. Erst mit Seinem Tode am Kreuze war die Macht des Satans auf Erden gebrochen, der Heilige Geist als Gottes Gesetz und Ordnung hielt endlich Einzug in unser irdisches Sein. Der heiß ersehnte und lang erflehte Messias war gekommen!

Gottes Gerechtigkeit war Genüge getan, der Satan vernichtend geschlagen, durch die Kraft eines normal Sterblichen überwunden worden. Diese frohe Botschaft wurde ihm übrigens von Jesus Christus nach Seinem irdischen Tod innerhalb der drei Tage bis zu Seiner Auferstehung persönlich in der Hölle überbracht. Das Heulen und Zähneknirschen muß unvorstellbar gewesen sein !

So ward es Licht auf Erden und in den Herzen der Menschen. Zumindest war den Menschen durch die Barmherzigkeit und das Erlösungswerk Ihres Schöpfers das Recht auf ihren freien Willen erstritten worden. Jeder Mensch konnte von nun an Ja oder Nein zu den Anfechtungen oder Versuchungen unseres bösen alten Feindes, des Satans in uns sagen.

Nach dem Prinzip von Ursache und Wirkung bestimmen wir, ob wir in den Himmel kommen oder zur Hölle fahren. Jeder entscheidet selbst jeden Augenblick über Gut oder Böse in seinem Leben und stellt somit die Weichen zum ewigen Leben oder zum ewigen Tod. So sicher wie das Amen in der Kirche kommt der Zahltag, der Tag der Abrechnung, der Tag des jüngsten Gerichts !

Alles was hier geschrieben steht, ist wahr. Jesus Christus kam auf die Erde, um Sehende blind zu machen und Blinde sehend. Die Pharisäer waren sehend, aber erkannten Ihn nicht, waren mit geistiger Blindheit geschlagen und machten sich der Sünde schuldig.

Von Geburt an den Augen Blinde wurden durch die durch Jesus Christus ausgeübte göttliche Allmacht, die Kraft, die nicht von Ihm, dem Menschensohn, sondern vom Vater kam, an den Augen sehend und erkannten Ihn als das menschgewordene Wort, als Gottes Sohn.

Wer sehend ist und sich aus eigenem freien Willen durch die Waffen des Satans mit geistiger Blindheit schlagen läßt, wird unweigerlich am kommenden Tage des jüngsten Gerichts den Zweiten Tod sterben.

Der Erste Tod wird sein der irdische Tod, der Zweite Tod wird sein die Aufhebung und Auslöschung des jeder Seele von Gott geschenkten Bewußtseins. Denn wir leben in der irdischen Endzeit !

„Einmal tausend Jahre
und nicht noch einmal tausend Jahre."

Die Geschehnisse der Offenbarungen des Heiligen Johannes am Ende des Neuen Testamentes sind zumeist schon eingetreten. Rette sich, wer kann, denn Gott ist ein zorniger Gott !

47

Alle Dinge im Kosmos haben ihren Ursprung in Gott. Gottes allein heiliger Wille geschieht in allem. Sein ist das Reich und die Kraft und die Herrlichkeit, jetzt und in Ewigkeit. Amen.

Es sei. Amen oder OM ist der Urlaut und der allesumfassende Laut im All. Es ist der höchste Name Gottes und stellt einen direkten und unmittelbaren Kontakt mit der höchsten Gottheit her.

Mißbrauch ist strafbar. Genau wie im Irdischen sollte man auch im Göttlich-Geistigen allezeit den „Dienstweg" einhalten. Eine Hierarchie unter den Engeln sorgt dafür, daß in jeder Situation der passende Amtsträger zur Stelle ist und nach dem Rechten sieht. In Notlagen oder Situationen besonderer Tragweite ist das direkte Anrufen der Gottheit über den Urlaut Amen oder OM statthaft. Mit Gedankenschnelle pflanzt sich diese Schwingung durch den Kosmos fort und findet in einem Sekundenbruchteil ihr Ziel.

Hilfe kann schlagartig geschenkt werden. Je größer der Glaube, mit dem dieser Hilferuf ausgesandt wird, um so durchschlagender ist die Sendeleistung des Gehirns.

Gewöhnen wir uns doch einfach daran, daß jedes unserer Worte und jeder Gedanke seine Entsprechung im Kosmischen findet. Das, was ich rufe, ziehe ich an!

Jedes Gefühl und jede Empfindung strahle ich wie ein Peilgerät aus und ziehe Dinge ganz automatisch, im Guten wie im Schlechten, magisch an. So lasse ich durch gute, positive und harmonische Schwingungen das Licht und die Liebe Gottes in mein Leben fließen.

Disharmonische Schwingungen durch Störgefühle wie Wut, Ärger, Haß, Neid, Eifersucht, Stolz, Eitelkeit und Ängste finden genauso zuverlässig ihre Entsprechung im Kosmischen und schlagen sich in meinem täglichen Leben, in meinem körperlichen Gesundheitszustand und meinem seelischen Befinden nieder.

Je mehr ich selber darauf achte, daß nur Gutes, Schönes, Harmonisches und Liebevolles aus mir herausfließt, um so sicherer werden sich auch nur gute, schöne, harmonische und liebliche Dinge in meinem Leben einstellen. Dies ist ein kosmisches, ja wahrhaft ein göttliches Gesetz!

Es ist dies die Ordnung des Heiligen Geistes, hervorgerufen durch die Liebe Gottes zu Seiner gesamten Schöpfung. Durch diese heilige Ordnung werden alle geschaffenen Dinge am Leben erhalten, wird die Bahn der Planeten durch das All gelenkt, werden Veränderungen im Kosmos, sowie die Neuschaffung von Universen und Planeten geordnet.

Nichts geschieht durch Zufall, alles wird geführt, gelenkt und geleitet. Jedes kleine Zahnrädchen greift in das nächste, das kosmische Rad steht niemals still, und die Achse dieses Rades bildet Gott, der Herr. Er ist Quelle und Ursprung aller Liebe, allen Lebens, Er ist das Zentrum allen Seins !

Alle Dinge, die kommen, waren oder sind, sind schon einmal da gewesen und werden einmal wieder sein. Das karmische Rad dreht sich immer weiter, auch in der Unendlichkeit, auch im Irdischen. Nichts bleibt, wie es war !

Alle Dinge und alle Wesen sind einer ständigen Veränderung, einem unaufhörlichen Fortbildungs- und Fortentwicklungsprozeß unterworfen. Denn alles, was Gott tut, hat einen tieferen Sinn. Er führt, lenkt und leitet unser aller Geschick, weiß heute schon, was uns morgen erwartet, weiß um alle Dinge im Kosmos, im Himmel wie auf Erden !

Gott ist mit allen Dingen verbunden, seien sie noch so klein oder gering, denn Er ist der Schöpfer allen Seins. Im Himmel wie auf Erden sind Ihm alle Dinge untertan, nichts geschieht ohne Sein Wissen oder ohne Seine Zustimmung.

Seine gehorsamen Diener, unsere geliebten Engel und Erzengel, dienen Ihm in unendlicher Zahl. Sie gehorchen Seinen ewig weisen und vollkommenen Ratschlüssen mit unendlicher Liebe, Demut und Geduld. Sie lobpreisen Seinen Namen und bringen Ihm allezeit himmlische Lobgesänge dar, welche durch das gesamte All als kosmische Musik fließen und die Größe und Majestät des Schöpfers verherrlichen.

Nur die Liebe zählt ! Die Liebe zu Gott, unserem Herrn, dem Vater aller Dinge und zu all Seinen Geschöpfen.

Das Licht und die Liebe sind die alles schaffenden und erhaltenden Energien im göttlichen All. Nichts kann ohne sie sein. Wer sich selbst von diesen göttlichen Energien abschneidet, erleidet den Tod. Dies ist das Gesetz der Liebe.

Wer hören kann, der höre !

Alles Sein gründet sich auf die Liebe des Vaters zu Seiner Schöpfung. Ohne Ihn ist Nichts ! Alle Seine Geschöpfe lieben Ihn, danken Ihm und preisen Ihn, jetzt und in Ewigkeit. Amen.

Die Engel der jenseitigen Welt können die Undankbarkeit und Gedankenlosigkeit der Menschen dieser Welt kaum fassen. Jedes Geschöpf im All betet Gott an. Nur die Menschen entziehen sich ihrer Pflicht der Danksagung an Ihren Herrn und Schöpfer, treten Seine Schöpfung mit Füßen, mißhandeln die Mutter Erde nach Belieben und zerstören die Tierwelt und die Natur. Wie schier unendlich groß ist die Güte, Langmut und Geduld unseres Schöpfers, Der es seit Jahrmillionen schon zuläßt, daß man Seine Geschöpfe eigenmächtig tötet und Ihn selbst beleidigt !

Der Mensch entzieht sich aus freiem Willen auf eigene Verantwortung der göttlichen Ordnung, in maßloser Selbstüberschätzung, Arroganz und Anmaßung. Er stellt sich selbst aus Unwissenheit und Eitelkeit über alle Dinge, geht eigene Wege und mißachtet die Gebote Seines Herrn und Schöpfers. Ein jeder von uns ! Jeden Augenblick !

Nicht Gott braucht uns, sondern wir brauchen Ihn !

Wer sorgt denn dafür, daß jeden Morgen pünktlich immer wieder die Sonne aufgeht, wer regelt die Gezeiten des Meeres, läßt die Wolken am Himmel heraufziehen, die unsere Erde durch ihren Regen am Leben erhalten ?

Gott ist es. In Seiner unendlichen Liebe, Güte und Allmacht sorgt Er für alle Dinge, die wir benötigen, sorgt für unsere Nahrung, unsere Kleidung, unser Heim, läßt alles in uns und um uns wachsen und gedeihen. Er sorgt dafür, daß unsere Kinder gesund zur Welt kommen, daß auf Krankheit und Leiden wieder Gesundheit folgt, Er läßt alle Wunden heilen, stillt allen Schmerz und spendet Trost und Heilung durch die Kraft Seiner Liebe. Ohne Ihn geht nichts !

Aber je mehr man sich gegen Seine göttliche Ordnung versündigt, sich von Ihm entfernt, um so geringer ist der Einfluß Seiner heilenden, allumfassenden Liebesenergien. Gott selbst hat sich für uns aufgeopfert, hat Seinen eingeborenen Sohn durch uns ans Kreuz schlagen lassen, um dadurch unsere Erlösung zu erwirken.

Mehr Liebe zu geben ist wohl kein Vater fähig. Alles hat Er uns gegeben und geschenkt, damit wir uns aus eigener Erkenntnis und freiem Willen wieder zu ihm wenden, Ihm als unserem Vater für alle gewährten Gnadengeschenke von ganzem Herzen danken und um Seine göttliche Führung bitten. Wir haben uns von Ihm entfernt, nicht Er sich von uns!

Wir müssen den Weg zu Ihm zurück finden, und Er schenkt uns die Kraft dazu, wenn wir Ihn darum bitten. Denn Gott ist der ewig Gebende und Gütige.

Wir können Seine Gnade nicht erwirken. Er schenkt sie uns aus freien Stücken, um unserer selbst willen, denn Er möchte nicht, daß eines Seiner Kinder, und damit ein Teil Seiner Schöpfung verloren geht.

Gott tut niemals etwas ohne Sinn. Der Vater aller Dinge liebt Seine Schöpfung und alles Geschaffene über alles, und es schmerzt Ihn sehr, daß wir uns so eigensinnig und wahrhaft undankbar anstellen.

Erinnern wir uns doch einmal an unsere eigene Liebe zu unseren Kindern, denen wir aus lauter Liebe alles geben wollen, für die wir uns aufopfern und einstehen wollen, denen wir nachsichtig und gütig alles verzeihen, die wir behutsam versuchen, auf den richtigen Weg zu bringen. Jede durchgemachte Krankheit, jedes erlittene Leid und jeden Schmerz empfinden wir bei unseren Kindern oft hundertmal intensiver als bei uns selbst. Wie eine Löwin kämpfen wir für unser Junges, sind bereit, selber zu sterben und unser Leben zu geben, damit unser Kind gerettet wird. All das ist Liebe!

Und genauso empfindet Gott für uns Menschenkinder, nur in einer unendlich höheren Potenz, die für Menschenherz kaum faßbar ist. Nichts ersehnen Er und Seine himmlischen Heerscharen mehr, als daß wir gefallenen Engel, wir verlorenen Söhne und Töchter, endlich uns ein Herz fassen, uns voll Vertrauen und Glauben wieder unserem seit Ewigkeiten rufenden Vater zuwenden und den Weg nach Hause finden. Doch er ist wie ein Rufer in der Wüste, und keiner hört Ihn!

Und die wenigen, die den Ruf vernehmen, lassen sich durch ihre gefallenen Brüder und Schwestern wieder vom Wege abbringen und steuern weiter gemeinsam auf ihren geistigen Tod zu. Denn es kommen Veränderungen! Es geht nicht ewig so weiter.

„Wer nicht hören kann, muß fühlen!"

So entschuldigen wir uns vor uns selbst, wenn uns einmal die Hand ausrutscht. Aber Gott braucht keine Entschuldigung !

Er hat uns in Seiner unermeßlichen Güte und Liebe schon unendlich mehr gegeben, als wir Ihm jemals durch unsere Dankbarkeit und Demut zurückgeben können. Hochmut kommt vor dem Fall !

Und wir sind gefallen. Unendlich tief ! Wer trotz aller Ermahnungen und Hilfestellungen keinen guten Willen zeigt, wird ausgelöscht. Unausweichlich !

Und der geistige Tod ist um ein Vielfaches schmerzlicher und erschreckender als der irdische Tod. Wahrhaft ewige Höllenqualen durch Finsternis und Kälte der Seele erleidet der, der nicht zur Besinnung kommt und umkehrt.

Dies ist keine Drohung, dies ist Gewißheit ! Und dies steht unmittelbar bevor !

Jesus Christus kam als Erlöser in menschlicher Gestalt das erste Mal. Und Er kommt wieder, in geistiger Gestalt, mit Seinen himmlischen Heerscharen, am Tage des jüngsten Gerichts, zu richten die Lebendigen und die Toten. Und das sind wir !

Ein jeder von uns, der tagtäglich zur Arbeit rennt, sich mit seiner Bank und dem Finanzamt herumärgert, tagtäglich sich seinen Geist und sein Herz mit vielen kleinen irdischen Ängsten, Sorgen und Nöten zuschaufelt und glaubt, zu wenig Zeit für sich selbst zu haben.

Unser gesamtes Sein, das ganze Leben opfern wir der Materie, unserem finanziellen Wohlstand. Wir lassen es zu, daß alle Werte und Tugenden der Liebe und des menschlichen Miteinanders geopfert werden auf dem Altar des Mammons.

Man kann nicht zwei Herren gleichzeitig dienen, Gott und dem Mammon. Wir verkaufen dem Teufel unsere Seele um eines scheinbaren, kleinen vorübergehenden Vorteils willen, prostituieren unseren Körper und uns selbst für Geld und ernten letztlich nichts als Hohn, Spott und üble Worte.

Und am Ende unseres gehetzten Lebens kommen wir aus lauter Angst vor dem Sterben und dem Danach zur Besinnung, und jetzt fällt uns leider etwas spät ein, wir könnten wohl etwas vergessen haben.

Wir haben unser Herz und unser Leben an die Materie gehängt, haben sie geliebt und verehrt, ihr geschmeichelt und sie hochgehalten. Wir umgaben uns mit scheinbar wichtigen, hochstehenden und schillernden Persönlichkeiten, beweihräucherten uns selbst und standen über allen Dingen und meist allen anderen.

Wir lenkten uns ab von uns selbst, zerstreuten uns mit allen Mitteln auf langweiligen Parties und gesellschaftlichen Veranstaltungen, engagierten uns maßlos als bedeutendes Mitglied eines lokalen Kaninchenzüchtervereins oder Kegelclubs, betrieben alle bedeutenden und gesellschaftlich anerkannten Sportarten gleichzeitig, frönten dem leiblichem Wohl mehr als dem geistigen.

Und am Ende unserer Tage auf dem Sterbebett wird uns mit einem Schlage klar, daß wir alle diese Dinge nicht mitnehmen können. Das Leben ist vorbei und die Chance vertan. Welche Chance ?

Die Chance, sich selbst, Gott-in-uns, bewußt zu werden. Auf die existentielle Frage nach dem Sinn allen Seins, dem Sinn des Lebens, haben wir für uns keine Antwort gefunden.

Dabei ist doch alles so einfach und leicht zu verstehen !
Gott und den Menschen zu dienen ! Der eine ist des anderen Knecht ! Der eine hilft dem anderen die Leiter hinauf ! Die Leiter ins Himmelreich !

Man wartet dort sehnlichst auf uns, damit dieses unschöne Erdenkapitel, welches sich seit Jahrmillionen wiederholt, endgültig abgeschlossen werden kann. Jede Wiederholung wird irgendwann langweilig und lästig.

Und wir selbst, jeder von uns, ist die Ursache dieser Wiederholung. Mangels Einsicht und gutem Willen. Und wieder suchen wir die Schuld bei anderen. „Das hat mir ja keiner gesagt." „Wen hätte ich denn fragen sollen." „Ich habe ja keine Zeit gehabt." „Die Kirche ist schuld." All dieses zählt nicht als Entschuldigung, denn wir haben uns ja nie ernsthaft darum gekümmert. „Jetzt muß ich erst noch dieses tun, und jenes tun. Vielleicht nächste Woche... Ach nee, da habe ich auch schon etwas vor. Na dann später."

Vergessen Sie es ! Wer so denkt und lebt, kommt niemals ein Stück weiter.

„Was du heute kannst besorgen,
verschiebe nicht auf morgen."

Wir leben immer nur im Hier und Jetzt, auch wenn einige mehr in der Vergangenheit leiden, andere mehr in der Zukunft schwelgen. Und nur im Hier und Jetzt, in diesem Augenblick, kann ich anfangen, etwas in meinem Leben zu verändern.

Jetzt auf der Stelle !

Tun Sie sich selbst einen Gefallen, ersparen Sie sich viel Kummer und Leid, wahrhaft ewigen Schmerz, unendliches Heulen und Zähneknirschen !

Die Welt, die Sie in diesem Augenblick mit ihren fünf Sinnen wahrnehmen, ist nur eine Trug-, eine Scheinwelt !

Lassen Sie sich vom Satan nichts vorgaukeln, der versucht, durch die irdischen Ketten der Materie unsere Seele in die Tiefe zu reißen, und sich selbst ein Reich und eine Anhängerschar zu sichern.

Entsagen Sie diesem üblen Genossen und seinen Anhängern, öffnen Sie Ihr Herz dem Licht und der Liebe unseres Herrn und Meisters Jesus Christus. Er ist der Letzte, der gekommen ist, uns zu erretten. Es kommt kein anderer mehr !

Lassen Sie sich nicht in scheinbare Sicherheit wiegen. „Alles geht schon gut", „bis jetzt ist immer noch alles gut gegangen", „was soll uns schon passieren", „keine Panik", „alles unter Kontrolle". Alles Lug und Trug ! Wir leben mit einer einzigen Lüge, und wir selber sind schuld.

Das wahre Leben, das wahrhaft ewige Sein, findet woanders statt, im Himmel, in einer anderen Dimension des Seins. Wenn Sie so wollen, in einem anderen Frequenzbereich.

Und je mehr wir uns innerlich, aus freiem Willen, auf diese andere Frequenz Gottes einstellen, um so stärker wird unser Peilsignal und unser gesendeter Hilferuf kommt an. Wenden wir uns voll Vertrauen und Glauben an unsere himmlischen Helfer, unsere geliebten Engel und Schutzengel, die jeden Augenblick um uns sind und voller Liebe und Güte für uns sorgen. Sie können sie nicht anfassen und sehen, aber sie sind da !

Nicht durch Zufall fiel gerade Ihnen dieses Buch in die Hände, denn jeder wird angerührt in der irdischen Endzeit. Und dafür hat Ihr Schutzengel gesorgt, der es gut mit Ihnen meint und gerne Ihre Seele gerettet sehen möchte. Später kann keiner sagen, er hätte ja von nichts gewußt !

Das ist Gottes Gerechtigkeit. Gott ist ein ewiger und lebendiger Gott. Für Ihn existieren nicht Raum und Zeit. Machen wir uns endlich auf den Weg nach Hause, bevor es zu spät ist. Jeder entscheidet für sich selbst. Keiner ist dem anderen Rechenschaft schuldig.

„Jeder ist seines Glückes Schmied."

Wenn Sie den absoluten Zustand der Glückseligkeit auf Erden noch nicht erreicht haben, weil es immer irgendwo zwickt oder zwackt, dann trösten Sie sich ! Das ist auch gar nicht so vorgesehen.

Den absoluten Zustand der Glückseligkeit ohne Schmerz und Leid, ohne Krankheit und Tod erfahren wir erst nach unserer Befreiung vom karmischen Rad von Wiedergeburt und Tod im Himmelreich, unser aller Zuhause.

Entfliehen Sie den Waffen des Teufels, überwinden Sie sich selbst und Ihren Stolz, lassen Sie das Buch auf die Knie sinken und falten Sie die Hände zum Gebet. Bitten Sie Ihren himmlischen Vater, den lieben Gott, um Vergebung für Ihre Nachlässigkeit und Ihre Sünden, sagen Sie Ihm Dank für alles, was Er Ihnen jeden Augenblick gibt und schenkt, und bitten Sie um gerechten Schutz und sichere Führung. Man schaut auf Sie ! Jetzt !

All Ihre geheimsten Gedanken und Gefühlsregungen, in diesem Augenblick, werden aufgezeichnet und registriert. Dieses ist absolut göttliche Wahrheit ! Der Herr sieht ins Verborgene !

Wählen Sie das ewige Leben, und fliehen Sie den geistigen Tod. Durch den Glauben erwachen Sie zum ewigen Leben. Man erwartet Sie !

Halten Sie wenigstens Ihre letzte Verabredung mit Ihrem Schöpfer ein. Hier und jetzt ! Er ist schon da ! Er wartet nur noch auf Ihre Entscheidung.

Dein Reich komme ! Dein Wille geschehe !
Amen. Amen. Amen.

5

Alles ist in Gott, unserem himmlischen Vater. Er ist der Herr aller Dinge und Schöpfer allen Seins. Sein allein heiliger Wille geschehe an uns, jetzt und in Ewigkeit. Amen.

Dank sei Gott, dem Herrn. Erblicket das Licht dieser Welt in Euch. Es mögen sich öffnen die Herzen aller Menschen durch die Kraft des Heiligen Geistes. Alles ist eins in allem aus Gott und in Gott.

Ich bin ein Teil des Ganzen, und das Ganze ist ein Teil von mir. Ich bin geschaffen aus Gott, und Gott ist ein Teil von mir. Ich bin verbunden mit allen Dingen durch die Liebe zu Gott unserem Herrn, jetzt und in Ewigkeit.

Das Licht der Liebe kennt keine Grenzen, durchdringt die härtesten Mauern, zersprengt die festesten Ketten und zerteilt die Finsternis. Die Liebe ist die höchste Energiekraft im Kosmos. Alle Dinge und alle Wesen unterliegen ihr. Sie unterjocht das Dunkle und die Finsternis. Sie überwindet alles !

Liebe ist reine Energie und belebt alle Dinge. Nichts ist existent ohne Liebe. Sie ist Ursprung und Quelle allen Seins. Lassen Sie das Licht und die Liebe in Ihr Leben fließen, und Sie werden Gott schauen, von Angesicht zu Angesicht, wie Seine geliebten Engel, in der Ewigkeit !

Buchen Sie ein Flugticket in den göttlichen Kosmos und erleben Sie eine Neugeburt Ihres Geistes. Alles liegt in Ihrer Hand. Sie benötigen keine Reiserücktrittversicherung und keine Gepäckversicherung. Für alles ist gesorgt !

Wir bieten Ihnen den Rund-um-Service zum Nulltarif. Lassen Sie sich verwöhnen im Paradies, wo Honig und Milch fließen ! Brot wächst auf den Bäumen und gebratene Tauben fallen Ihnen in den Mund.

Wo können Sie buchen ? Bei Ihrem Schutzengel. Bitten sie ihn ganz einfach um sichere Führung, daß er Sie auf keinen Fall losläßt und auf den richtigen Weg bringt. Aber wundern Sie sich bitte nicht, wenn er Sie nicht mehr losläßt ! Mitgefangen, Mitgehangen. Werfen Sie alten Ballast über Bord und vertrauen Sie sich ganz Gott an. Er ist das sicherste Reiseunternehmen der Welt.

Jeder Mitarbeiter fühlt sich für Ihr vollstes Wohlergehen persönlich verantwortlich und gibt sein Bestes, um Sie zufriedenzustellen. Wer bereit ist zu geben, dem wird gegeben.

Dank sei Gott, unserem Herrn und Schöpfer, der unendlich liebevoll und gütig auf seine Kinder herabblickt und nur das Beste für uns will. Zimmern Sie sich Ihre Arche, die Sie in der kommenden Zeit der Stürme und der Finsternis sicher in Ihren Hafen bringt.

Sie selbst sind der Zimmermann. Bleiben Sie nicht untätig, zaudern Sie nicht lang, die Zeit ist knapp. Die Lieferfrist ist kurz bemessen. Gott allein kennt den Zeitpunkt. Er ist der Herr aller Dinge, Er allein entscheidet über Sein oder Nicht-Sein, Leben oder Tod.

Kraft Seiner Allmacht vermag Er alles, Er trägt uns sicher über jede Klippe und jede Schlucht hinweg. Wem Gott die Hand reicht, den verläßt Er nicht.

„Der Herr verläßt die Seinen nicht."

Gott kennt alle Seine Schäfchen, und Er zählt sie, und Er ruht nicht eher, als bis alle zu Ihm zurückgekehrt sind. Er ist der gute Hirte, der uns sicher in den Stall bringt, und die Pforte ist Jesus Christus, unser Erlöser, Sein eingeborener Sohn.

„Außer durch mich kommt niemand zum Vater.
Ich bin das Licht dieser Welt, und alles,
was ich vollbringe, vermag ich durch den Vater,
denn ich bin in Ihm, und Er ist in mir.
Und am Ende aller Zeiten übergebe ich Ihm alle Dinge.
Und ich komme, zu richten die Lebendigen und die Toten."

Sein allein heiliges Wort ist Gesetz und Sein allein heiliger Wille geschieht, jetzt und in Ewigkeit. Herr der Heerscharen ist Sein Name, und der Himmel ist Sein Thron und die Erde der Schemel Seiner Füße. Er kennt die Guten und die Bösen, weiß um alle Dinge im Kosmos und ist der Schöpfer allen Seins. Preiset seinen Namen !

Stimmt Ihn gnädig und folget Seinem Worte, Seinem heiligen Gebote, welches Er Euch schenkte durch Seinen Sohn.

Betet um Vergebung Eurer Sünden, denn nicht durch Menschen werden sie Euch vergeben, sondern durch Gott den Herrn allein.

„Gehet hin und sündigt von nun an nicht mehr."

Denn die Sünden werden Euch dadurch vergeben, daß Ihr sie nicht mehr begehet. Folget den Worten der Liebe, dienet Eurem Nächsten, denn Euer Vater schaut auf Euch. Er kennt jeden einzelnen und seine Wege. Und Sein Wort ist gerecht, und Seine Weisheit vollkommen. Merket auf!

Der Herr ist nah, und Er fordert Seinen Tribut. Es ist der Herr des Weinbergs, den Er Euch anvertraut hat, und Er kommt, Seinen Anteil von Euch zu fordern. Machet Euch bereit, Ihm zu entbieten, was ihm zusteht, sonst ergeht es Euch schlecht!

Gott kommt, Euch zu vernichten, weil Ihr Seine Knechte erschlagen und Seinen Sohn gekreuzigt habt. Ein jeder, wo er steht, wende sich demütig und voll Reue an Seinen Herrn und Gott und bitte um Güte und Gnade, aber nicht um Gerechtigkeit!

Denn die Gnade des Herrn kann man nicht erwirken und vor Seiner Gerechtigkeit seid Ihr des Todes. Bittet im Gebet jede Stunde des Tages, bis zu Eurem irdischen Tode, um Gnade für das Menschengeschlecht, denn das ist würdig und recht!

Gott liebt Euch als Seine Kinder, aber Er verabscheut das Böse in Euch. Reiniget und läutert Eure Seele, bereitet Euch für den Herrn und Seine Wiederkunft auf Erden. Er sucht Euch heim wie ein Blitz aus heiterem Himmel, wenn Ihr es gerade nicht erwartet. Schlafet nicht, sondern wachet, damit Er Euch nicht etwa im Schlafe überraschet. Und sorget für Eure Lampe, für Euer Licht, denn das Öl sind Eure Gebete, und das Licht, das seid Ihr. Was nützt Euch die schönste Lampe ohne Öl?

„Ich werde kommen wie ein Dieb in der Nacht.
Wie ein Blitz durchzuckt die Finsternis, so werde ich Einzug
halten in Eure Welt, mit meinen himmlischen Heerscharen
werde ich kommen, zu richten die Lebendigen und die
Toten.

Horchet auf! Ich bin schon da. Und ich bin in jedem von
Euch! Und die Stunde des Gerichts ist gekommen, und die
Prüfungen laufen schon.
Jeder wird angerührt, ausnahmslos jeder!

Jedes Lebewesen wird betreut durch seinen Schutzengel,
und dieser wiederum erstattet Mir Bericht.

Und ich trage das Schwert des Richters,
und werde sein wie der Wolf, der kommt
in den Schafpferch zu reißen die Lämmer.
Und ich kenne keine Schonung, kein Pardon.
Es ist die Stunde der Wahrheit gekommen,
der Tag der Abrechnung. Alles liegt in Meiner Hand !

Und ich vollbringe den Willen Meines Vaters.
Nichts geht ohne Ihn,
Sein heiliges Wort ist unumstößliche Wahrheit !"

„Lasset die Kindlein zu mir komen", sprach Jesus.
„Werdet wie die Kinder, denn ihnen ist das Himmelreich."

Tuet den Willen Eures Vaters in den Himmeln, und Er wird Euch annehmen als Seine Kinder dieser Erde. Er hält schützend die Hand über Euch, und Euch wird kein Haar gekrümmt. Seine Hand hebt Euch sanft hinweg, hin zu sicherem Gefilde, keine Angst und keine Not sollt Ihr kennenlernen unter Seiner sicheren Führung.

Gott wird Euch führen, lenken, leiten und schützen, heim in Sein Himmelreich. Ihr benötigt nicht viel dazu, nur ein ausdrückliches, kurzes, wohlüberlegtes „Ja" ohne Widerruf.

Lenkt Euer Schiff hin zu Gott, und Er nimmt Euch sicher auf in Seinen Hafen der Liebe. Kehret heim und lasset diese Welt des Schmerzes und der Kriege hinter Euch. Kehret dem Satan den Rücken, dem Satan in Euch !

Denn Sein Reich ist vergangen, es brechen neue Zeiten an. Vergeßt Eure täglichen kleinen Sorgen, werfet sie auf Gott !

Denn Er wird sie für Euch tragen, wird für Euch sorgen, jetzt und in Ewigkeit. Er ist Euch ein treuer und liebender Vater, Der Euch nie verläßt.

Denn Er hat die Macht, Er ist der König der Könige, vor Seinem Namen erbebt die Erde, erzittern die Berge, beugen sich die tosenden Fluten der Welt. Ohne Seinen Willen und Seine Zustimmung geschieht nichts, wahrhaft nichts im göttlichen All !

Unterwerfe Dich Seiner Führung und lobpreise Seinen Namen, denn Er meint es gut mit Dir.

Gott liebt Dich mehr, als Du Dich selbst, und Seine Liebe überwindet alles. Er reißt Dich aus der Tiefe, aus den Klauen des Todes und leitet Dich hin zu den saftig-grünen Weiden des ewigen Lebens.

Sei Sein Jünger und folge Ihm nach. Suche Dein Heil nicht woanders, sonst mußt Du vergehen. Nur nach Seinem alleinigen Willen kann Dir Hilfe gewährt werden. Du mußt Dich entscheiden und den ersten Schritt tun. Nimm Seine Führung an ! Dein Engel wartet nur darauf, Dich an die Hand nehmen zu dürfen. Wandle in Gott und Seinen Geboten !

Begehe die Sünde nicht mehr. Entsage den Versuchungen des Satans, entziehe Dich seinem Einfluß und schüttle ihn ab wie ein lästiges Insekt. Opfere ihm nicht mehr das Blut Deines Lebens, sonst verschlingt er Dich ! Er ist der einzige Feind, den Du zu fürchten hast, und Du selbst hast ihn gerufen. Du selbst mußt ihn verlassen, mußt ihm entsagen, und Gott hilft Dir dabei.

Gib dem Teufel keine Macht über Dich, und die Kräfte der Liebe sind mit Dir. Liebe überwindet alle Grenzen und kennt keine Schranken. Sie ist das Fluidum allen Lebens, die Quelle allen Seins. Ohne Gott geht nichts, mit Gott geht alles !

Vertrauen und Glauben sind die Waffen, die Du auf diesem Weg benötigst. Die Kraft schenkt Dir Dein Vater. Tue den ersten Schritt, alle anderen folgen leichter.

Wandle den Pfad des Lebens und der Glückseligkeit. Rundum lauert Verderben und Tod. Weiche nicht vom Wege ab, verlasse Gottes Gebote nicht, denn der Pfad ist schmal und das Tor zum Verderben weit.

Die Tür des Lebens steht Dir offen, den Schlüssel hältst Du in der Hand. Der Pförtner hält nach Dir Ausschau und hat Anweisung, Dich gleich durchzulassen. Er harret Deiner mit Ungeduld, er kennt Dich aus früheren Zeiten, als Du durch diese Pforte das Reich Deines Vaters verlassen mußtest.

Und viele Deiner Brüder und Schwestern von früher her ersehnen Deine Ankunft, beten zu Gott, Er möge Dich als Sein wahres Kind wieder annehmen und Dich wieder nach Hause führen. Alles ist für Deine Ankunft bereitet !

Auch in der göttlich-geistigen Welt feiert man Feste. Für das Deiner Heimkehr steht alles bereit.

Es wäre schade, wenn Dein Platz leer bliebe. Denn es gibt so schnell keinen Ersatz für eine von Gott geschaffene Seele. Jede ist einzigartig!

Die Einladung hältst Du in der Hand, die Eintrittskarte ist Dein gläubiges und demütiges Gebet zu Gott, in welchem Du Deinen Vater um Verzeihung bittest und Dich Seinem allein heiligen Willen unterwirfst. Er wird Dein Gebet erhören, und Deinen guten Willen prüfen, Seinen Worten Folge zu leisten. Das ist nicht leicht!

Du mußt alte, oft liebgewonnene Gewohnheiten ablegen, festgefahrene Gedanken beseitigen, Dich selbst und das Ungute in Dir überwinden, Deinen eigenen Willen ablegen und Dich dem Deines Vaters unterordnen.

Gott fordert nichts Unmögliches von Dir! Er möchte nur, daß Du Dich dazu bereitest, daß Er Dich mit Seinen Gnadengaben überschütten kann. So wirst Du auf Dein Leben im Jenseits, in der göttlich-geistigen Welt vorbereitet. Machst Du gute Fortschritte und läßt Dich bereitwillig führen, ist der Weg gar nicht so weit! Deine Engel helfen Dir schon. Laß Dir die Zeit nicht lang werden.

„Tausend Jahre sind wie ein Tag
und ein Tag wie tausend Jahre."

Bei Gott laufen die Dinge anders. Gott lebt in der Unendlichkeit. Ein Jahr im Irdischen ist vielleicht so viel wie ein Fingerschnippen in der Engelwelt.

Also tröste Dich, lebe den Augenblick und zeige den guten Willen. Hilfe ist reichlich da, aber tun mußt Du es selbst. So will es Gottes Gesetz. Geh bewußt in die Schule, erkenne Dich selbst und überwinde das Böse in Dir. Laß die Liebe fließen!

Vollbringe alle Dinge in Liebe, Demut und Geduld. Nimm Dir Zeit für Deinen Nächsten, erspüre die Bedürfnisse Deiner Mitmenschen, mehre Licht und Liebe in Deiner Welt. So hilft jeder einzelne, daß es Licht wird auf Erden.

Der eine hilft dem anderen die Leiter hinauf. Eine Stufe überspringen kannst Du nicht. Aber setze vorsichtig Schritt vor Schritt und horche nach innen. Dein Schutzengel, Dein Geistführer wird sich bemerkbar machen, die Stimme Deines Gewissens wird zu Dir sprechen. Folge ihr, und Du folgst Gott.

Doch Vorsicht ! Auch der böse Feind spricht zu Dir, will Dich versuchen und vom Wege abbringen. Lasse nur Liebe in Dich hinein und aus Dir heraus fließen. So will es Gott, der Herr.

Werde ein wahres Kind Seiner Himmel hier auf Erden durch Seine Gnade. Dank sei Gott, dem Herrn.

**Dank sei Gott dem Herrn,
jetzt und in Ewigkeit. Amen.**

**Erhebet die Herzen !
Wir haben sie beim Herrn. Amen.**

**Gehet hin in Frieden.
Dank sei Gott, dem Herrn, in Ewigkeit.**

Amen. Amen. Amen.

6

*Im Anfang war das Wort,
das Wort war bei Gott,
und Gott war das Wort."*

Unser Vater in den Himmeln, Schöpfer Himmels und der Erden, schöpfte Kraft des ihm verliehenen Wortes aus sich selbst alle Himmel und alle Erden. Er war der Urheber allen Seins zu Anbeginn aller Zeiten. Sein Licht, Seine Liebe und Seine Wahrheit war die alle Dinge schaffende Energieform, die alles entstehen ließ.

Gott begab sich im Menschenkleide in unsere Welt, um das Erlösungswerk zu vollbringen. Er ließ zu, daß Sein geliebter Johannes der Täufer als Sein Vorläufer durch König Herodes enthauptet wurde, um das Prophetenwort zu erfüllen. Er führte Seine Jünger durch die Lande, zu predigen Sein Wort, Wunderwerke zu vollbringen und die Menschen wachzurütteln.

Gott gab Ihnen die Macht über den Tod, unreine Geister und Dämonen, um die Kraft des Teufels auf Erden zu brechen. Damit Licht und Liebe wieder Einzug halten konnten in die Herzen der Menschen.

Denn es ist der Wille des Vaters, daß alle Seine Kinder in Sein Reich heimkehren sollen, damit das Prophetenwort erfüllt wird. Die Kraft der Liebe unseres Vaters vermag alles. Er läßt aus Steinen Wasser fließen und erweckt Tote zum Leben. Er ist die Quelle allen Seins !

Sein Wort erfüllt sich in allen Dimensionen des Kosmos. Ohne Ihn geschieht nichts, durch Ihn alles. Nach Seinem Willen ergießt sich der Regen aus den Wolken auf die Erde, erhebt sich der Wind, erschallt Donnerhall, durchzucken Blitze die Finsternis. All dies ist die Stimme unseres Vaters in den Himmeln.

Wer klug und weise handelt, folget Gottes Worte und rettet seine Seele. Denn außer bei Gott gibt es keine Rettung. Alles liegt in der Hand des Vaters. Sein oder Nichtsein, Leben oder Tod.

Die Kraft Seines Geistes durchdringt alle Dinge, schafft überall göttliche Ordnung, vermittelt den Willen des Vaters in allen Dingen, erschafft und läßt vergehen, zwingt nieder und richtet auf.

Herr der Heerscharen ist Sein Name, und alle Engel dienen Ihm und zeugen von Seiner Herrlichkeit.

Dank sei Gott dem Herrn, jetzt und in Ewigkeit ! Amen.

Erblicket das Licht dieser Welt, nehmet an Seine Liebe, öffnet die Herzen und folget Seinen Geboten. Denn Rettung geschieht nur durch Ihn, nur nach Seinem allein heiligen Willen. Der Vater hat alles in die Hand Seines Sohnes gelegt. Nur durch Ihn gelangt man zum Vater !

Denn Sein ist das Reich und die Kraft und die Herrlichkeit in Ewigkeit. Amen.

Alle Dinge sind in Gottes Hand, jedes ist ihm untertan, schuldet ihm Dank und Liebe. Alles ist durch Gott und in Gott und mit Gott. Sein allein heiliger Wille erfüllt sich an jedem einzelnen von uns, führt, lenkt, leitet und schützt einen jeden von uns, läßt uns morgens erwachen, führt uns durch den Tag und schenkt uns abends Ruhe und Zufriedenheit. Dies ist der Wille des Herrn, der sich in allen Dingen erfüllt und jeder beugt sich Ihm in Gehorsam.

Gott vermag alles durch die Kraft Seines Wortes, Seine Stimme ist wie Donnerhall, läßt Berge und Erde erzittern, erweckt Tote zum Leben, läßt Dinge entstehen und vergehen, schöpft und erschafft jetzt und in der Ewigkeit. Ohne Ihn geht nichts, mit Ihm alles.

Seine Heerscharen dienen Ihm, bewundern Seine Weisheit und Vollkommenheit in allen Dingen, unterwerfen sich Seinem Willen, danken Ihm und jubeln und preisen Seinen Namen. Er ist das Licht dieser Welt, alles geschieht durch Ihn und mit Ihm und in Ihm.

> *„Denn Dir Gott, allmächtiger Vater,*
> *in der Einheit des Heiligen Geistes,*
> *ist alle Herrlichkeit und Ehre,*
> *jetzt und in Ewigkeit ! Amen."*

Folget Seinen Worten und Werken, und Euch ist Rettung gewiß. Die Diener und Engel des Herrn sind mit Euch und unter Euch. Sie sind Kinder eines Vaters wie Ihr auch, Brüder und Schwestern im Geistigen, jetzt und in Ewigkeit. Denn nichts geht verloren, und alle Macht liegt beim Vater.

Möge sich ein jeder Seiner Kindschaft des Vaters bewußt werden, Seinen Namen und Seine Hilfe anflehen, sich ganz in Gottes Hand begeben, und voll Vertrauen und Glauben beschützt und behütet durch die Kraft Gottes durch das Leben schreiten.

Gott besänftigt mißmutige Vorgesetzte, versöhnt verärgerte Kunden, öffnet die Herzen aller Menschen, schenkt Frieden und Gesundheit, ist zuständig in allen Situationen des Lebens. Keiner entzieht sich der Macht Seiner Liebe und Seines Einflusses !

Gott ist in allen Dingen, wohnt in den Herzen der Menschen, vollbringt Worte und Werke der Liebe, verschenkt freizügig Seine Güter des Friedens, der Freude und des ewigen Heils. Alles geschieht mit Ihm und in Ihm und durch Ihn. Gott erhält alle Dinge am Leben, läßt alle Wunden heilen, schenkt neue Zuversicht und neue Kraft. Er vermag einfach alles !

„Glaube versetzt Berge", spricht Jesus in der Bibel. Und das ist göttliche Weisheit und Wahrheit und wahrhaft göttliches Wort ! Er schenkt Vertrauen und Güte, schenkt Kraft und Licht, die Seinen verläßt Er nicht. Bleibe im Vater, und der Vater bleibt in Dir ! Vollbringe Werke der Liebe und Güte, und Dein Herz wohnet beim Vater im Himmel.

Gott läßt die Sonne scheinen, läßt nachts die Sterne funkeln am Firnament, schenkt den Planeten ihren Glanz und ihr Leben, belebt die Ozeane und Kontinente, läßt Vulkane speien und beschwichtigt den Sturm der Meere. Denn ohne Ihn geschieht nichts ! Er ist der Vater aller Dinge und wohnt im Herzen aller Menschen. Er öffnet Türen, wo keine sind, läßt Welten entstehen, wo keine waren, eröffnet neue Weiten des Seins durch die Kraft Seiner Liebe, ist wahrhaft Schöpfer allen Lebens.

Mögest auch Du, kleine Seele, Dich dem Licht und der Liebe Deines Vaters weiter öffnen, und in die Einheit mit dem Vater heimkehren. Denn die Zeit ist gekommen, Dich zu entscheiden für Dein Leben oder Deinen Tod, für Sein oder Nicht-Sein, Liebe oder Nicht-Liebe.

Lerne, alle Dinge um Dich herum als Geschöpfe eines Vaters zu betrachten, vollbringe Worte und Werke der Liebe, lebe die Tugenden der Güte und Gerechtigkeit, und folge damit dem Vorbilde Deines Herrn und Meisters Jesus Christus. Er ist Dein Herr und Meister, Ihm schuldest Du Dank und Liebe, denn nur durch Ihn kehrst Du heim zum Vater. Alles liegt in seiner Hand durch das Wort des Vaters.

„Es kommt keiner zum Vater, außer durch mich."

Jesus Christus ist die Tür, das Tor zum Leben. Denn das wahre Leben ist das wahrhaft ewige Sein im Angesicht Gottes, unseres Herrn und Schöpfers. Er ist das Licht der Welt, auch jetzt, in diesem Augenblick leuchtet Er Dir, durch die Kraft Seiner Liebe !

Denn alle Dinge sind aus Ihm entstanden, kleine Seele, vergiß das ja nicht, und alle Dinge kehren heim zum Vater, denn so ist es Sein Wille, und Sein Wille ist Gesetz. Dies erfüllt sich in allen Dingen, auch an Dir. Drum sei schlau und erinnere Dich Deiner Herkunft, sag´ ja zum Leben und gehe den Weg ins Licht !

Dein Vater freut sich auf Deine Heimkehr. Nichts ersehnt Er mehr in diesem Augenblick ! Und alle Engel des Herrn freuen sich mit Ihm, wenn Du das Licht wählest und das Leben. Und wenn Du den Willen des Vaters tust, begibst Du Dich auf den Weg des ewigen Lebens. Die Zeit ist da, entscheide Dich !

Sage ja oder nein dazu, klar und vernehmlich, denn Gott hört jedes Deiner Worte !

Gott schaut in den Grund Deines Herzens, weiß jede Deiner Ängste und Sorgen. Wirf alles auf Ihn ! Mache Dich frei von der Last des Lebens, bitte Ihn endlich, in Dein Leben zu treten, laß die Gedanken um Macht und Materie hinter Dir und laß die Liebe fließen. Eröffne Gott und Seinen Engeln die Möglichkeit, Dir zu helfen, indem Du Dich bewußt und aus freiem Willen Ihm zuwendest, Ihn um Hilfe bittest und Dich darauf verläßt, daß nur Sein allein heiliger Wille an Dir geschieht. Denn Er weiß um alle Dinge !

Gott weiß genau, was gut oder schlecht für Dich ist, welche Lernerfahrung Du noch benötigst, um die Schule des Lebens abschließen zu können. Laß Dich durch Seine Hilfe zum Schultor führen, damit Du mit dem Zeugnis der Liebe in Händen die Pforte des Ewigen Lebens durchschreiten darfst !

Damit hat alle Not, alle Krankheit, oder Schmerz und Tod ein Ende ! Auf der Ebene des ewigen Lebens gibt es all dieses nicht, und der einzige und größte Arzt ist Gott allein. Er heilt alle Seelen ! Durch die Kraft Seines Heiligen Geistes schenkt Er jedem, der Ihn bittet, Gesundung an Körper, Seele und Geist.

*„Denn wer würde Seinem Sohn, wenn er Ihn bittet,
einen Stein geben anstatt eines Brotes,
wer würde ihm eine Schlange geben,
anstatt eines Fisches?"*

Gott ist der ewig Gebende und Gütige, Er ist der einzige, der Dich niemals verläßt, wenn Du Ihn nicht verläßt. Du bist nie einsam und alleine. Er ist immer mit Dir, denn Er sieht ins Verborgene.

Gott weiß um alle Deine kleinen Kümmernisse und Ängste, alles, was Dich im Herzen bewegt. Lege es Ihm zu Füßen, und bitte Ihn, daß Er sich darum kümmert, und Du wirst spüren, daß etwas passiert. Auch wenn Du anfangs nicht verstehst, warum bestimmte Dinge geschehen müssen, wirst Du später ihren tieferen Sinn erkennen, denn Gott sieht weiter als Du !

Und Er will nur Dein Bestes, will Dich herausführen aus diesem irdischen Jammertal der Tränen und des Leides, will Dich und Deine Seele retten. Und Gott wünscht sich, daß Du alle, die um Dich sind, alle, die Du magst und lieb hast, mitnimmst.

Bringe ihnen die Liebe ! Laß sie spüren, daß Du sie lieb hast, daß Du sie als ein Teil von Gott angenommen hast. So läßt Du das Licht und die Liebe Gottes fließen in diese irdische Welt der Finsternis, öffnest den Engeln des Himmels die Pforten Deines Herzens, damit sie mit Dir arbeiten können. So kannst auch Du zu einem wahren Kind Gottes, zu einem wahren Kind der Himmel auf Erden werden, damit Seine göttliche Gnade einfließen kann in diese Welt. Auch auf Dich kommt es an !

Jeder einzelne zählt. Der Countdown läuft, das Ende aller irdischen Dinge ist da. Der Herr des Hauses kehrt heim und verlangt von jedem Rechtfertigung. Auch wenn Dir dieses unwahrscheinlich erscheint, lasse Dich nicht täuschen !

Erkenne die Zeichen der Zeit. Das Ende aller Dinge ist da, und Jesus Christus kam als der letzte Prophet, als der Erlöser aller Menschen in diese Welt, um den Menschen das Wort Ihres Herrn und Gottes zu bringen. Und viele haben es bis jetzt nicht gehört !

Zweitausend Jahre sind vergangen, und es wird nichts unversucht gelassen, jeden einzelnen zu erreichen, damit das Licht der Liebe und Erkenntnis einfließen kann in seinen Geist.

Öffne die Augen und schaue um Dich ! Lasse Dich nicht von der scheinbaren Harmlosigkeit der Dinge verblenden, vertraue nicht auf diese Welt des Scheines und des Truges, die Dich umgibt. Denn Lüge regiert die Welt ! Und sie ist in jedem von uns. Und wir sagen ja oder nein zu ihr, nehmen sie an oder weisen sie zurück.

Jeder ist sein eigener Schöpfer, jeder entscheidet über Liebe und Wahrheit in seinem Leben. Lasse Dich nicht betrügen, lasse Dich nicht auf die Seite des Todes ziehen ! Denn es ist da die Stunde des Gerichtes, die Stunde zu richten die Lebendigen und die Toten, zu scheiden die Spreu vom Weizen, zu tilgen die Sünde in der Welt. Und die Sünde ist auch in Dir.

Wohlan, gehe hin und sündige von nun an nicht mehr. Bitte um göttliche Führung und vertraue Dich ganz der liebenden und treu sorgenden Hand Deines Vaters an. Verlasse Dich ganz auf Ihn, denn Er ist der einzige, der Dich retten kann.

Gott führt Dich sicher durch die Zeit des Schreckens und der Finsternis auf Erden. Gott läßt Dich niemals los, vertraue auf ihn. Er schützt die Lebenden, die, die im Glauben an Ihn stark sind und auf Ihn zählen.

Laß ihn für Dich sorgen, laß die Engel des Herrn Dein Geschick leiten. Überantworte Dich und Dein gesamtes Sein in die Hand Deines Herrn und Schöpfers, Deines himmlischen Vaters, der Dich verlorenen Sohn und Dich verlorene Tochter nach Hause holen möchte. Nur Er hat die Kraft !

Und Er schenkt sie Dir ganz umsonst, wenn Du Ihn bittest. Sei nicht dumm, denn das Ende ist nah. Und es wird geben ein gewaltiges Heulen und Zähneknirschen auf Erden !

In der Stunde des Todes wendet sich jeder hin zu Gott, ruft Seinen heiligen Namen an, in Furcht und Schrecken. Warum damit so lange warten ? Sichere Dir jetzt Deinen Platz im Paradies, denn alles steht bereit.

Die Einladungskarten sind geschrieben, die Gästeliste ist das Buch des Lebens. Dieses wird geführt und geschrieben von den Engeln des Herrn, die täglich mit Dir verkehren, Deine Lernfortschritte und Dein Geschick beobachten und nichts sehnlicher wünschen, als daß sie nur Gutes und Positives über Dich berichten müssen.

Denn sie sind wahrhaft Dein Bruder und Deine Schwester, lebten mit Dir in einer Familie, verkehrten dauernd mit Dir und erfreuten sich mit Dir des ewigen Lebens. Und sie bedauerten sehr Deinen Fall in die Tiefe, trauerten sehr wegen Deines Verlustes.

Und darum helfen alle mit, daß es für Dich und alle anderen möglichst einfach ist, den Weg nach Hause anzutreten und heimzukehren in Gottes Reich, wo alle liebende Untertanen eines Vaters sind.

„Mein Reich ist nicht von dieser Welt.“

Kehre heim in die andere Welt, die wahrhaft göttlich-geistige Welt. Überlasse Dich den Engeln des Herrn und sie werden Dich führen. Überwinde Dich selbst und Deinen Dickkopf, Deine kleinen Sünden und Schwächen, steige hinauf die Leiter des Himmels, die Sprossen des Lebens. Gib acht, daß Du nicht abrutscht und nicht fällst !

Horche immer auf die Stimme aus Deinem Innern, die Stimme Deines Gewissens, denn dies ist wahrhaft Gottes Wort !

Laß' sich neue Welten für Dich auftun und folge Seinen Geboten der Liebe. Denn die Liebe umfaßt alle anderen Gebote. Laßt die Sonne scheinen auf Erden, die Sonne Eures Herrn !

Laßt Sein Licht und Seine Liebe scheinen in diese Welt durch die Kraft Eurer Herzen, denn es ist im Entstehen das Neue Jerusalem, die neue Stadt des Herrn, das Juwel der Liebe. Und es entsteht in Euch !

Ein jeder hilft durch die Kraft seines Herzens und seiner Liebe beim Entstehen dieser neuen Welt, ein jeder ist Bauherr und Architekt zugleich. Den Bauplan hat Gott der Herr selbst entworfen, und alle Seine gehorsamen Diener folgen eifrig und begeistert Seinem Wort, um dieses neue Werk Ihres Herrn und Schöpfers entstehen zu lassen.

Gottes Licht und Liebe bilden die Bausteine dieser neuen Welt, und ein jeder ist selbst dafür verantwortlich, daß für ihn eine Wohnung im Hause des Vaters eingerichtet wird. Gott läßt die Sonne über uns allen scheinen, und Er läßt auch neue Welten sich erschließen, denn Kraft Seiner göttlichen Allmacht vermag Er einfach alles. Nichts ist Ihm unmöglich, nichts zu schwierig und undurchführbar !

Alle Wege führen zu Gott, doch gehen muß ihn jeder selbst. Wähle den kürzesten und einfachsten Weg, Seele, und Du ersparst Dir selbst viel Leid und Kümmernis. Laß Dich retten durch die Kraft Deines Glaubens und Gebetes. Gott erhört Dich !

Jedes Gebet kommt an ! Möge es noch so leise und unbeholfen gesprochen sein, im Innern Deines Herzens, Er erhört Dich und schickt Dir Hilfe. Seine Engel stehen bereit, um mit den Waffen des Lichtes und der Liebe für Dich zu streiten, immer vorausgesetzt, daß Du selbst die Liebe lebst.

Drum laß das Licht der Liebe scheinen in Deinem Herzen, überwinde allen Kummer und Sorge, überlaß Dich selbst der Fürsorge Deines Herrn und folge Seinem Vorbilde auf Erden nach.

Jesus Christus ist nicht umsonst auf Erden gekommen. Er vollbrachte Wunder und große Werke, und Er kündigte Seine Wiederkunft an, und die ist da. In diesem Augenblick hält er Einzug in Dein Herz, und Er fordert den Ihm zustehenden Tribut der Liebe.

„Gib dem Kaiser, was des Kaisers ist, und Gott, was Gottes ist."

Schenk dem Herrn Deine Liebe und folge ihm nach. Er schaut auf Dich ! Enttäusche Deinen Vater nicht, denn Er hat alles für Dich getan, und Du hast es ihm bis jetzt so schlecht gedankt. Bewahre Disziplin und Ausdauer im Gebet, sei stark in Versuchungen und Anfechtungen durch den bösen Feind, gib dem Satan keine Kraft über Dich !

Verbünde Dich mit den Kräften des Lichtes und der Liebe, schließe eine Lebensversicherung ab, die über dieses Leben hinausgeht, wahrhaftig eine ewige Laufzeit hat !

Als Prämie wird einzig und allein Vertrauen und Glauben verlangt. Es liegt in Deiner Hand, ob Dein Name im Buche des Lebens geschrieben stehen wird, ob die Versicherungspolice für Dein Leben ihren Weg in den Himmel finden wird. Abschließen kannst Du sie gleich, drum zaudere nicht ! Sonst schnappt sie Dir eventuell noch ein anderer weg.

Sonst seid Ihr Menschen immer so schnell entschlossen, wenn es darum geht, um eines kleinen Vorteils willen schnell zu handeln. Drum zögere nicht ! Nutze diese Chance, wahrhaftig die letzte, die Dein Herr und Schöpfer gewährt, Dein Leben zu retten. Lasse nicht zu, daß Du den ewigen Tod stirbst !

Ewige grausame Kälte und Finsternis warten auf die, die den Tod wählen und nicht das Leben. Denn wahrhaftig, es ist die irdische Endzeit !

Jesus Christus kommt mit Seinen himmlischen Heerscharen, damit Prophetenwort erfüllt wird ! Denn Gott läßt keine Seiner Ankündigungen und Prophezeiungen unerfüllt. Siehe in die Bibel !

Gott bleibt sich Selbst und Seiner heiligen Ordnung wahrhaft ewig treu. Und alle, die Ihm dienen, sind mit Ihm.

„Wer nicht für mich ist, ist gegen mich."

„Lasset die Kindlein zu mir kommen."

Drum werdet wie die Kinder, erfüllet Eure Herzen mit Unschuld und Liebe, tuet die Werke Eures himmlischen Vaters. Denn Gott der Herr ist Euer ewiger Vater, nun folget Seinem Worte und tuet die Werke der Liebe. Lebet in Gott, und Er bleibet in Euch !

Der Herr verläßt die Seinen nicht, die, die an Ihn glauben, und die, die sich zu Ihm bekennen.

Dank sei Gott dem Herrn.
Dank sei Gott dem Herrn,
jetzt und in Ewigkeit. Amen.
Gepriesen sei sein Name. Amen.
Gehet hin in Frieden !

Gelobt sei Jesus Christus. Jetzt und in Ewigkeit. Amen.

Die Gnade des Herrn ist schier unerschöpflich und allezeit mit uns. Er ist der Schöpfer allen Seins und läßt uns niemals los, wenn wir uns aus freiem Willen in Seine Hand begeben. Er führt uns in Elend und Not, errettet uns aus jeder Gefahr des Lebens, hält schützend Seine Hand über uns und führt uns sicher ins behütete Land durch die Kraft Seiner Gnade.

Gott erwählt Sein Volk nach Seinem Gutdünken, achtet nicht auf Reichtum oder Armut, Er sieht in unsere Herzen, kennt jeden von uns seit Anbeginn aller Zeiten, weiß um unsere Stärken und unsere Schwächen. Er hält schützend Seine Hand über uns, begibt sich durch Seine Engel mitten unter uns, erhört jedes Gebet und läßt jeden Tag die Sonne scheinen über Gerechte und Ungerechte.

Gott fragt nicht lange nach ledigem Stande von denen, die Seine wahren Diener sein wollen. Er beruft in Seinen Dienst, wen Er möchte, fragt nicht lange nach menschlichem Urteil, beschließt eigenmächtig über Priestertum und kirchliches Amt. Er läßt Bischöfe in ihrem Amt stolpern, hebt den Papst in seinen Stand, denn Sein allein heiliger Wille geschieht in allen Kirchendingen.

Gottvater überläßt nichts dem Zufall, kennt alle Menschen ganz genau, schenkt jedem Amt und Würden und prüft auf Herz und Nieren, so wie es Ihm gefällt. Alles liegt in Seiner Hand, denn Er ist der Vater Seiner Kinder, Er ordnet alle Dinge frei nach Seinem Willen, bestimmt über Wohl oder Wehe.

Gott läßt Versuchungen zu für Seine Diener, seien sie groß oder klein, prüft auf Gerechtigkeit und Liebe, Demut und Geduld. Er läßt alle Kirchendiener prüfen, alle, die zu Seiner Kirche Jesu Christi berufen sind, sieht tief in ihre Herzen, unterscheidet Gut und Böse in einem jeden, steckt voll ungeahnter Möglichkeiten und Phantasie, die Redlichkeit und Liebe zu den Menschen und Seinem Herrn zu ermessen.

Gott erfaßt alle Güter, seien sie geistig oder materiell, Er weiß um alle Dinge, die einen jeden beschäftigen. Ob in der Welt oder der Kirche, ein jeder wird erfaßt. Seine Wege sind dem Herrn offenbar, der ins Verborgene schaut.

Gott läßt Seine Diener ausschweifen zu den entferntesten Horizonten, zu vollbringen Seinen heiligen Willen, unterwirft Widerspenstige und stützt Gerechte, verteilt gerechten Lohn und gerechte Strafe, gewährt Vergebung und Verzeihung und läßt die Sünde eines jeden zu, damit er sich selbst erkenne und besinne auf den Namen Seines Herrn.

„Herr der Heerscharen", „Schöpfer des Himmels und der Erden", „Vater aller Dinge", so mag man Ihn ehrfurchtsvoll nennen. Er vermag einfach alles im Himmel wie auf Erden, Er läßt die Sonne scheinen, befestigte den Mond am Himmel und schuf die Sterne am Firnament. Denn Seine göttliche Weisheit weiß um alle Dinge, Er steckt in jedem drin.

Gott schenkt uns Trost und Hilfe durch die Kraft Seiner Stimme, des Ihm gegebenen Wortes, jetzt und in Ewigkeit. Er existiert in der Unendlichkeit, kennt keine kosmischen Grenzen, akzeptiert nur Toleranz und Güte, erkennt nur Seine eigene Macht an, denn alle anderen sind aus Seiner Gnade, die Er ließ auf ihren Herrscherstuhl sich setzen.

Es thront Gott über den Wolken, hoch über allen Dingen, in Seiner Majestät unerreichbar und ewig stark. Seiner Allmacht beugen sich alle Seine Diener, erkennen Ihn als Herrscher an, vollbringen Ihren Dienst in Freude, fragen nicht lange wieso und warum, vertrauen auf die Weisheit des Vaters, folgen Seinem allein heiligen Worte, erfüllen Seine Taten mit großer Kraft. Er spendet allen Licht und Leben, spendet Ihnen den Lebensfunken, der sie alle am Leben erhält, verfügt über sie nach Belieben und fragt nicht lange nach Geld.

Den wahren Lohn erhält ein jeder in den Himmeln, erfährt die Auswirkungen seines Tuns am eigenen Leibe, erfährt seelischen Schmerz und Höllenqual, der mißbrauchte seinen freien Willen, um zu schaden, statt zu dienen, um Tod zu schaffen, da, wo Leben befohlen war.

Alles liegt in Gottes Hand, ewiges Leben und Todesqualen, denn Er ist der Richter über Gerechte und Sünder, der Henker und der Vollstrecker Seines Gerichts, der Seine Opfer selbst bestimmt nach Seiner Wahl. Er fragt nicht lange nach irdischem Stande oder Reichtum, kennt nur Gerechtigkeit. Lügenmäuler straft er mit dem Tode, Rechtschaffene erhebt Er in ewigen Stand, vollbringt Werke der Güte und Gerechtigkeit, jetzt und immerdar.

Gottes allein heiliger Ratschluß gilt alles in der jenseitigen Welt, keiner widerspricht Ihm oder diskutiert Seine Werke, weil jeder Seine Allmacht kennt. Schier unendlich ist Seine Macht, kennt keine Grenzen und kein Nachbarland, Sein und alle Dinge, alles in Gottes Hand.

Er stürzet die Mächtigen dieser Erde, die mißbrauchen Ihre Gewalt, verlangt Frieden und Gerechtigkeit in Seinem Namen, schenkt Gunst der Stunde dem, der sie verdient, erstreitet Siege in der Wahl, ist des Volkes Mund. Er straft Politiker Lügen, deckt auf ihre Machenschaften und üblen Werke, erkennt Lug und Trug von Ferne, bekämpft Arglist und Gewalt. Er kennt seine verstocktesten Diener, weiß um ihre Qual, die sie sich selbst bereiten durch ihren Wandel im irdischen Jammertal.

Gott weiß um alle Werke, seien sie böse oder gut, Er schenkt gerechten Lohn und gerechte Strafe, leitet ein Seine Gerichte, fügt Übles zu Üblem und Gutes zu Gutem, vollzieht das Gesetz der Liebe, das Prinzip der Resonanz in allen Dingen, schenkt jedem seinen gerechten Lohn. Denn Er ist der Vater aller Dinge, seien sie groß oder klein. Er sieht in die verhärtetsten Herzen. Alles liegt in Seiner Hand !

Gott weiß um alle Dinge, sieht in jeden hinein, Seine Allmacht vollbringt alle Wunder und Werke, läßt unsere Herzen jubeln. Ihm liegt alles zu Füßen, mögen es Planeten oder Welten sein. Ihm jauchzen Seine Engel, wollen Seine Diener nur sein. Er ist der Vater aller Dinge, der Schöpfer allein. Ohne Ihn steht alles still, muß alles vergehen. Er ist der ewige Lebensquell, der alle Dinge erhält.

Jesus Christus will unser Retter sein, vollbringt das Erlösungswerk. Er überwindet den Tod und Seine Diener, läßt vergehen das irdische Reich der Sünden und Laster. Dem entzieht Er den Segen, der sündigt, dem schenkt Er Belohnung, der in Seiner Göttlichen Ordnung wandelt.

Gott ist ewig gerecht und gütig, Sein Name ist Gesetz. Er sieht alle Dinge in uns und der Welt, erfaßt alles mit einem Blick.

Er läßt Dinge entstehen und Dinge vergehen, schöpft neue Welten, läßt Meere sich verschieben und Kontinente versinken. Er kehrt alles von unten nach oben, denn alles ist Erneuerung.

Alles Leben entsteht andauernd neu, und Er ist die Kraft, die hinter allem steht. Er ist Schöpfer allen Seins, Herr aller Länder, König der Erde und Sein Wort gilt. Er ist ein gerechter Richter, kennt weder reich noch arm, kennt keine irdischen Bande.

„ Was du auf Erden bindest, wird im Himmel gebunden sein,
und was du auf Erden löst, wird im Himmel gelöst sein. "

Gott ist ein gerechter Richter, und jedem wird gegeben nach seinen Taten. Drum folge Seinem heiligen Willen, denn mit Ihm bist Du stark. Dann wird Er Dich wunderbar erhalten, wird allzeit mit Dir sein. Er ist Schöpfer Himmels und der Erden, da wird es Ihm noch möglich sein, für Dein Geschick zu sorgen und Dich herrlich zu ernähren.

Bei Ihm ist das letzte Wort über alle Dinge, beim Herrn über Leben und Tod. Drum fürchte nie das Leben, und schon gar nicht erst den Tod. Wenn Du Ihn zum Herrn erwählst, will Er Dein ewiger Schützer sein.

Jeder Engel, der Ihm dient, wird mit Dir sein, Dich behüten und umsorgen, Dich hegen und pflegen, Dich stützen in Trübsal und Not, Kummer und Pein. Der Herr vermag einfach alles durch die Ihm verliehene Macht des Wortes, schöpft wahrhaft aus dem Vollen, unterwirft alles Seinem Wollen, und das ist würdig und recht.

Ihm entstammen alle Dinge. Wer wollte Ihm das Recht absprechen, für Sie zu sorgen, mit Ihnen umzugehen nach Gutdünken, allezeit zu sehen, das höhere Ziel der Schöpfung ? Er läßt Dinge entstehen und Dinge vergehen, ganz nach höherem Sinne, befindet über Leben und Tod, Sein oder Nicht-Sein. Ihm allein ist alles anvertraut, und wer die Werke seines Schöpfers schaut, der weiß, alles ist gut !

Für Menschen kaum faßbar, für die Engel zum Erstaunen, offenbart sich der Wille des Herrn in der gesamten Schöpfung. Er ist in jedem Vogel, in jedem Stein, in jeder Fliege und jedem Hain, Ihm gehören alle Dinge, denn alles ist Sein. Denn Sein ist das Reich, und die Kraft und die Herrlichkeit in Ewigkeit. Amen.

Gottvater vermag einfach alles, im Himmel wie auf Erden. Er läßt das Gras hoch wachsen, läßt die Blumen blühen. Er erschuf die Tierwelt, wer wollte es Ihm verwehren ?

Geliebter Vater, Schöpfer allen Seins, wir preisen Deinen Namen, jetzt und in Ewigkeit. Deine Werke sind einfach wunderbar, für Menschen kaum zu verstehen. Dein ist die Macht in Ewigkeit, wer wollte Dir widerstehen ?

Du läßt Schwache erstehen und Starke vergehen, Du verleihst Gnaden und Faustpfand Deiner Liebe. Deine Wege sind oft verschlungen, doch letztendlich wunderbar. Wer wollte mit Dir rechten, Deiner Gnade sich entziehen ?

Niemand kann ohne Dich sein, der aus Dir entstanden ist, wie könnte dies geschehen ?

Wer sich von Dir abwendet, Deiner Liebe sich entzieht, der muß verloren gehen. Drum öffne die Herzen der Menschen, Deiner Kinder groß und klein, die noch wandeln auf Erden, und um Hilfe zu Dir schrei'n.

Laß' sie leben in Deiner Gnade, schenk' Ihnen Trost und Brot, mögen sie sich nähren, nach Deinem heiligen Willen in ihrer großen Not. Heiliger Vater, gelobter Herr, schenk' Ihnen die Gnade, Deine Kinder zu sein, laß dich zu Ihnen hernieder !

Großer König, starker Herr, wir lieben Dich so sehr, preisen Deinen Namen und bitten Dich noch mehr. Mögest Du das Herz Deiner Kinder Dir öffnen, möge es endlich geschehen, laß sie sich Dir unterwerfen, mögen sie es endlich sehen, daß Du der Größte bist im All ! Daß ohne Dich nichts ersteht, und alles vergeht, was sich von Dir entfernt und eigne Wege geht !

Geliebter Herr und Schöpfer, großer starker Gott, wir preisen Deinen Namen, jetzt und in Ewigkeit. Wir folgen Deinem Worte, jetzt und in Ewigkeit, wollen streiten für Dein Lager, jetzt und allezeit. Laß Dein Licht uns leuchten, laß es nicht geschehen, daß kleine Kinder eigene Wege schon gehen.

Es ist das Ende der Dinge, so nah und doch so fern, mögest Du uns erretten, wir haben Dich doch so gern. Bald ist alles vorüber, dann ist alles vorbei, doch Deine Kinder üben lieber Kampf und Kriegsgeschrei. Anstatt zu folgen Deinen Worten, töten sie lieber sich, leben den eignen Willen, jetzt und ewiglich. Sie wollen nicht hören und folgen, glauben, Sie können sich Dir entziehen, doch gottlob, das kann nicht geschehen !

Sie erleben Ihr blaues Wunder, vor Angst wollen Sie vergehen, da Deine Zeit gekommen, in Ihrer Mitte zu ersteh'n. Du kommst in Deiner Stärke, mit Macht und Herrlichkeit, bringst uns das Licht der Liebe, jetzt und in Ewigkeit.

Es ist die Zeit gekommen, wo alle Erd' vergeht, es ist die Zeit gekommen, wie es geschrieben steht. Den Tag des großen Richtens hat uns der Herr beschert, zu richten uns nach Werken, die wir uns selbst erwirkt.

Er schenkt uns Seine Gnade, wenn wir uns schnell besinnen, auf Seine große Güte, und einfach dankbar sind. Er ist der große Vater, Er ist Herr Jesu Christ, der einst für uns gekommen, für uns gestorben ist.

Er gibt uns nach unseren Taten, gibt uns nach unserem Leid, drum laß auch Du Dir raten, mache Du Dich schnell bereit !

Es ist herangekommen, der große Tag des Leids, der große Tag zu richten für die Ewigkeit. Und Gott, unser Vater, der Schöpfer allen Seins, kommt wieder, um zu richten, die Verwüster Seines Hains. Er gab uns voller Gnade, erfüllte treu Sein Wort, doch wir verließen gerade, das uns gegebene Wort.

Er war uns ein treuer Vater, jetzt und ewiglich, doch vergingen wir uns an Seiner Gnade, einfach verließen Ihn. Offenbart Er Seine Gnade, beuge man in Demut sich, folge seinem Worte und verneige sich.

Er ist unser aller Vater, unser Gott und Herr, Schöpfer Himmels und der Erden, wir lieben Ihn so sehr ! Oh großer guter Vater, geliebter Jesu Christ, Du schenkst uns Deine Gnade, der Du gekommen bist ! Du schenkst uns Deine Gnade, laß es endlich geschehen, laß Deine Milde walten, daß wir nicht doch vergeh'n !

Du bist gerecht an Werken, groß durch Dein göttlich Wort, laß Deine Gnade fließen, jetzt gleich in einem fort ! Wir bedürfen Deiner Hilfe, Deinem göttlich Wort, laß Deine Liebe leben, sei Du nur unser Hort !

Großer starker König, Lob, Preis und Dank sei Dir, jetzt und in Ewigkeit. Amen.

Himmlischer Vater, Geliebter Herr,
wir lieben Dich so sehr.
Du bist der Schöpfer allen Seins, Himmels und der Erden,
unser täglich Brot gib uns heute
und vergib uns unsere Schuld.
Alles liegt in Deiner Hand,
alles ist Deinem allein heiligen Ratschluß unterworfen,
Menschen und Tiere, Welten und Meere, in allem bist Du,
drum jubeln und jauchzen die Englein Dir zu.

Keiner ist in ewig kalter Nacht,
der den Seelen ein Lichtlein anmacht.
Das Licht allen Lebens, das bist halt nur Du,
jubelt ihr Herzen, Eurem Schöpfer nur zu.
Er kam in tiefer dunkler ewiger Nacht,
zu bringen uns Menschen wahrhaft ewige Macht.

Drum jubeln im Himmel die Engel Ihm zu,
Heilig, Heilig, Heilig bist Du !
Alles ist Licht und Liebe,
doch wir sind der Sand im Getriebe.
Mag es auch schmerzen, erhebet die Herzen,
Dank sei Gott dem Herrn, jetzt und in Ewigkeit.
Amen.

Lasset Euer Lichtlein nur brennen,
man wird Euch dann besser erkennen.
Alles ist Liebe in ewiger Ruh',
Gottvater, der Tröster, schaut stille uns zu.
Er schickt uns die Engel, zu strafen uns Bengel,
öffnet die Herzen, bereitet auch Schmerzen.
Lasset die Liebe fließen !
Lasset die Kindlein zu mir kommen.
Alles ist Liebe,
bei Gott zählt nur die Liebe !

Alles Licht dieser Welt vereinigt sich in Gott. Licht ist die Quelle allen Lebens. Durch das Licht sind alle Dinge entstanden. Und sie kehren alle ins Licht zurück. Denn nichts besteht für ewig, alles ist Umwandlung und Veränderung.

Wellen entstehen, Wellen vergehen. Und all dieses geschieht in Gott. Energie kann nicht verloren gehen. Liebe ist reine Energie. Die Ausstrahlungen der Liebe Gottes schöpfen in der Unendlichkeit. Er ist Vater aller Dinge, Schöpfer Himmels und der Erden. Alles in Gott !

Gottes Gesetz unterwirft die gesamte Schöpfung Seiner Ordnung. Alles geschieht nach Seinem allein heiligen Willen. Er weiß um alle Dinge in der Vergangenheit und in der Zukunft, denn Er lebt in der Unendlichkeit.

Geschehnisse, die jetzt in unserer heutigen Welt geschehen, oder morgen geschehen werden, sind für Ihn bereits abgeschlossen. Alles verläuft in geordneten, festgefügten Bahnen. So bestimmt Gott die Fortentwicklung in allen Dingen. Niemand und nichts kann sich dieser festgelegten Ordnung entziehen, auch der Mensch nicht.

Wer sich gegen diese Entwicklung aus eigenem freien Willen widersetzt oder stehen bleibt, fällt zwangsläufig aus dieser göttlichen Ordnung heraus. Er schneidet sich selbst von den Ausstrahlungen der göttlichen Liebe ab, und fällt somit dem Tod anheim.

Das Bewußtsein und der Glaube des Individuums entscheiden über Wohl und Wehe, Sein oder Nicht-Sein. Alles ist in Gott, wer sich von Gott abwendet oder entfernt, wählt den Tod, weil außer Gott Nichts ist und somit Nichts sein kann. Wer sich freiwillig dem Reich Gottes entzieht, dem kann das Reich Gottes nichts geben.

Alles liegt offen dar, für jeden sichtbar, nur um den Bewußtwerdungsprozeß muß sich jeder selbst kümmern. Alles ist einfach und leicht zu verstehen. Alles ist natürlich, wahrhaft göttlich. Aber das Auge des Menschen ist verschleiert, sieht nicht klar, hat einen trüben Blick.

Wir können durch das Fenster unserer Seele den wahren Ursprung aller Dinge nur klar umrissen wahrnehmen, wenn wir dieses Fenster von alten Verschmutzungen und Eintrübungen reinigen.

Der gesamte Kosmos ist ein aufs Feinste in sich abgestimmtes Wirkungsgefüge, dessen kleinste Baueinheit sich im Makrokosmos widerspiegelt. Alle Dinge sind eins in Allem !
Es gibt kein Getrennt-Sein, wir empfinden es nur so. Alles ist Energie, Liebes-Energie. Alle Dinge sind ineinander umwandelbar. Das ist göttliches, und zum Teil auch bekanntes chemisches und physikalisches Gesetz.

Das ist der Stein der Weisen !
Die Kraft der Liebe überwindet alles !

Die gesamte Materie, alles irdische und geistige Sein ist den Ausstrahlungen der Liebe Gottes in unendlicher Potenz unterworfen. Die Energie höchster Ordnung formt und ordnet die Energien niederer Ordnung. Nur die Liebe zählt !
Wer die Liebe lebt, zieht die stärkste Kraft im göttlichen All an sich, ist wahrhaft unüberwindbar und unsterblich. Wen will ich überwinden, wenn ich doch weiß, daß ich eins in allem, in Gott, mit allen Dingen um mich herum bin ?
Dieses Wissen und dieses Bewußtsein verleiht wahrhaft ewiges Leben, Unsterblichkeit. Wer dieses erkennt und lebt, strahlt nur Liebe aus, zu allen Menschen, allen Wesen, allen erschaffenen Dingen, wird wahrhaft eins mit Ihnen. Man nähert sich den Objekten, die man liebt, an und verschmilzt mit Ihnen, wird eins mit Ihnen.
Alle Dinge sind von Gott erschaffen, so liebe ich in allen Dingen Gott allein. Je mehr ich mich bewußt zu Gott, zu Jesus Christus, unserem Erlöser, in Liebe hinwende, um so ähnlicher werde ich Ihm. Ich folge Ihm nach in Seinen Werken, folge Seinem uns gegebenen Worte und nähere mich dadurch der Einheit mit allem Erschaffenen in Gott.
Dies ist der Weg in die Unsterblichkeit, in das ewige Leben, in die Glückseligkeit. Dadurch, daß ich seelisch-geistig das Einssein in allem erfahre, löst sich das materielle Getrenntsein auf. Ich vermisse nichts mehr und benötige nichts mehr, da ich durch mein seelisch-geistiges Verbundensein mit allem im göttlichen All eins bin.

Somit fließt mir die Kraft der Liebe, Ursprung und Quelle allen Lebens, jeden Augenblick uneingeschränkt und im Übermaß zu. Ich erleide niemals Mangel, verspüre nie Hunger, Durst, Krankheit oder Tod, da ich eins in Allem, wahrhaft ewig bin. Ich unterliege nicht mehr dem Gesetz der Polarität von Leben und Tod, Krankheit und Gesundheit, Mann und Frau, hell und dunkel, Gut und Böse.

Durch mein wiedergewonnenes Bewußtsein kehre ich zurück in die Einheit allen Seins, entfliehe den Gesetzen der materiellen Welt mit Krankheit, Schmerz und Tod. Ich kehre zurück in die Ebene und Dimension des geistigen, wahrhaft ewigen Seins in der Unendlichkeit, bin eins in Allem mit Gott, schaue meinen Herrn und Schöpfer von Angesicht zu Angesicht.

Erkenne Dich selbst als unsterbliche, von Gott erschaffene Seele, der ewiges Leben und ewige Glückseligkeit beschieden war. Aus freiem Willen hast Du Dir selbst ein Ego, ein „Ich" aufgebaut, rein geistig gesprochen. So gerietest Du aus eigener Schuld in einen Zustand der Trennung, der Isolation.

Wer sich selbst aus der Gemeinschaft ausschließt und zurückzieht, entzieht sich selbst der Liebe und dem Zusammensein mit den anderen Mitgliedern dieser Gemeinschaft, wird zum Außenseiter. Der einzige Weg zurück in diese Gemeinschaft ist, die Regeln des Zusammenlebens, das Gesetz der Liebe, welches in dieser Seins-Ebene herrscht, wieder zu erlernen.

So eignet man sich selbst alle Voraussetzungen und Tugenden an, die zum Wiedereintritt in diese Gemeinschaft unabdingbar und gerechterweise vorhanden sein müssen. Wer würde sich wohl in sein gepflegtes, sauberes und adrettes irdische Heim einen zweifelhaften, unsauberen, ungepflegten Menschen mit schlechten Manieren einladen, von dem man annehmen muß, daß er einigen Schaden anrichtet und die Kinder belästigt ?

Und Gott ist dieser besorgte und liebevolle Vater, der für alle Seine Kinder nur das Beste will, und nicht zulassen kann, daß einige, die mehrmals unangenehm aufgefallen sind, den anderen und damit dem Ganzen schaden.

Wir auf der Erde verschaffen solchen Menschen, die unangenehm aufgefallen sind, indem sie gegen bestehende Regeln und Gesetze der Gesellschaft verstoßen haben, Gelegenheit, in einer für sich abgeschlossenen Welt, Muße und Ruhe zu finden, sich ihrer Untugenden und Verfehlungen bewußt zu werden.

Und wir erhoffen, daß diese Menschen nach einer gewissen Zeit mit gutem Willen so viel an sich gearbeitet haben, daß sie aus ihrer Haft in die Gemeinschaft aller entlassen werden können.

Wir alle befinden uns in diesem irdischen Gefängnis ! Uns allen wird Gelegenheit geschenkt, uns in Ruhe unserer selbst und unserer Untugenden, Schwächen und Fehler bewußt zu werden !

Je mehr guten Willen wir zeigen, je härter und disziplinierter wir an uns arbeiten, um so schneller kann die Gefängnisdirektion dem Herrscher allen Seins freudestrahlend unsere Läuterung und Reinigung verkündigen. Umso schneller werden wir ins „normale" geistige Leben, in die Gemeinschaft des göttlichen Alls, ins „Nirwana", in den „Himmel" entlassen !

Nun finden einige unreine Geister, im Moment sogar die Mehrzahl, diesen irdischen Knast so wunderschön, daß sie sich gar nicht davon trennen können. Mehr oder weniger bewußt läßt man zu, daß alte, liebgewordene Verhaltens- und Denkweisen und Untugenden unkontrolliert gehegt und gepflegt werden.

Man ist sich selbst der Nächste, lebt im „Ich"-Gefühl, in der Trennung von allen anderen, vernachlässigt die Gebote der Liebe und Barmherzigkeit, will die Welt verändern und nur sich selbst nicht. Man läßt himmelschreiende Ungerechtigkeiten tagtäglich zu, betrachtet Hungersnöte, Kriege, Seuchen und Umweltkatastrophen aus scheinbar sicherer Ferne und ist unheimlich vergeßlich und nachlässig gegenüber eigenen guten Vorsätzen und Gedanken.

Natürlich darf man dankbar sein, wenn es einem persönlich momentan gut geht, und für das körperliche und leibliche Wohl gesorgt ist. Aber auch genau dieses „Versorgt-Sein" läßt uns auf unserem Posten einschlafen. Uns geht es momentan gut, wir fühlen uns wohl, sind glücklich und zufrieden. Einige wenige danken Gott sogar dafür, daß es so ist. Denken wir nicht etwas zu kurzfristig ?

Diese sechzig bis achtzig Erdenjahre unserer Lebenszeit sind, in Relation gesehen zu der seit Millionen von Jahren ablaufenden Evolution der Erde, der Unendlichkeit des göttlichen Alls und der wahrhaftigen Ewigkeit des Seins, ein Sekundenbruchteil, ein Nichts !

Auch wenn uns einige Momente dieses irdischen Aufenthaltes, besonders die als unangenehm empfundenen, sehr lang vorkommen, fliegt das Leben, die Zeit vorüber. Nach dem Ablauf der Erdenpilgerzeit wandert unsere Seele mehr oder weniger zügig, je nachdem, wie gut sie sich von der Erdenwelt trennen kann, auf den Prüfstand der Weltpolizei.

Diese stellt der unsterblichen Seele entsprechend den gemachten Lernerfahrungen ein Lebenszeugnis aus. Dieses bestimmt weiterführend, ob noch weitere Lern- und Verhaltensdefizite in der Schul- und Verbesserungsanstalt Erde aufbereitet werden müssen, oder ob die Seele endlich, heiß ersehnt, am Gefängniswärter vorbei, zum Leben in der Gemeinschaft des göttlichen Alls, in die Wiedervereinigung mit altvertrauten und geliebten Brüdern und Schwestern im Geistigen zurückkehren darf.

All dies ist wahrhaft göttlich und gerecht ! Die Schulordnung in der gültigen Fassung besteht in der im Neuen Testament verankerten Lehre von Jesus Christus. Als menschgewordenes göttliches Wort kam der Messias in unsere irdische Gefängniswelt, um uns die Tür zum ewigen Leben wieder zu öffnen, uns eine Heimkehr in unser Zuhause zu ermöglichen. Er vermittelt uns als Sohn des lebendigen Gottes die Gesetze der Liebe. Sein Wort ist Gesetz. Nur wer diese Worte einhält, das Gebot der Liebe befolgt, darf die Gefängnisschwelle zur Pforte des ewigen Lebens durchschreiten. Das ist Gottes Gesetz und Gerechtigkeit !

Keiner tröste sich damit, dann könne er ja auch auf ewig auf diesem wunderschönen Erlösungsplaneten reinkarnieren. Das läßt Gottes Gerechtigkeit nicht zu. Der gesamte Kosmos und alle Universen, alle Planeten sind einem ständigen Umwandlungs- und Fortentwicklungsprozeß unterworfen. Alle Dinge und alle Geschöpfe sollen und wollen Gott, ihrem Herrn und Schöpfer, immer ähnlicher werden. Darin besteht das Schöpfungswerk und Sinn und Zweck allen Seins und Lebens. Das dem irdischen Erlösungsplaneten Erde für einen gewissen Entwicklungsabschnitt zugebilligte Zeitmaß von mehreren Millionen von Jahren, nach irdischer Zeitrechnung, ist abgelaufen.

Es kommt unweigerlich der Zustand der Umwandlung und Vergeistigung alles Grobstofflichen und aller Materie. Dieser Wandlungsprozeß ist seit Anbeginn aller Zeiten, auch für die Erde, so festgelegt. Es vergeht alles Grobstoffliche, alle Materie, alles, was man anfassen und sehen kann, mit seinen durchschnittlichen irdischen Sinnen.

Die Schwingungsfrequenz alles Existierenden wird angehoben. Die Mutter Erde, als Lebewesen Planet ebenso mit Bewußtsein ausgestattet wie die Menschen, tritt in einen neuen Entwicklungszyklus im feinstofflichen Bereich ein. Alle Dinge werden vergeistigt.

Durch die Einwirkungen der göttlichen Liebe, energetischen Schwingungen unendlich hoher Potenz und Frequenz, wird die Schwingungsebene aller Atome und Moleküle angehoben, somit die gesamte Materie zum Feinstofflichen verändert.

Die Erde hat in Millionen von Jahren nach und nach ihre Umlaufbahn in ihrem Sonnensystem verändert. Auf diesem Wege gerät sie nach und nach in ein verändertes Kraftfeld durch die Einwirkung anderer Planeten und Sonnen. All dies ist Gottes Wille und seit Urzeiten so festgelegt. Und wir alle haben die einmalige Chance, dieses wahrhaft kosmische Ereignis im schweren Erdenkleide, im materiellen Leib mitzuerleben. Wir erfahren diese durchgreifenden Veränderungen am eigenen Leibe !

Was bedeutet das für jeden einzelnen ? Die entstehende feinstoffliche neue Welt, das Neue Jerusalem, ist in etwa dem Paradies von Adam und Eva vergleichbar. Wer hierin eingehen darf, wird den Tod nicht mehr schauen. Es gibt keine Krankheit und kein körperliches Leid mehr. Alles ist vergeistigt und verfeinstofflicht.

Die niederen Schwingungen des Grobstofflichen und der starren Materie sind nicht mehr existent. Da kein Körper mehr vorhanden ist, bedarf der Mensch keiner leiblichen Speise mehr. Keinen Hunger und keine Not wird es mehr geben. Alles wird ernährt und wunderbar erhalten durch die Schwingungen des Lichtes und der Liebe aus Gott.

Es gilt das göttliche Gebot der Liebe, welches alles durchdringt und in allen Dingen göttliche Ordnung schafft. Die Menschen bedürfen des Sonnenlichtes nicht mehr. Alles unterliegt den Einstrahlungen einer geistigen Sonne. Raum und Zeit sind nicht mehr existent. Alles schwingt in der Unendlichkeit und Ewigkeit des Seins. Und Jesus Christus wird mitten unter uns sein.

„Ihr werdet den Tod nicht mehr schauen,
und ich werde mitten unter euch sein."

Denn es ist Gottes Wille, und Seine Weisheit, die hinter all diesen Dingen steht. Er läßt Dinge entstehen und vergehen. Er sorgt dafür, daß das kosmische Rad niemals stillsteht. Alles was kommt, war schon einmal da. Und alles, was geht, wird wieder sein. Gott ist die Achse des kosmischen Rades und der Ursprung allen Seins.

Die biblische Endzeit ist da. Prophetenwort erfüllt sich an uns und in uns, Jesus Christus löst das den Seinen gegebene Wort ein und kommt ein zweites Mal in himmlischer Herrlichkeit.

Die biblische Endzeit ist da. Prophetenwort erfüllt sich an uns und in uns, Jesus Christus löst das den Seinen gegebene Wort ein und kommt ein zweites Mal in himmlischer Herrlichkeit.

Er vollzieht das Jüngste Gericht an einem jeden von uns, befindet über Sein oder Nicht-Sein, Ewiges Leben oder Ewigen Tod. Den Schlüssel zum Leben halten wir in der Hand. An uns selbst ist es, ihn auch zu benutzen. Den Schlüssel der Erlösung brachte uns Jesus Christus auf Erden, allein uns fehlt der Glaube !

Möge Gott der Herr jeden einzelnen von uns erleuchten und auf den Weg bringen zur rechten Zeit.

„Die Ersten werden die Letzten sein,
und die Letzten werden die Ersten sein. "

Sein Weinberg steht jedem offen ! Ein jeder wird seinen gerechten Lohn empfangen, denn Gott ist gerecht. Nur zur Arbeit gehen, beten und glauben, das muß jeder selbst. Drum sorge jeder zur rechten Zeit für Öl für seine Lampe. Denn unsere Gebete, die sind das Öl. Und wir selbst, wir sind das Licht. Aber ohne Öl brennt die schönste Lampe nicht. Und die Zeit ist nahe, wo es kein Öl mehr geben wird. Alles in Gottes Hand !

9

Groß ist die Gnade des Herrn, zu erwählen einen Unwürdigen als Schreibknecht. Er schenkt seine Güte und Gnade nach eigenem Ermessen. Nichts schenkt Er ohne Grund. Gott ist der ewig Gütige und Gnädige. Denn alles ist Sein, denn alles was ist, ist aus Ihm. Unendlich groß ist Seine Gerechtigkeit.

Gott ist das absolute Maß, nach dem alles gemessen wird. Er schenkt Freud und Leid, ganz nach eigenem Gutdünken. Gott läßt Gutes und Schlechtes zu, Er läßt uns fallen, und Er hebt uns wieder auf. Er ist der über alles liebende Vater, der nur das Beste für Seine Kinder will.

Aber Gott läßt auch zu, daß Seine Kinder sich falsch entscheiden und, wider besseres Wissen und Gewissen, ihren eigenen Weg gehen.

So sammelt jeder eigene Erfahrungen, jeder geht für sich einen mehr oder weniger großen Umweg zum Ziel des Lebens, zum Wieder-Eins-Sein mit Gott und in Gott.

Gott ist die Mitte, das Zentrum allen Seins, Quelle allen Lebens. Alle aus Ihm entstandenen und von Ihm ausgegangenen Dinge streben zurück in die Einheit mit Ihm. Das ist göttlicher Wille und göttliches Gesetz.

Er läßt Dinge entstehen, Er läßt Dinge vergehen. Nichts geht verloren, weil alles ist in Gott und außer Gott ist nichts. Wort des lebendigen Gottes:

> *„Durch Ihn und mit Ihm und in Ihm ist Dir Gott,*
> *allmächtiger Vater, alle Herrlichkeit und Ehre,*
> *jetzt und in Ewigkeit. Amen.“*

Göttliches Wort ist der Ursprung aller Dinge. Göttlicher Wille und göttliches Gesetz sind höchstes Gebot. Der Schöpfer unterwarf alle Seine Geschöpfe der von Ihm entstammenden Ordnung. Alle Wesen, alles Leben sind Zellen des göttlichen Leibes, sind Baustein des göttlichen Alls und sind eingebunden in das Ordnungs- und Wirkungsgefüge des Kosmos und der göttlichen Schöpfung.

Jeder hat, wie jede Zelle im menschlichen Körper, eine bestimmte Aufgabe, für die er ins Leben gerufen wurde. Jeder hat für sich ein Bewußtsein, welches ihn mit allem anderen verbindet. Lehnt sich jemand gegen die bestehende Ordnung auf, entzieht sich seiner ihm anvertrauten Aufgabe, so wird er zur Krebszelle, zum Geschwür, an welchem das ganze System krankt.

Je weiter man sich aus der bestehenden Ordnung des göttlichen Alls entfernt, um so mehr schneidet man sich selbst von der alles ernährenden Lebensenergie, der alles ins Leben rufenden Energie unseres Gottes und Herrn und Schöpfers ab. Die Krebszelle, das Böse in ihr, entzieht sich durch diese Entartung die eigene Lebensgrundlage und muß absterben. Nicht weil der Schöpfer, der Quell allen Lebens, es so will, sondern weil der Parasit selbst es zuläßt und verursacht.

Die seit Anbeginn aller Zeiten bestehende Ordnung, der Heilige Geist, durchdringt alles Sein. Sie umfaßt alles Lebendige, alles was ist und regelt alles kosmische Geschehen. Wer innerhalb dieser Ordnung wandelt, öffnet sich den heilenden und alles nährenden Liebesenergien des Schöpfers.

Wer sich aus eigener Schuld aus dieser Ordnung entfernt, schneidet sich selbst den Lebensnerv ab und muß kläglich untergehen. Wir Menschen haben uns alle gegen die göttliche Ordnung versündigt. Wir sind die Krebszellen, die entartet sind, die aus eigener Schuld aus der Einheit mit dem göttlichen All herausgefallen sind. Schädlinge werden abgestoßen oder ausgemerzt.

Man hat uns wenige, die doch immer glauben, so viele zu sein, ausgestoßen, damit wir nicht zu einer Gefahr für das All werden. Wir haben uns gegen Gottes Willen gewandt, haben versucht, auf eigene Rechnung und auf eigenen Wegen vorwärts zu gehen. Wir haben uns selbst maßlos überschätzt, aus Unwissenheit oder Stolz und Eitelkeit. So hat Gott in Seiner unendlichen Allmacht, Weisheit, Güte und Vollkommenheit das Unkraut in Seinem Paradies, das Krebsgeschwür in Seiner Schöpfung herausgerissen und entfernt.

Und doch tut es Ihm, irdisch gesprochen, weh, daß etwas von Seiner Hand Geschaffenes entartet ist, sich auf eigenen Wunsch aus der Einheit mit Ihm entfernt und sich aus eigenem freien Willen gegen Ihn gewandt hat. Gott möchte so gerne verzeihen, streckt Seinen verlorenen Söhnen und Töchtern liebevoll die Hand entgegen, um sie wieder in Sich und bei Sich aufzunehmen.

Wie ein liebevoller Vater und eine besorgte Mutter hält Er nach uns Ausschau, um uns sicher nach Hause zu bringen. Aber bei aller Liebe bleibt Er Seiner eigenen Ordnung treu. Gott läßt jedem geschaffenen Wesen seinen eigenen freien Willen, sein Recht auf eigene Entscheidung über sein Schicksal.

Er lehrt uns mit unendlicher Geduld und Barmherzigkeit das Gesetz von Ursache und Wirkung, das Gesetz und Gebot der Liebe, das Prinzip der Resonanz. Gott gewährt uns unendliche Güte und Vergebung, verzeiht uns alle Beleidigungen und alle Sünden, wenn wir bewußt und aus eigenem freien Willen in Seine Ordnung, in Sein göttliches Himmelreich, zurückkehren möchten.

Er unterwirft uns einem Reinigungs- und Läuterungsprozeß. Er schenkt Selbsterkenntnis und Bewußtwerdung, der Buddhist spricht von Befreiung und Erleuchtung unseres Geistes. Nach diesem Bewußtwerdungsprozeß gilt es, voll Vertrauen und Glauben, nach dem allumfassenden Gebot der Liebe, all sein Denken, Tun, Handeln und Sein auszurichten auf die Einheit mit allem anderen, den Menschen und Tieren und Pflanzen und Steinen.

In allem Geschaffenen offenbart sich Gott. Er ist in allen Dingen, denn alles ist aus Ihm entstanden. Alles unterliegt der gleichen göttlichen Ordnung. Wie im Oben, so im Unten, wie im Innen, so im Außen, wie im Himmel, so auf Erden. Der Mikrokosmos spiegelt sich im Makrokosmos wieder.

„Geschaffen nach seinem Ebenbild."

Gott ist in uns, wir sind in Ihm. Je bewußter man dieses lebt und all sein Wohl und Wehe in Gottes Hand legt und Seinen allein heiligen Willen geschehen läßt, um so mehr kann sich Gott in uns und unserem Leben offenbaren. Der Buddhist nennt dies „ohne Absicht zu beabsichtigen".

Ich öffne mich bewußt immer mehr den Dingen, die aus mir selbst erwachsen, horche nach innen, lausche auf mein inneres Wort, folge der Stimme meines Gewissens. So erschließt sich Gott in mir aus mir selbst. Denn ich bin eins in Allem, in Gott.

Ich öffne mich der göttlichen Ordnung, laß das Licht der Liebe in mein Herz fließen und erlebe die Einheit mit allem Geschaffenen. Ich strahle nur Liebe aus, gegen Gott und alles Geschaffene. So töte ich das Böse in mir und um mich herum.

Ich habe das Dunkle in mir und um mich herum aufgelöst. Gott ist in mein Leben getreten. Meine irdische Mission, meine irdische Pilgerfahrt ist von Erfolg gekrönt. Ich habe bewußt im Reich der Sünde und des Todes das Licht und die Liebe gesucht, und Gott in mir gefunden. Dadurch erreiche ich wahrhaft ewiges Leben. Nicht auf dieser Erde im schweren Erdenkleide !

Im Himmelreich unseres Herrn, des Gottes Abrahams, Isaaks und Jakobs, erfahre ich den Zustand absoluter Glückseligkeit, frei von allen körperlichen Gebrechen, Leid und Tod. Ich bin eins in allem, alles um mich herum und in mir und mit mir ist nur Liebe in Gott.

Schwer vorzustellen, was ? Nichts ist voneinander getrennt, Raum und Zeit, bedingt durch unsere materielle Welt, existieren dort nicht. Alles ist nur rein geistig, feinstofflich.

Liebe ist reine Energie. Man kennt keine Angst, keine Sorge, keinen Streit. Jeder weiß doch, daß alles eins in Allem ist. Vor wem sollte ich Angst haben ?

Nichts kann verloren gehen, alle sind liebende und gehorsame Diener eines Herrn, Kinder eines Vaters. Jeder kennt seinen Platz, seine Aufgabe. Jeder ist dankbar und zufrieden, voller Liebe zu Gott und all seinen Geschöpfen.

Jeder ist nur darauf bedacht, durch die ihm verliehene Kraft, noch mehr Licht und noch mehr Liebe aus sich fließen zu lassen, um die Schönheit und Unendlichkeit der Schöpfung noch mehr auszuweiten durch die Kraft der Liebe. Licht als Perpetuum Mobile !

Die einzige Kraft, die aus sich selbst heraus noch mehr Kraft schöpfen kann, ist Gottes Kraft !

Das dreizehnte Universum ist im Entstehen, die Unendlichkeit, das All im Nichts, dehnt sich noch weiter aus, in Gott. Vom einstigen Krebsgeschwür in Gottes Reich ist nicht viel geblieben, nur wir. Die gefallenen Engel von einst bemühen sich in einer schier unendlichen Geschichte um Rückbesinnung auf Gott und Wiederbewußtwerdung ihres gemeinsamen Ursprunges.

So sollte es zumindest sein. In seiner unendlichen Vollkommenheit und Weisheit wußte Gott jedoch schon im vorhinein, daß viele der gefallenen Engel mangels Disziplin und gutem Willen den Weg des Herzens, den Weg heim ins Himmelreich, wohl kaum finden würden.

Man begnügt sich während der wiederholt aus Gnade geschenkten Lebenszeit mehr damit, den leiblichen Genüssen und der Sinneslust zu frönen, körperliche Schönheit und materiellen Reichtum als Sinn des Lebens zu betrachten. Man unterwirft sich selbst und sein gesamtes Leben dem Streben nach immer mehr und immer höher und immer weiter.

Man sucht den Zustand der allumfassenden Glückseligkeit auf den höchsten Bergen, in den tiefsten Meeren, auf anderen Planeten, bei den schönsten Frauen und in den schnellsten Autos, nur nicht in sich selbst. Nur durch das Wiederbewußtwerden der Einheit mit Gott, durch das Annehmen der Kindschaft Gottes und die Neugeburt im Glauben kann jede einzelne Seele den Zustand der Glückseligkeit, Befreiung von Wiedergeburt und Tod, das wahrhaft ewige Leben erreichen. Es ist dies kein leichter Weg !

Jeder kann ihn schaffen, denn wer stark ist im Glauben, dem schenkt Gott die Kraft. So will Er es, und das sind Seine Gesetze. Gott hält sich an die von Ihm in allen Dingen geschaffene Ordnung.

Nur wir fallen immer wieder unangenehm auf. Ein bißchen mehr Demut und Reue und Dankbarkeit würde uns allen ganz gut zu Gesicht stehen. Jeder siehe auf sich selbst.

Wir Menschen sind nichts als Flöhe auf einem großen Hund, unserer geliebten Erde. Und der Herr des Hundes, unser himmlischer Vater, kommt, um seinen geliebten Hund von seinen Plage- und Quälgeistern zu befreien.

Wer kann schon mit ansehen, daß sich sein geliebter Vierbeiner, von Zecken und Läusen geplagt, am Leibe blutig kratzt und unendlich leidet ? Jeder wird seinem geliebten Schützling ein reinigendes und linderndes Bad angedeihen lassen, und genau so wird es geschehen.

Gott hat sich selbst, innerhalb Seiner Ordnung und Gerechtigkeit eine „zeitliche Frist" gesetzt, innerhalb dieser sich die gefallenen Engel aus freiem Willen heraus wieder in Seine geschaffene Ordnung zurückbegeben können, indem sie Seinen Geboten der Liebe folgen. Da Er aber wußte, das einige sich selbst und das Böse in sich wahrhaftig in der Unendlichkeit nicht überwinden werden, kündigte Er allen durch Prophetenwort, nach Seinem allein heiligen Ratschluß, die irdische Endzeit an.

Offenbart werden im Alten und Neuen Testament Geschehnisse unabschätzbarer Tragweite und ungeahnten Ausmaßes. Geschildert werden Horrorvisionen, die den Menschen und alle Geschöpfe als einen Spielball der Elemente erscheinen lassen, was sie ja auch sind.

Unendliche Ströme von Blut, Schmerz und Leid ergießen sich über den Menschen, teilweise verursacht durch eigene Schuld, teilweise hervorgerufen durch die gewaltigen Kräfte der Natur, denen der Mensch hilflos ausgeliefert ist.

Die Zeit ist da, wo jeder angerührt wird. In der Stunde höchster Not, der Todesangst und schier unendlicher Verzweiflung wendet sich jedes sterbliche Wesen hin zu seinem Schöpfer, bittet um Hilfe und Erbarmen. In Stunden der Drangsal, Verlassenheit und Finsternis erinnert man sich daran, Kinder eines Vaters zu sein, bittet Ihn unter Tränen um Verzeihung und legt Gelöbnisse ab, verspricht Besserung und guten Willen.

Wird Hilfe geschenkt, tut man gut daran, sein Wort zu halten. Gott erinnert sich an jedes einzelne unserer Worte. Immer ! Er hält Sein Wort. Immer !

Wen Er einmal angenommen hat, den läßt Er nicht mehr los.

Bei all unserer Vergeßlichkeit, Lauheit und Nachlässigkeit erinnert Er uns immer wieder an unser Wort. Gott läßt sich nicht betrügen. Er sieht alles, hört alles und weiß alles. Er schenkt uns unendliche Liebe, Güte und Barmherzigkeit.

Gott nimmt uns an als Seine Kinder, wenn wir Ihn darum bitten. Doch viele von uns bitten nur in Stunden höchster Not und gehen sonst eigene Wege und denken, Gott sieht es schon nicht. Gott sieht ins Verborgene !

Die Augen Seiner geliebten Diener und Engel sind überall, und sie berichten Ihm über alles !

Sie sehen jeden Kriegsschauplatz, jede Hungersnot, jede Umweltkatastrophe, jeden Unfall, sie schauen jede Volksversammlung, jede Aktionärssitzung, jeden konspirativen Treff im Hinterzimmer, sie blicken in jedes Schlafzimmer, jede Lasterhöhle und jedes verschlossene Herzenskämmerlein. Ohne Gottes Wissen und Willen, ohne daß Er es zuläßt, geschieht nichts auf dieser Welt !

Man hüte sich davor, Ihm deswegen alle Schuld zu geben. Da, wo es uns in den Kram paßt, soll Er helfen und da, wo wir uns an Seiner göttlichen Ordnung versündigen, da soll Er wegsehen !

Gott schenkte uns als Seinen Kindern den freien Willen, und den läßt Er uns bis zu einem gewissen Grad der irdischen Geschehnisse. Da, wo es Seine göttliche Ordnung zuläßt, greift Er ein, unerbittlich und grausam, liebevoll und zärtlich zugleich.

Man mache sich frei davon, alle Dinge nur aus irdischer und materieller Sicht zu betrachten. Alles Irdische und Materielle ist vergänglich. Der Zeitpunkt spielt bei Gott keine Rolle, da Er in der Unendlichkeit lebt. Er weiß um alle Dinge, die waren, und alle Dinge, die sein werden. Gott allein kennt den genauen Zeitpunkt aller Geschehnisse, auch die in der Zukunft aus unserer heutigen Sicht.

Lange war im Alten Testament das Kommen des Erlösers, das Erscheinen des Messias angekündigt. Jesus Christus wurde als Menschensohn auf Erden geboren, um unsere Sünden der Vergangenheit und Zukunft vor Gott abzutragen, damit alle gefallenen Engel nach göttlicher Gerechtigkeit ins Himmelreich heimkehren dürfen.

Jesus Christus kündigte als Sohn Gottes, Erlöser und Prophet das Kommen der irdischen Endzeit, den Tag des jüngsten Gerichts an, „zu richten die Lebendigen und die Toten", die, die guten Willens sind, und die, die weiter der Sünde verhaftet bleiben.

Gott hat alles getan, um uns auf die heutige Zeit vorzubereiten. Keiner auf Erden weiß im Moment so genau, wie das alles so weiter gehen soll.

Aber das ist auch nicht nötig. Gott allein weiß, was kommt. Sein allein heiliger Wille geschieht. Er kommt nach Hause!

Er ist schon da, in uns, und wir müssen Ihn annehmen oder abweisen!

Er begegnet uns jeden Augenblick, in jedem Menschen, jedem Tier, jeder Pflanze, jedem Stein. Begegnen wir allen Dingen mit Liebe, begegnen wir Gott in uns, stellen wir unsere Einheit mit allem bewußtseinsmäßig wieder her. Alles in Gott!

So sichern wir uns unsere wahrhaft ewige Kindschaft in den Himmeln. Jeder einzelne Mensch hält sein Geschick selbst in der Hand, jeder wird angerührt, jeder muß sich entscheiden, und jeder wird sich bei passender Gelegenheit an seine Entscheidung erinnern. Gottes Gerechtigkeit erfüllt sich an jedem einzelnen!

Ewige Liebe oder Ewiger Tod. Das Heulen und Zähneknirschen in der Finsternis ist gewaltig. Lassen Sie sich vom Sonnenlicht nicht blenden, denn es scheint auch nur aus Liebe, Gnade und Gerechtigkeit Gottes. Wer sich selbst nach der göttlichen Gerechtigkeit dieser Gnade entzieht, für den sieht es wahrhaft finster aus !

Alle Schönheit der Welt liegt in Gott begründet. Begegnen Sie einem schönen Menschen, dann bewundern Sie Gott in ihm. Gott ist in allen Dingen und hat alle Dinge erschaffen. Er schenkt uns unsere Jugend und unsere Kraft, unser ebenmäßiges Antlitz und unsere körperliche Schönheit.

Aber Er läßt es auch zu, daß wir in Würde altern, auch, daß wir hier und da an körperlichen Gebrechen und Wehwechen leiden, um uns die Demut und Geduld zu lehren. Man erfährt am eigenen Leibe die Vergänglichkeit aller Dinge.

Gestern noch jugendlich, schön und dynamisch, heute schon siech, krank und welk. Alles Irdische ist vergänglich. Alle Materie strebt wieder zurück in die Einheit, Erde zu Erde, Staub zu Staub, denn alle irdischen Lebewesen sind geformt aus den vier Elementen Erde, Feuer, Wasser, Luft.

Gott läßt die Dinge entstehen, und die Dinge vergehen. Er schenkt das Leben und den Tod. Vor Ihm sind alle Dinge gleich. Alles ist nichtig und klein, unbedeutend und gering angesichts Seiner unermeßlichen Strahlkraft und Liebe. Die Ausstrahlungen Seiner Liebe begründen die Schönheit Seiner Schöpfung, doch kann diese immer nur ein Abglanz Seines himmlischen Glanzes sein. Selbst das Sonnenlicht verblaßt vor seinem unendlichen goldgelben strahlenden Schein !

All seinen Dienern und Engeln schenkt Er ihr himmlisches Licht und ihre Schönheit.

Sie sind Seine treuen Diener und wissen, daß Er ihnen alles gibt, daß sie ohne Ihn nichts sind. Nichts entsteht aus dem Nichts, aber Alles entsteht aus Gott, Schöpfer Himmels und der Erden.

Gott läßt die Sonne scheinen über Gerechte und Ungerechte, jetzt, aber nicht in Ewigkeit. Er schenkt allen Licht, Liebe, Vergebung und Barmherzigkeit. Wer sich zu Ihm hinwendet, den nimmt Er an, auch in der letzten Lebensminute. So ist es auch geschehen an dem einen der mit Jesus Christus gekreuzigten Sünder, der Ihn, Jesus Christus, als den Erlöser der Menschheit erkannte.

„Noch heute wirst du mit mir in das
Reich meines Vaters eingehen.“

Wer sich wahrhaft noch im letzten Augenblick auf die Kindschaft seines einzigen und wahren Vaters besinnt, den verläßt Gott nicht. Allen steht der Weg offen, gehen muß ihn jeder selbst.

Im Augenblick des Todes scheidet sich der Geist vom Körper, die Materie vergeht, die Seele geht ein in die jenseitige Welt. Alle Lernerfahrungen des Lebens, alle Prüfungen und alles Leid werden hier aufbereitet und ausgewertet.

Persönliche Fehler und Schwächen werden der Seele bewußt gemacht. Anderen zugefügtes Leid und dessen Auswirkungen erfährt man am eigene Seelenleibe. Man sieht allen Schmerz, alle Laster und alles Leid, welches man auf Erden anderen angetan hat.

Für den, der gut lebt, Labsal für die Seele, für den, der sündigt, wahrhaft die Hölle. Alles Fühlen, Denken, Handeln und Tun findet seine Entsprechung im Kosmischen. Nichts geht verloren. Jeder Fehler, jede Disharmonie, die ich aussende, kehrt zu mir zurück. So will es Gottes Gesetz und die Schulordnung der Erde !

„Auge um Auge, Zahn um Zahn", so lautete das alttestamentliche Gebot des Herrn, welches forderte, zugefügtes Leid mit gleichem Leide heimzuzahlen. Die Menschheit hat in ihrem Bewußtseins- und moralischen Stand, dank der göttlichen Fürsorge und Vorsehung, während der langen Erdengeschichte einen Fortentwicklungsprozeß erleben dürfen.

Sie entwickelte sich über die verschiedenen Seinsstufen des Mineralien-, Pflanzen- und Tierreiches zum menschlichen Wesen in der heutigen Form. Früher gelenkt und geleitet durch Instinkte und das Gesetz der Blutrache, weichen diese alten Verhaltensmuster und Gebote, mit Fortschreiten der intellektuellen und moralischen Entfaltung des Menschen, dem Gebote der Liebe, welches Jesus Christus als Gottessohn den Menschen auf Erden brachte.

Zum damaligen Zeitpunkt war durch göttliche Gnade der Bewußtwerdungs- und Selbsterkenntnisprozeß im Menschen so weit fortgeschritten, daß der Boden für dieses neue und allumfassende Gebot bereitet war. Das alte Gesetz von Rache und Vergeltung wurde aufgehoben zugunsten des Gebotes der Liebe, der Geduld, der Barmherzigkeit und der gegenseitigen Vergebung.

Jesus Christus, höchster Geist in Gottes Reich, wollte uns als Menschensohn wahrhaft leuchtendes Vorbild und Beispiel sein.

Er übte sich in unendlicher Demut und Geduld, unterwarf sich allen Nötigungen und Foltern Seiner Peiniger, obschon Er die Macht besessen hätte, sie mit einem Schlag zu vernichten.

Er lebte in Bescheidenheit und Armut, um uns zu zeigen, daß die Materie nichts bedeutet, und, im Übermaß genossen, nur dazu geeignet ist, unsere Sinne zu verblenden, und uns in den geistigen Tod zu führen. Wer sich zu sehr auf das Außen, auf die materielle Scheinwelt konzentriert, muß zwangsläufig den Kontakt nach Innen, den Kontakt zur göttlich-geistigen Welt, Gott-in-uns, verlieren!

Die Hinwendung nach innen sollte auch Sinn und Zweck jeder meditativen Übung und jeden Gebets sein. Egal ob Tai Qi, Qi Gong, Yoga, Autogenes Training oder Jacobson Muskelrelaxation, das Ziel ist immer dasselbe. Der Körper, die Materie, soll durch eine tiefe, gleichmäßige Atmung und gezielte Konzentration nach innen zur Ruhe gebracht werden. Nach einiger Übung mit Disziplin und Ausdauer erfahre ich nach und nach die unendlichen Weiten des geistigen Seins in mir.

Dies hat nichts damit zu tun, daß ich mit meinem Geist den Körper verlassen soll, um in der Astralwelt umherzuwandern. Das ist nicht gottgewollt und holt mir unreine Geister ins Haus.

Durch die Kraft des Gebetes und der Bibel schütze ich mich in allen Situationen des Lebens vor den Einwirkungen des Bösen und baue eine Mauer aus Licht um mich herum auf. Diesen Schutzwall der Liebe und des Lichtes, den die Engel des Herrn um mich errichten, vermag nichts Dunkles zu durchdringen.

Gebranntes Kind scheut das Feuer. Jesus Christus hat durch Sein Überwinden aller Versuchungen des Unguten dem Satan die Kraft geraubt. Jeder Mensch, der sich ernsthaft in Gottes Hand begibt, ist behütet und beschützt und wandelt sicher wie in Abrahams Schoß. Das heißt nicht, daß keine Versuchungen und keine Prüfungen zugelassen werden.

Gott muß zulassen, daß wir durch das Böse versucht werden, damit wir es aus eigenem freien Willen ablehnen oder annehmen können. Gegen unseren freien Willen vermag das Böse uns nicht zu schaden. Machen wir jedoch Fehler, egal, ob bewußt oder unbewußt, mehren wir die Kraft und den Einfluß des Bösen auf all unsere Entscheidungen und unser gesamtes Sein.

Das fängt mit einer kleinen sogenannten Notlüge und dem Akzeptieren des zu meinen Gunsten falsch herausgegebenen Wechselgeldes beim Einkaufen an und steigert sich in einer Endlosspirale bis zu den schwersten Todsünden wie Mord und Blutschande hin.

Gott sieht jede kleine Unreinheit, jede kleine negative Aufwallung in uns. Er weiß, wie schwer wir es haben. Aber wenn wir Ihn ausdauernd darum bitten, schenkt Er uns alle Kraft und alle Fähigkeiten, die wir benötigen, unseren Weg sicher heim in Sein Reich zu finden. Bis zur letzten Lebensminute werden wir versucht, und Gott läßt zu, daß wir fallen, damit wir uns selbst und die Kraft des Guten, aber auch das Böse in uns entdecken.

Jesus Christus ist es auch nicht anders ergangen. Bis zu Seinem letzten Atemzuge wurde Er vom Bösen versucht, im Glauben von Seinem himmlischen Vater abzufallen.

„Vater, warum hast Du mich verlassen?"

Dies ist Ausdruck Seiner unendlichen, schier grenzenlosen Verzweiflung und Traurigkeit, da Gott zu diesem Zeitpunkt Seine schützende Hand und alle Engel von Ihm abgezogen hatte, um dem Satan maximale Kraft für seine Versuchung zu verleihen. Dies verlangte Gottes Gerechtigkeit gegenüber Sich Selbst und Seiner göttlichen Ordnung, dem Heiligen Geist, den Er in alle Dinge gelegt hat. Erst im Augenblick des Todes, Seines letzten Atemzuges, gewährte Gott Seinem Sohn das unendliche Maß Seiner göttlichen Gnade. Für Jesus Christus öffnete sich der Himmel und Er sah die Herrlichkeit des Vaters und Seiner Engel.

„Es ist vollbracht!"

In diesem Augenblick erst hatte Er die Gewißheit, daß Er das Erlösungswerk vollendet hatte, daß die Macht des Bösen durch Seinen Tod am Kreuz gebrochen war. In unendlicher Demut und Geduld hatte Er sich den übelsten und schlimmsten Beschimpfungen, Verleumdungen und Foltern unterworfen, obwohl Er Gottes Sohn und ohne Sünde war. Dies alles tat Er uns zum Vorbild, als Erlöser, Herr und Meister. Er will unser Lehrer sein, nicht nur in Worten, sondern auch in Taten. Er schenkte uns Seinen Tod, damit wir leben können.

„Nehmet meinen Leib, der für euch hingegeben wird."

Bei jedem Empfang der heiligen Kommunion sollen wir uns dieses unendlich großen Geschenks, dieser unendlich großen göttlichen Gnade erinnern. Dies ist Ausdruck der unendlich großen Liebe Gottes zu Seinen Kindern und Seiner Gerechtigkeit.

„Sehet mein Blut, das für Euch vergossen wird,
zur Vergebung der Sünden."

Blut und Wasser flossen aus der Seite Jesu Christi, nachdem Er mit der Lanze verletzt worden war. Wasser des ewigen Lebens. Er spendete uns die Taufe des Heiligen Geistes, damit Gottes Reich in uns Einzug halten kann, und wir wieder einkehren dürfen in Gottes Reich. Der Geist Gottes komme über uns ! Gottes allein heiliger Wille geschehe an uns, denn dann sind wir stark !

Jeder bekommt nur soviel gegeben, wie er zu tragen vermag. Wer ganz im Geiste Gottes lebt und um Hilfe fleht, dem wird Rettung zuteil, das ist gewiß. Wer sich auf sich selbst verläßt, verläßt Gott. Wer sich einen anderen Herrn sucht, darf sich nicht wundern, wenn sich die Diener und Engel Gottes abwenden, sich nicht mehr zuständig und angesprochen fühlen.

„Du sollst keine anderen Götter neben mir haben."

„Du kannst nicht zwei Herren dienen,
mir und dem Mammon."

Gegen materiellen Wohlstand und Reichtum als solchen ist ja gar nichts einzuwenden, wenn man damit umzugehen weiß. König Salomon war ein märchenhaft reicher Mann, erbaute einen Prachttempel für den Herrn, lebte weitgehend im Sinne Gottes und ließ seine Untertanen an seinem Reichtum teilhaben.

Teile die Früchte Deines Reichtums mit Armen und Bedürftigen. Setze Dein Geld und materiellen Wohlstand im Sinne und zum Nutzen der Allgemeinheit ein. Denn uns gehört nichts, wir haben alles nur geliehen und müssen alles zurückgeben. Alles, was wir besitzen, besitzen wir nur durch die Gnade Gottes.

Wen Gott besonders liebt, oder dessen Seele Er erretten will, den läßt Er auch in materielle Armut und finanzielle Not geraten.

Lieber während einer kurzen Erdenpilgerzeit sich einmal mit etwas weniger von allem begnügen und sich in Demut und Bescheidenheit ganz in die Hand Gottes begeben, als daß ich durch materiellen Reichtum und reiche Freunde dazu verleitet werde, eigene Wege zu gehen, mich selbst zu überschätzen und göttliche Tugenden in mir zu vernachlässigen.

"Eher geht ein Kamel durch ein Nadelöhr,
als ein Reicher in den Himmel."

Wer damit umzugehen weiß, dem schenkt Gott unendlichen, auch materiellen Reichtum.

Aber auf diesem Wege hat man unendlich viele Prüfungen zu bestehen. Nur wer Maß hält und die Liebe lebt, dem wird gegeben. Wer in Versuchung fällt, verliert alles. Aber wer Gott wahrhaft liebt, der gibt innerlich seinen gesamten Besitzstand in Gottes Hand, auf daß Gottes Wille geschehe. Wohlgemerkt in Gottes Hand, aber nicht in die Hand eines falschen Propheten.

"Gib dem Kaiser, was des Kaisers ist,
und Gott, was Gottes ist."

Zahle Deine Steuern nach Vorschrift, übe immer Treue und Redlichkeit und freue Dich darauf, daß Gott für all Dein Geschick Sorge trägt. Gott sieht all Deine Bedürfnisse. Er weiß um Deine Sorgen und Zweifel. Gib voll Vertrauen und Glauben alles in Seine Hand, Er wird es schon richten !

"Der Herr verläßt die Seinen nicht."

"Ehrlich währt am längsten."

Verbanne jede Lüge aus Deinem Leben, erscheine sie Dir noch so klein, nichtig und gering. Im Reich Gottes wird nicht mit zweierlei Maß gemessen. Das eine zieht das andere nach sich. Wer sich zu Gott bekennt, muß alle Seine Gebote einhalten, nicht nur einen Teil. Er schenkt materiellen Wohlstand, wo keiner war, läßt gewaltige Finanzmächte in schwindelerregende Tiefen stürzen. Gottes Mühlen mahlen langsam, aber gerecht. Jeder findet seinen Richter.

Jeder hat die Chance umzukehren. Die Sünden werden uns dadurch vergeben, daß wir sie nicht mehr begehen. Bei Gott sind alle Dinge möglich. Überlasse Dich der göttlichen Führung in Dir, Deinem Schutzengel, der allezeit treu Dir zur Seite steht.

„Sorge Dich nicht um den morgigen Tag,
denn jeder Tag hat genug an seiner eigenen Plage."

Sei dankbar für alle Gnadengaben jeden Tag. Bis jetzt hast Du immer noch überlebt, immer ist alles gut gegangen. Wer mag dafür wohl gesorgt haben ?

Wirf alles auf Gott, Er sorgt für alle Seine Kinder. Wer die Natur so überreich ausgestattet hat und allen Tieren fast ohne eigenes Zutun ihr täglich Brot bereitet, der vermag auch Seine geliebten Kinder zu ernähren. Gott läßt niemanden im Stich, der sich voll Vertrauen und Glauben an Ihn wendet. Nichts in unserer Welt ist Ihm fremd. Er weiß um die letzten kleinen Geheimnisse in unserer Welt, weiß um die Zweischneidigkeit unserer irdischen Gerechtigkeit, weiß um die feinsten Spitzfindigkeiten in unserem sozialen System.

Gott und Seine Engel erfassen und durchschauen ausnahmslos alle irdischen Dinge im absoluten Maß. Nichts bleibt Ihm verborgen. Gott sieht ins Verborgene ! Er ist gerecht in Worten und Taten.

Nichts geschieht ohne Grund, alles hat einen tieferen Sinn. Wer Gott aus niederer irdischer Sicht beurteilt, tut ihm unrecht, ist unwissend und dumm. Gott sieht viel weiter als wir, in die Zukunft und in die Vergangenheit, in die Ewigkeit. Wer auf Gott vertraut, hat auf keinen Sand gebaut !

Selbst wenn einige Dinge einmal nicht so laufen, wie wir uns das vorstellen oder wünschen würden, bleibe man stark und ausdauernd in Glauben, Vertrauen und Gebet. Entweder ist es eine Prüfung, wie stark im Glauben wir wirklich sind, wie treu gegenüber unserem eigenen Vorsatz und Gottes Gebot. Oder Gott hat eventuell etwas anderes mit uns vor. Sein Wille geschehe ! Einfacher, glücklicher, zufriedener, gesünder und seligmachender kann man nicht durchs Leben schreiten !

Auf einmal haben wir Erfolg, wo vorher nur Mißerfolg und Tränen waren. Türen öffnen sich, wo vorher keine waren. Alles ist möglich ! Je mehr ich mich selbst für Gott bereite, um so mehr darf Er mich nach Seiner eigenen Gerechtigkeit mit Seinen Gnadengaben und Geschenken überschütten. Aber aufgepaßt ! Jeder Übermut, jede Unbedachtsamkeit und Gedankenlosigkeit muß genauso unweigerlich nach dem gleichen Gesetz den Verlust der göttlichen Gnade nach sich ziehen. Das Leben ist wahrhaft eine Gratwanderung !

Je weiter man kommt, um so schmaler ist der Pfad. Aber wer wirklich guten Willens ist, wird immer wieder aufgefangen und auf den Weg gebracht. Wer eine bestimmte Lektion noch nicht gelernt oder verstanden hat, wird immer wieder die gleiche Krise, die gleiche Lebenssituation zu bewältigen haben, bis sich der gewünschte Lernerfolg eingestellt hat. Immer wieder muß man sich selbst und seine Umwelt überwinden.

Scheinbar ist alles Existierende dieser Welt nur darauf aus, uns auf diesem Weg der Gerechtigkeit, der Erleuchtung und der Liebe zu behindern oder zu Fall zu bringen. Menschen, die glauben, uns zu lieben, ziehen uns zurück, verstehen die Veränderung, die in uns abläuft, nicht. Die wahre Liebe ist die loslassende, die alles freigebende Liebe ! Den Menschen, den ich wahrhaft liebe, den gebe ich frei, dem schenke ich die Freiheit ! Nur so kann er sich, und damit Gott in ihm sich frei entfalten.

Jede Trauer um einen verstorbenen, geliebten Menschen ist letztendlich nichts als Eigenliebe. Dem geliebten Menschen, der eventuell nach langer Krankheit endlich hinübergehen durfte, geht es mit Sicherheit in der jenseitigen Welt hundertmal besser als in unserer Welt des Schmerzes und des Leids. Wir Zurückgebliebenen bedauern nur uns selbst, müssen wir doch all unsere geliebten Gewohnheiten im täglichen Leben umstellen, eventuell neue Kontakte knüpfen, uns einfach an die neue Lebenssituation gewöhnen.

Gott allein weiß, wann der Zeitpunkt des Todes für einen jeden von uns gekommen ist. Er ist das Maß aller Dinge. Ob jung oder alt, krank oder gesund. Er beruft den ab, der seine Aufgabe gelöst hat, für den die Zeit gekomen ist. Aber auch den nimmt Er zu sich, der aus eigener Schuld wissentlich oder unwissentlich die Ursache für sein Ableben selbst gesetzt hat.

Der Mensch ist von Natur aus träge und faul. In dem Augenblick, wo für ihn selbst alles in Ordnung scheint, er satt und zufrieden ist, bewegt er sich, geistig gesehen, keinen Schritt mehr vorwärts. Nur die Notwendigkeit, sich immer wieder auf eine veränderte Umwelt, eine neue Lebenssituation einstellen zu müssen, hält geistig fit und beweglich.

Wir lernen verschiedene Dinge aus unterschiedlichen Lebensperspektiven kennen, erfahren vieles am eigenen Leibe oder bei anderen, erweitern auf diese Art und Weise unseren Erfahrungsschatz und unseren Bewußtseinshorizont. Das Leben ist kein Picknick! Je mehr Gottvertrauen und Glauben wir haben, um so leichter geht es.

Gott hält zwei Formen der Heimsuchung für uns bereit, die Tröstungen und die Kümmernisse. Vom Menschen aus irdischer Sicht bevorzugt sind natürlich die Tröstungen, alles was schön ist und Freude macht. Aus geistiger Sicht zu bevorzugen sind Trauer, Schmerz und Leid. Je geduldiger, zufriedener und dankbarer für diese schwere Prüfung unseres Glaubens wir sind, um so schneller geht es vorbei und umso schneller kommen wir auf unserem Weg zu Gott vorwärts. Einige Heilige kasteien ihren Leib sogar selbst, und bitten im Gebet um Schmerz, damit sie möglichst viel für Gott leiden und möglichst schnell in Sein Reich eingehen dürfen.

„Siehe nicht auf die Gaben dessen, der liebt,
sondern auf die Liebe dessen, der gibt."

Gott ist immer der Gebende, Gütige und Verzeihende. Und Er liebt einen jeden von uns wie einen verlorenen Sohn oder eine verlorene Tochter. Zwangsläufig schenkt man den schwarzen Schafen immer etwas mehr Aufmerksamkeit, als den weißen Lämmlein. Das ist in jeder Schule so, auch in der irdischen Schule des Lebens. Gott, unser Herr und Meister weiß jeden Augenblick, jetzt und in der Unendlichkeit, was gut und richtig für uns ist.

Man hüte sich davor, die Auswirkungen und Folgen eigener Fehler und Schwächen als gottgegebenes Schicksal zu betrachten und sich in Resignation und Depression zu vergraben.

Wer den guten Willen hat und im festen Glauben in unseren Herrn und Schöpfer vertrauensvoll vorsichtig einen Schritt vor den anderen setzt, der erreicht sein Ziel.

Wer sich, egal, was da kommen möge, festen Blickes voller Liebe unserem Herrn Jesus Christus zuwendet und Seinem Wege nachfogt, der wird Ihm immer ähnlicher. Der macht sein Glück, der gibt seinem Leben den von Gott gewollten Sinn ! Was kann es Schöneres geben ? Das Leben verkommt dann nicht mehr zu einer lästigen Alltagspflicht, sondern wird zu einer täglichen göttlichen Offenbarung.

Jeder ist sein eigener Schöpfer ! Gott in uns !

„Hilf Dir selbst, dann hilft Dir Gott !"

Dein Herr und Schöpfer schaut auf Dich !

10

„Sein oder Nicht-Sein, das ist hier die Frage."

Als normal Sterblicher ist man gewohnt, alle Dinge nach ihrem äußeren Anschein zu beurteilen. Man glaubt an das, was man anfassen und sehen kann, sogenannte harte Fakten. Die irdischen Wissenschaften tun ein Übriges. Hier wird auf's Geratewohl alles Existierende auf die Materie reduziert, von vornherein ein grundlegender Denkfehler begangen.

Nichts ist so, wie es zu sein scheint. Gott allein weiß um alle Dinge, denn Er hat sie alle entstehen lassen, Er ist Schöpfer allen Seins. Ihm ist alles Geschaffene wohl vertraut und untertan. Für Ihn gibt es keine offenen Fragen der Wissenschaften und des Glaubens. Er hält alle Antworten für denjenigen bereit, der sich vertrauensvoll und guten Willens an Ihn wendet und im Gebet um Inspiration und neue Erkenntnisse bittet.

Gott ist die größte Datenbank der Welt. Alles was jemals war, und alles, was sein wird, ist hier abrufbar. Natürlich wird nur dem Gnade und Zugang gewährt, der sich entsprechend verhält und Gottes heiligem Worte folgt.

„Suchet, und ihr werdet finden."

Jedem wird das gegeben werden, was für ihn im Moment vonnöten und gut zu wissen ist. Man erhält alle Antworten auf offene Fragen nicht mehr durch dicke Bücher oder Computer-Datenbanken, sondern aus sich selbst heraus. Man öffnet sich im Gebet und der Meditation den heilenden und inspirierenden Energien unseres Herrn und Schöpfers und erfährt Befreiung und Erleuchtung seines Geistes. Es gibt keine offenen Fragen, keine Rätsel und Geheimnisse mehr. Alles erscheint in hellem Licht.

Alle Dinge sind einfach und leicht zu verstehen. Gott schenkt jedem, der ernsthaft darum bittet, Aufklärung und Erkenntnis alles Geschaffenen. All dies funktioniert selbstverständlich nur, wenn der Suchende sich nach Gottes Wort und Gebot ausrichtet und sich Seinem allein heiligen Willen unterwirft.

Nur dann wird er als ein gehorsames Werkzeug Gottes, als Heiler, Schreibknecht, Medium oder Prophet angenommen. Es erschließt sich ihm Gottes Welt scheinbar aus sich selbst heraus, er erhält Antworten auf alle offenen Fragen, wenn der Zeitpunkt dafür gekommen ist.

Nichs ist unmöglich, alles ist in Gottes Hand. Gegen Gottes Willen und Gnade kann niemand verborgene Wissens- und Bewußtseinsinhalte erschließen. Alles geschieht durch Gottes Gnade. Er kennt jedes Seiner Schäflein und schenkt jedem Seine Gnade nach seinem Wandel und seinen Werken.

Wer sich in Gottes Hand begibt, der ist wahrlich gut aufgehoben. Nichts überläßt Gott dem Zufall, alle Dinge werden geführt, gelenkt und geleitet. Gott schenkt Seine Gnadengaben dem, den Er für würdig findet. Jeder kleine Fehler, jede kleine Schwäche kann zum Verlust der Gnade führen.

Drum sei eifrig und bemüht im Gebet, unterwerfe Dich in allem dem Willen Deines Schöpfers. Lasse zu, daß in allen Dingen und allen Begebenheiten, die Du täglich erlebst, Gott das Zepter für Dich in die Hand nimmt. Er führt Dich sicher durch alle Klippen und Untiefen hindurch, ist der verläßlichste Steuermann der Welt. Er ist immer auf dem Posten, egal, ob Du schläfst oder wachst. Seine Augen sehen alles. Nichts entgeht Seinen aufmerksamen und liebevollen Engeln und Dienern. Sie sehen alles um Dich herum, aber auch tief in Deinem Leib. Ihnen entgeht einfach nichts, was Du fühlst, denkst und tust. Sie lassen zu, daß das Böse Dich anfliegt, um zu sehen, ob Du es abweist oder annimmst. Mit jedem Gedanken und jedem Gefühl, jeden Augenblick, triffst Du eine Entscheidung, wie ein Computer, sagst ja oder nein zu etwas, nimmst etwas an oder weist etwas ab.

Je nach Deinem geistigen Reifegrad werden die Prüfungen größer und schwerer. Deine Güte und Treue gegenüber Gott und Seinen Geschöpfen wird überprüft. Gott läßt zu, daß Du zum Bösen und Unguten verführt wirst. Nimmst Du es an, fällst Du zurück, mußt neue Prüfungen bestehen. Weist Du es ab, hast Du die Prüfung bestanden, und bist die Treppe wieder eine Stufe hinaufgeklettert.

Je höher Du kommst, um so schwerer werden die Prüfungen, um so größer ist die Gefahr, zu fallen. Du bekommst immer wieder eine neue Chance, wirst immer wieder aufgefangen. Keiner geht verloren, den Gott einmal angenommen hat. Er führt jeden auf seinem Weg zum Ziel !

Der Weg ist für jeden anders, das Ziel in Gott ist für jeden das Gleiche. Nichts lassen Gott und Seine himmlischen Heerscharen unversucht, um die gefallenen Menschenkinder wieder auf den richtigen Weg zu bringen. Über jede wiedergewonnene Seele bricht man in Freudengeschrei aus, preist Gott für Seine himmlische Güte und Gnade und dankt Ihm in Ewigkeit.

Gott ist der einzige, der uns durch Seinen Sohn Jesus Christus das ewige Leben schenken kann. Alles geschieht nur durch Seine Gnade, Seine unendliche Geduld und Barmherzigkeit. Gott läßt Dinge entstehen und Dinge vergehen. Bei Ihm liegt die Macht, uns wunderbar zu erhalten, aber auch die Macht, uns kläglich zu vernichten.

Der Mensch ist dreidimensional und als solches ein recht zerbrechliches Geschöpf. Er ist allen Einflüssen des Bösen und Unguten ausgesetzt. Der einzige Schutz, den er besitzt, ist die Kraft seines Glaubens und seines Gebetes.

Jeder ist auf sich gestellt, jeder ist mit sich allein, denn seine Prüfungen besteht man nicht in der Gruppe, zu zweit oder zu dritt. Wie in der irdischen Schule wird streng darauf geachtet, daß jeder nur nach seiner eigenen Leistung bewertet wird.

Wohl darf der eine dem anderen im Gebete zur Seite stehen, darf darum bitten, daß die Prüfungen nicht zu schwer werden. Aber Gott gibt jedem nur so viel, wie er zu tragen imstande ist. Der eine ist sensibler und empfindlicher, wird nicht so hart geprüft. Der andere ist härter im Nehmen, steckt Schmerzen leichter weg und wird dementsprechend intensiver auf die Probe gestellt. Je williger man sich in Demut und Geduld in die Prüfsituation ergibt, um so schneller geht alles vorbei, und die Prüfung gilt als bestanden.

Prüfobjekte können sein Begegnungen mit uns geliebten oder völlig unbekannten Menschen, unser persönlicher Einsatz für eine arme Seele, sei es Mensch oder Tier, aber auch unsere Ausdauer und Disziplin im Gebet, gerade dann, wenn wir die ganze Zeit durch irgendetwas oder irgendwen gestört werden. Am Anfang ist das immer so, später geht es vorbei. Gott läßt es anfangs zu, um unseren guten Willen und unsere Ernsthaftigkeit zu prüfen. Je entschlossener und beharrlicher wir bleiben, um so eher kommen wir zur Ruhe in Gebet und Meditation. Nichts unserer Persönlichkeit bleibt unberücksichtigt.

Jeder Mensch hat entsprechend seiner Geburtszeit und seinem Sternzeichen angeborene Stärken und Schwächen. Zum Zeitpunkt der Geburt tritt das Kind das erste und einzige Mal aus dem energetischen Feld der Mutter heraus. Die einwirkenden Kräfte aller Planeten und Gestirne im Moment dieses Heraustretens prägen den Menschen für den Rest seines Lebens. All dies ist gottgewollt und wird nicht dem Zufall überlassen.

So erklärt sich auch, daß Menschen gleichen Geburtsdatums, aber unterschiedlicher Geburtszeit teilweise recht verschiedene Charakterzüge tragen und somit ihr Lebensverlauf auch recht unterschiedlich sein kann. Das Schicksal jedes einzelnen ist durch die Stunde, Minute und Sekunde weitgehend vorherbestimmt, unterliegt der allumfassenden göttlichen Ordnung. Damit wird jeder Seele ermöglicht, in jedem neuen Leben neue Lernerfahrungen zu sammeln.

Der gesamte Turnus aller Sternzeichen wird, angefangen mit dem Widder, wiederholt durch Neugeburten durchlaufen. Je eher man sein Karma, seine Schulden und Altlasten abgetragen hat, je entschlossener und bewußter man den Weg zu Gott sucht und findet, um so schneller ist man vom karmischen Rad von Wiedergeburt und Tod erlöst. Je bereitwilliger man sich von seinem Schutzengel führen läßt, um so erfreulicher ist für beide Seiten die Zusammenarbeit.

Auch wir erfreuen uns an den Kindern mehr, die schneller und bereitwilliger lernen. Das muß nicht unbedingt etwas mit Intelligenz zu tun haben. Der, der sich selbst für schlau und intelligent hält, folgt oft eher seinem eigenen Willen, folgt eher seinen eigenen Vorstellungen und Wünschen über Gott, so die Pharisäer in der Bibel. Man weiß doch soviel, hat soviel gelesen, und sieht den Wald vor lauter Bäumen nicht. Man ist Neuem gegenüber nicht offen, verschließt sich, hält an Altem fest, und geht so der Gnade Gottes verlustig.

Wer sich aus freiem Willen und vermeintlicher Schlauheit der Liebe, Güte und Gnade Gottes und Seinen geistigen Gaben entzieht, dem kann nicht geholfen werden.

„Werdet wie die Kinder, denn ihrer ist das Himmelreich."

Unschuld und Einfalt der Kinder sind dem Herrn eine Freude. Man verkehrt offen, liebevoll und ohne Arglist und Hintergedanken miteinander, ist nicht berechnend und nachtragend. Kleines Leid ist schnell vergeben und vergessen, man geht schnell wieder aufeinander zu und spielt weiter miteinander.

Leider verliert sich all dies mit zunehmendem Alter mehr und mehr durch den Einfluß der Welt. Entsprechend den Grundanlagen der Persönlichkeit, bedingt durch Genetik und die karmische Konstellation der Planeten in der Stunde der Geburt, kommen stärker ausgeprägte Charakterzüge zum Tragen. Man entfaltet seine Persönlichkeit, so wie es die Umwelt zuläßt und es seinem Inneren entspricht. Und Gottes Engel sind vom ersten Atemzug an dabei und sorgen für ihren Schützling.

Es kann sein, daß man über mehrere Leben hinweg den gleichen Schutzengel und Geistführer hat. Ihm ist man auf das Engste verbunden, ohne daß den meisten von uns mit dem normalen Wachbewußtsein dieses zugänglich oder bewußt ist. Vornehmlich in Krisen- oder Gefahrsituationen haben wir deutlich das Gefühl, daß irgendetwas oder irgendwer die Hand über uns hält, oder zu uns spricht.

Wir erhalten von innen her Warnungen, bestimmte Dinge zu tun oder zu unterlassen. Manch einer weiß davon zu berichten, manch einer hat durch das Befolgen der inneren Weisung schon sein frühzeitiges Ableben verhindert. All dies ist uns in dem betreffenden Augenblick sehr bewußt, rüttelt uns auf, läßt uns mit einem Stoßseufzer Gott danken, daß Er uns errettet und aufgefangen hat. Allzu schnell gehen wir hiernach zum Alltagsgeschehen zurück und lassen den lieben Gott einen guten Mann sein.

Der Mensch ist, was seinen Schöpfer anbetrifft, unheimlich vergeßlich. Alles andere scheint wichtiger zu sein. Jede Kirmes, jeder Jahrmarkt und jedes Volksfest ist dazu geeignet, die Aufmerksamkeit unserer Sinne nach außen zu lenken und damit weg von Gott. Immer wieder sollte man sich bewußt nach innen wenden, Gott in sich rufen, der geduldig und demütig schon seit Urzeiten hier auf uns wartet, um uns nach Hause zu holen.

Manchmal spüren wir in uns ein leichtes wehmütiges Wehen, eine unermeßliche tiefe Traurigkeit, beim tiefen Blick in unsere Augen im Spiegel befällt uns eine leichte Ahnung dessen, was eigentlich in uns schlummert und eigentlich unsere Bestimmung ist - Gott zu dienen und zu Ihm heimzukehren.

Gott ist immer da, jeden Augenblick, sieht aufmerksam auf jedes Wort, ausgesprochen oder nicht, jede Handlung, jeden Gedanken. Er versucht, uns immer nur das Gute einzugeben, uns die Liebe leben zu lassen. Nur leider öffnen wir uns oft aus Angst, Schwäche oder Untugend auch dem Unguten in uns, was oft verheerende Folgen nach sich zieht.

Bleiben wir uns selbst, Gott in uns, treu, werden wir immer wieder aufgefangen. Immer steht uns ein Engel des Herrn liebevoll und zärtlich zur Seite, der allerdings auch gar nicht zimperlich mit uns umgeht, um uns vor uns selbst und dem Bösen in uns zu schützen.

Jedes körperliche Wehwechen, jeder körperliche Schmerz, den wir mit uns herumtragen, hat einen tieferen Sinn und will uns etwas sagen. Er lehrt uns das Prinzip von Ursache und Wirkung, zeigt uns, daß wir irgendetwas in unserem Verhalten, in unserem Denken, in unserem Sein verändern sollen. Folgen wir dieser Botschaft, kann der Schmerz schlagartig oder kurzfristig verschwinden.

Bleiben wir bockig oder unverständig, nehmen die Beschwerden zu oder verlagern sich auf eine andere körperliche Ebene. Je eher wir den Bewußtwerdungs- und Umstellungsprozeß in uns und unserem Verhalten vollziehen, um so schneller werden wir wieder gesund. Je länger wir an der schädlichen Einstellung oder dem schädlichen Verhalten festhalten, um so länger dauert der Heilungsprozeß, falls er überhaupt eintritt.

Unsere hochgelobten Medikamente helfen anfangs ein wenig, später überhaupt nicht mehr. Zu hohe oder langfristig eingenommmene Dosen führen weitestgehend zu Organschäden und schwereren körperlichen Erkrankungen. So entwickelt sich wahrhaft ein Teufelskreislauf.

Jeder, der ein wenig ehrlich zu sich selbst ist und ein wenig nach innen horcht, weiß eigentlich, was er zu verändern hat, wo er umdenken sollte. Aber der Mensch ist ein faules, nachlässiges und aufgrund seiner Dreidimensionalität gegenüber Versuchungen recht anfälliges Tier. Man wartet sehr gerne auf große Veränderungen von außen, anstatt sie von innen her selbst einzuleiten. Und so vergeht ein Leben und noch eins und noch eins.

Solange wir den benötigten Lerninhalt nicht bewältigt haben, durchleben wir immer wieder dieselbe uns belastende, mehr oder weniger erfreuliche Situation. Das ist ein karmisches Gesetz!

Niemand anders benötigt diesen Lernprozeß, nur wir selbst. Wir tun all dies nicht für Gott, nur für uns selbst. Denn Gott braucht uns nicht, wir aber brauchen Ihn. Trotz unserer Unwilligkeit und Schwachheit, unserem Mangel an Vertrauen und Glauben, nimmt Er uns immer wieder an, hilft uns immer wieder auf und schenkt uns immer neue Gnade.

Gott hilft uns durch unsere Freunde, durch unsere Verwandten, durch unseren Arzt oder einen wildfremden Menschen, der uns gerade dann zur Seite steht, wenn wir es am nötigsten brauchen. Gott rührt diesen Menschen an. Er gibt ihm ein, sich uns zuzuwenden, rührt das Gute, das Göttliche in ihm an. Er schenkt ihm die Kraft, uns zu helfen, genau das Richtige zu sagen oder zu tun.

So hilft Gott uns in unserem Kummer, Schmerz und Leid und gibt dem Menschen, der uns zur Seite steht, die Chance, ein Stückchen weiter die Treppe hinaufzuklettern. Indem er uns hilft, Gottes Liebe durch sich zu uns fließen läßt, sich aufopfert und ein Stück des Weges mit uns geht, hilft er auch sich selbst. So hilft einer dem anderen die Leiter hinauf. Einer ist der Gebende, einer der Empfangende. Gott ist immer der Gebende!

Je bewußter und wacher wir mit offenen Augen und liebendem Herzen durch die Welt marschieren, um so mehr Gelegenheiten bekommen wir, uns zu bewähren und innerlich für Gott zu bereiten. Das, was wir mit den beschränkten Möglichkeiten unserer fünf Sinne, unserer Technik und unserer hochgezüchteten Wissenschaften im Außen und im Weltraum suchen und zu finden hoffen, erschließt sich nur aus uns selbst, aus unserem tiefsten Herzen, wenn wir uns selbst dafür bereiten, im Sinne Gottes. Es gibt keinen anderen Weg!

Jeder wahrhaft bedeutende Mensch, sei er Wissenschaftler, Arzt, Philosoph oder Künstler, erhielt seine Inspiration aus Gott. Viele von ihnen sprachen offen darüber, daß sie im Traum eine Vision hatten oder Geistwesen in ihrem Hause verkehrten.

Die meisten von ihnen wollten nur das Gute, das Göttliche aus sich selbst heraus sich erschließen lassen, zum Wohle der Menschheit. Da wir alle versucht sind, geschah es leider allzu oft, daß ihre Werke, die sie durch die Gnade Gottes erhalten hatten, durch sie selbst oder andere Sterbliche zu üblem Zwecke mißbraucht wurden.

Jedes Ding auf Erden hat zwei Seiten. Es kommt immer nur darauf an, wie wir damit umgehen. Gott läßt uns unseren freien Willen, darin besteht die Prüfung. Je weiter wir kommen auf diesem geistigen Weg zu Gott, um so größer sind die Geschenke des Herrn, um so schwerer und schmerzlicher die Prüfungen. All dies hat Jesus angedeutet, als er sprach:

*"Folget mir nach ! Um meinetwillen sollt ihr Vater
und Mutter verlassen, Brüder und Schwestern aufgeben."*

*"Ihr müßt alles Irdische hinter euch lassen,
damit ihr nicht verlassen werdet."*

*"Wer sein Leben freiwillig um meinetwillen hergibt,
der wird ewig leben. Wer seinem Leben anhanget,
der wird es verlieren."*

Alles liegt in Gottes Hand. Wer sich Seinem allein heiligen Ratschluß unterwirft und Seiner göttlichen Führung anvertraut, erwirkt wahrhaft ewiges Leben. Gott allein in Seiner Allmacht vermag uns kraft Seiner Güte und Liebe heil auf der himmlischen Leiter nach oben zu bringen. Sein Licht überstrahlt alles Dunkle und alle Finsternis. Nichts und niemand kann Ihm widerstehen !

Gottvater ist der ewig Gebende und ewig Gütige. Er ist der Schöpfer allen Seins, Himmels und der Erden. Ohne Ihn geht nichts, mit Ihm geht alles. Er teilt die Meere, läßt die Quelle aus den Steinen sprudeln, schöpft in der Unendlichkeit neue Welten und Universen, wer wollte sich Ihm entziehen ?

Gott ist der Vater aller Dinge in uns und um uns, alleine wir glauben es nicht und fordern Beweise. Die Existenz unseres Seins und der Schöpfung möge uns Beweis genug sein. So etwas entsteht nicht von Menschenhand, ist der Mensch doch eher geeignet und geneigt, all die Schönheit, sich selbst und alles Sein zu zerstören und zu vernichten.

Alles entsteht aus Gnade und aus Liebe in einem Ursprung, in Gott allein. Wer sich selbst von seinem Ursprung, der Quelle allen Lebens entfernt, ist Ursache seines eigenen Untergangs und Vergehens. Nichts kann sein ohne die unendliche Liebe und Energiekraft Gottes, denn alles ist Sein.

Wer es fassen kann, fasse es !

Vater unser,
der Du bist im Himmel,
geheiligt werde Dein Name,
Dein Reich komme,
Dein Wille geschehe,
wie im Himmel, so auf Erden.
Unser tägliches Brot gib' uns heute,
und vergib uns unsere Schuld,
wie auch wir vergeben unseren Schuldigern.
Und führe uns nicht in Versuchung,
sondern erlöse uns von dem Bösen.
Denn Dein ist das Reich, und die Kraft
und die Herrlichkeit, jetzt und in Ewigkeit.
Amen.

Dank sei Gott,
Dank sei Gott, dem Herrn, jetzt und in Ewigkeit.
Gepriesen sei Sein Name !
Denn Du bist der Vater und der Sohn
und der Heilige Geist, jetzt und in Ewigkeit.
Amen.

Großer Vater, geliebter Herr,
ich liebe Dich so sehr.
Du läßt Dein Licht über mir scheinen,
vor Freude möcht' ich nur weinen.
Du bist der Schöpfer allen Seins,
in Dir ist alles nur eins.

Aus Deinem Himmel ging ich verloren,
auf Deiner Erd' ward ich geboren.
Du beschenkst mich jeden Tag mit Leben,
drum mögest Du auch mir vergeben
meine ach so große Schuld,
laß mich Dir dienen mit Huld.

Du Schöpfer des Himmels und der Erden,
Dein wahres Kind laß mich nur werden.
Du schenkst mir großes Glück,
drum gibt's für mich kein Zurück.
Dir schenk' ich mein Leben,
nach Dir laß mich streben
laß mich allezeit Dein treuer Diener nur sein.

Dein allein heiliger Wille geschehe an mir,
jetzt und in Ewigkeit.
Amen.

Sich regen bringt Segen,
doch was bedeutet alles Erdenglück,
wenn's gibt für mich kein Zurück,
in Dein geliebtes Himmelreich !

Drum laß mich rege sein, in Lob und Gebet,
damit es in meinem Leben nach Deinem Willen nur geht.
Sonst werd' ich zuschanden,
geh' verloren in Angst und Pein
will doch in Ewigkeit Dein Diener nur sein.

Früher ein Bengel, nun werd' ich ein Engel,
meide das Böse, damit ich erlöse
mich und den Rest der Welt
von Untugend und Geld.

Du schenkst mir Vertrauen,
auf mich kannst Du bauen.
Du machst mich stark und mächtig
Mit Dir bin ich brav und kräftig,
dem Bösen in mir zu entsagen,
den Schritt ins Leben zu wagen.

Du läßt mich wachsen und gedeih´n,
stützt mich in Kummer und Pein.
Drum werf' ich alles auf Dich, oh Gott,
auch wenn ich end' auf dem Schaffott,
Dein allein heil'ger Wille geschehe allezeit an mir
Bleib ich allezeit treu nur Dir.
Du bist mein Gewissen,
drum bin ich beflissen,
zu folgen jedem Deiner Fingerwinke
zu erreichen schnell die Himmelsklinke.

Drum laß' mich nichts fragen
laß es mich wagen
zu übergeben mein Schicksal Dir.
Denn Du liebst uns Kinder,
sorgst für unser Wohl nicht minder.
Bist unser Hoffnungsstern,
Drum haben wir Dich so gern.

Dank sei Gott, dem Herrn,
jetzt und in Ewigkeit.

Amen.

11

Der Geist aus Gott fiel nicht vom Himmel, sondern Er ließ alle Dinge entstehen. Er begegnet uns in jedem Baum, jedem Stein, jedem Tier und jeder Pflanze. Die wunderbare Ordnung, die Gott in alle Dinge gelegt hat, wird wunderbar erhalten durch die Kraft des Heiligen Geistes, die alles durchdringt und alles erschafft. Es ist dies die höchste kosmische Energie, die alles andere verdrängt. Alles Dunkle und Niedere muß da weichen, wo Gottes Liebe Einzug hält, in uns und um uns herum.

Wer aufmerksam um sich schaut, entdeckt das Licht der göttlichen Wahrheit in allen Dingen. Wer sich dem Licht zuwendet, und ihm entgegengeht, den wird es wunderbar umfließen und umfangen und aufheben. Es erschließen sich neue Dimensionen des Seins in der Ewigkeit. Alles ist eins in Allem in Gott.

Wo Sein Licht hinfällt, Seine Liebe fließt, entsteht neues Leben. Er ist Schöpfer allen Seins, Himmels und der Erden. Er läßt Menschen entstehen, und Menschen vergehen. Wer Ihn sucht, den nimmt Er an als ein wahres Kind Seiner Himmel, schon hier auf dieser Erde durch Seine Gnade. Unendliches Glück und unendliche Liebe schenkt Er dem, der sich Ihm ganz hingibt, ganz in Ihn eingeht.

„Der Mensch denkt, Gott lenkt."

Wer dem Lenker freie Hand läßt, kommt schneller voran, spart Zeit und Energie. Warum einen Umweg gehen, wenn der kürzeste und einfachste Weg offen vor einem liegt? Der es sich schwerer macht als notwendig, ist selber schuld.

Anstatt sich die Erfahrungen und göttlichen Wahrheiten der Bibel zunutze zu machen und sich in allen Dingen nach Ihnen zu richten und Ihnen zu folgen, verwirft man das wertvolle Gotteswort und überläßt sich den Sturmwinden des irdischen Seins und der Welt. Gott hält alle Gnadengaben für uns bereit, allein wir selbst müssen sie annehmen. Für die einen scheint das nicht zeitgemäß, für die anderen ist dies zu langweilig. Andere glauben, dafür keine Zeit zu haben.

Ein Narr ist, wer glaubt, er könne aus sich heraus nur eine Sekunde des Tages leben, nur einen einzigen Atemzug tun, nur eine einzige Zelle seines Körpers durch eigene Kraft am Leben erhalten.

Der Mensch maßt sich an, in seiner Kleinheit und scheinbaren Größe, Meßlatte allen Seins zu sein, alle Dinge kontrollieren zu können, sich über alles Existierende in der Welt erheben zu können. Dabei existiert auch die irdische Welt, jeder einzelne Mensch, nur aus göttlicher Gnade!

Wer nachts voll Bewunderung in höchstem Entzücken den sternübersäten Nachthimmel ansieht, in dem steigt eine leise Ahnung auf, wie groß die Macht Gottes sein muß. Und die Erde ist mit Sicherheit nur einer der kleineren oder kleinsten Planeten unseres Sonnensystems. Hierzu zählen unzählige andere Planeten und Erden. Mehrere Sonnensysteme hinwiederum bilden ein Universum. Deren gibt es zwölf an der Zahl, das dreizehnte ist gerade im Entstehen.

Das Zentrum allen Seins, die Achse aller Welten und des Kosmos bildet Gott allein. Die Ausstrahlungen Seiner Liebe erleuchten den letzten Winkel Seiner Schöpfung, Seines Kosmos mit Licht und Leben. Ohne Ihn vermag nichts zu sein und nichts zu leben. Jeder und jedes geschaffene Ding schuldet Ihm Dankbarkeit und Liebe. Alles ist Seiner großzügigen Gnade unterworfen. Keiner vermag aus sich selbst heraus nur ein einziges weißes Haar schwarz zu machen. Alles unterliegt Gottes allein heiligem Ratschluß.

Wer im Kosmos im Bewußtsein Gottes wandelt, dankt Gott jeden Augenblick für sein Leben und seine Existenz. Nichts geht ohne Ihn. Alles liegt in Seiner Hand. Alles irdische Sein verblaßt vor Seinem Glanze. Wer dumm ist und die Augen verschließt, geht ein in ewige Finsternis. Und Gott läßt es zu, daß Seine schwarzen Schafe Ihn verlassen. Er schenkt Ihnen, auf ihr Verlangen hin, auch den Tod!

Wer stehenbleibt, sich nicht fortentwickelt, fällt aus der göttlichen Ordnung heraus. Er muß ganz automatisch in den Urzustand allen Seins, in die Urmaterie zurückkehren und dort von neuem anfangen. Dies bedeutet den Verlust seines Bewußtseins und den Verlust der in Millionen von Jahren gesammelten Lernerfahrungen.

Bei Gott geht nichts verloren. Energie kann nicht verloren gehen, sondern wird nur umgewandelt. Ein Huhn, welches keine Eier legt und zur Vermehrung des Lebens nicht beiträgt, kommt in die Suppe und wird anderweitig verwendet. Mit den Menschen ist es genauso.

Wo ist denn da der freie Wille, werden einige fragen ? Göttliche Ordnung ist der Ursprung aller Dinge, und die göttliche Ordnung, die vor allen Dingen war, hat es so vorgesehen, daß alle geschaffenen Lebensformen und Geschöpfe sich immer weiter entwickeln sollen und aus sich selbst noch mehr Leben schöpfen sollen.

Punktum. Der Ton wird geformt nach dem Willen des Töpfers. Der Ton aus sich heraus vermag nichts. Wenn die von Gott getrennten Menschen ihre Ohnmacht und Hilflosigkeit erkennen würden, stimmten sie gleich ein gewaltiges Heulen und Flehen an, um die Gnade Gottes für sich zu erwirken. Da man jedoch eitel und selbstherrlich genug ist und noch ausreichend andere Zweibeiner um sich herum bewundern darf, die alle der gleichen Verblendung zum Opfer gefallen sind, fühlt man sich restlos sicher und als Herr der Welt. Ein müder Engelhauch, ein müdes Fingerschnippen genügen, die gesamte irdische Welt mit Mann und Maus aus den Angeln zu heben und untergehen zu lassen.

„Dann bin ich halt tot", werden Trotzköpfe jetzt denken, „dann ist es halt vorbei." Dann geht es erst richtig los !

Das seelische Sein in Finsternis und Kälte, welche mangels Glauben und Gottvertrauen nach dem irdischen Ableben über die Seele hereinbricht, ist wahrhaft höllisch, dem körperlichen Schmerz auf Erden nicht vergleichbar ! Nicht siebzig bis achtzig Jahre, sondern mehrere tausend Jahre kann die Seele hier aus eigener Schuld leiden und wehklagen, bis Gottes Gnade sie wieder aufnimmt und ihr Licht und Liebe schenkt.

Angesichts der gewaltigen kosmischen Veränderungen der Jahrtausendwende darf jedoch eher mit einer energetischen Umwandlung, einhergehend mit ewigem Bewußtseinsverlust, und ewigem, dem sogenannten zweiten Tod gerechnet werden. Schmerz und Höllenqualen der Seele in diesem kosmischen Läuterungs- und Schmelzofen dürften für menschlichen Geist unvorstellbar sein !

All dies ist seit Anbeginn aller Zeiten so gewußt und vorhergesehen. Genauso, wie bei der Fabrikation bestimmter Erzeugnisse ein bestimmter Ausschuß toleriert wird, genauso wußte Gott, daß ein geringer Teil Seiner Kinder sich von Ihm abwenden würde. Und damit diese Schöpfer- und Liebesenergie nicht verloren geht, wurde deren Umwandlung und Weiterverwendung und der dafür vorgesehene Zeitpunkt bei Gott gleich mit festgelegt. So hat alles Seine göttliche Ordnung und es wird nichts dem Zufall überlassen.

Gott weiß genau um jede Unreinheit, jeden Sprung und jeden Riß im menschlichen Ton. Die Stücke, die sich nicht ausbessern lassen, werden zerschlagen und im Ofen eingeschmolzen, um sie weiterzuverwerten. All dies wird uns auch biblisch vor Augen gehalten. Prophetenwort erfüllt sich immer in der göttlichen Welt, sonst würde Gott Seine eigene Ordnung in Frage stellen.

Alle Dinge, die Gott tut, sind gerecht und gütig. Er ist das Maß aller Dinge, nicht wir. Wir Menschen sind die Spreu unter dem Weizen. Wer trotz geduldiger und eifriger Ermahnung keine Früchte bringt, wird mit der Wurzel herausgerissen und verbrannt. Alles einfach und leicht zu verstehen. Für jeden steht der Weg offen, allein die meisten sind zu zaghaft und unentschlossen. Andere gehen geflissentlich und überheblich über all diese göttliche Wahrheit hinweg und leben in ihrer eigenen, scheinbar sicheren Welt. All das geht verloren, weil Der, Der alles geschaffen hat, es von vornherein so festgelegt hat.

Gott ist der Herr des Weinbergs. Und Er kommt mit Seinen himmlischen Heerscharen, um die auszulöschen, die Seinen Weinberg verwüstet und Ihn selbst beleidigt haben. Alles liegt in seiner Hand, Er ist das Maß aller Dinge, Er ist göttliche Gerechtigkeit !

Gott bestimmt, was geschieht und richtig ist, nicht wir. Er überläßt Seinen gehorsamen Dienern und Streitern freie Hand, um Sein Wort und Seine Ordnung da wiederaufzurichten, wo sie durch Unglauben und Selbstherrlichkeit der Menschen zerstört wurde. Gott überläßt nichts dem Zufall. Er hält das Zepter fest in der Hand. Sein Wort ist Gesetz, alles andere ist nichts. Und es gibt kein Wenn und Aber, nur Demut und Gehorsam.

Wer sich selbst im Leben ein Armutszeugnis ausstellt und nicht fähig ist, die Liebe zu leben, darf nicht auf Verschonung hoffen. Wer seinen eigenen Stolz und seine Eitelkeit nicht überwindet und sich über alle Dinge und Gott erhebt, der wird wahrlich von seinem hohen Roß in unendliche Tiefen stürzen, direkt in den seelischen Schmelztiegel der Läuterung.

Für Gott ist all dies geistig schon abgeschlossen, weil Er in der Unendlichkeit, in der Ewigkeit lebt. Uns zu diesem Zeitpunkt auf dieser Erde reinkarnierten Menschen stehen alle diese Ereignisse unmittelbar bevor.

Sie sind schon da und keiner kann sich entziehen, sei es durch Macht oder Gold. Jeder mache sich bereit, seinem Schöpfer und Richter von Angesicht zu Angesicht gegenüberzutreten und sein gerechtes Urteil zu empfangen. Es gibt nichts Wichtigeres auf der Welt !

Jeder erkenne die Zeichen der Zeit in sich und um sich herum. Es kommen große, kosmische Veränderungen. Gott sei Dank !

Man betrachte nicht sein eigenes Leid, sondern schaue voll Erstaunen und Bewunderung auf die göttliche Allmacht, die all dies vermag und bewirkt. Der Planet Erde verändert ein wenig seine Laufbahn im Sonnensystem und tritt in eine neue Entwicklungsperiode und Seins-Form ein.

So etwas hat es früher schon gegeben, wie zum Beispiel bei Noah. Frei nach Gottes Willen und den Ursachen, die die sündigen Menschen damals selbst gesetzt haben, hoben und senkten sich ganze Landstriche und Kontinente, wuchsen gewaltige Berge hervor, wo vorher keine waren, erstand unendlich viel Blut und Tod, aber auch neues Leben.

All dies geschieht jetzt wieder, wenn auch in einer etwas anderen, noch umfassenderen Form. Kein Stein bleibt auf dem anderen. Stürme, Unwetter, Naturkatastrophen und Erdbeben häufen sich, niemand bleibt unberührt. Jeder siehe um sich ! Die Zeit ist da. Die Zornschalen Gottes, wie dem heiligen Johannes offenbart, ergießen sich über die Erde. Und wir sind mittendrin !

Gott hält immer Sein gegebenes Wort. Alle Prophezeiungen erfüllen sich, in uns und an uns. Es entsteht das Neue Jerusalem, das tausendjährige Reich Jesu Christi, frei von Krankheit, Schmerz und Tod. Alles ist nur Licht und Liebe !

Gottes wahre Kinder gehen ein in dieses neue Paradies. Unsere Kinder, die heute geboren werden, sind die neuen Lichtträger und Stützpfeiler dieser neuen göttlichen Welt. Sie sind zumeist hohe Geister aus Gottes Reich und lehren uns die Liebe. Schon in Kindertagen wundert man sich über ihr außerordentliches Lernvermögen und ihre besonders liebliche Ausstrahlung. Sie haben sich extra aus den Hohen Himmeln auf diese Erde als unsere Kinder begeben, um all diese umwälzenden und durchgreifenden Ereignisse mitzuerleben und mitzutragen. Jeder von ihnen trägt die Liebe zu Gott im Herzen. Alle wollen sie ihrem einen Vater in den Himmeln nur dienen. Sie leben uns vor, was wir vernachlässigen. Aus ihren Augen leuchtet uns das Licht Gottes entgegen.

In jedem von uns ist Gott. Er erweckt das Göttliche in uns zum Leben, wenn wir Ihn darum bitten. Er nimmt uns an die Hand und führt uns sicher durch alle Gefahren und allen Schrecken hindurch. Körper und Materie sind nicht wichtig, auf die Seele und den Geist kommt es an ! Die wahre Schönheit ist die innere Schönheit, die Liebe zu Gott und Seinen Geschöpfen. Laßt die Liebe fließen in Euch und Euer Leben !

Öffnet Euch Gott und Er kehrt bei Euch ein. Öffnet Ihm Eure Herzen voll Vertrauen und Glauben. Er nimmt jeden an. Niemand ist zu häßlich, zu sündig, zu arm oder zu alt. Gott liebt jede geschaffene Seele als Sein Kind. Wer Ihm die Hand reicht, den schützt Er wundersam und vollkommen in allen Lagen des Seins. Unser himmlischer Vater will in Ewigkeit mit uns sein, wenn wir uns zu Ihm bekennen. Bis zuletzt ist der Weg offen.

Doch dann schließt sich die Pforte des Lebens und es bleibt nur der Weg in Verderben und Tod ! Jeder ist seines Glückes Schmied ! Jeder wird angerührt und wachgerüttelt. Wer auch auf diesen Zug nicht aufspringt, hat wahrlich das Nachsehen.

Nichts lassen Gott und Seine Engel unversucht, uns zu erreichen, alleine die meisten sind taub und blind. Wer sagt uns denn eigentlich, wie und wofür wir zu leben haben ?

Gott allein. Gott in uns. Keine Regierung, keine Opposition, keine Industriemacht und kein Wirtschaftsboß vermag uns hierauf zu antworten. Aber das sind die Institutionen und Instrumente der weltlichen Macht, der Mammon, dem wir unser Leben aufopfern.

Lebe in Gott, und Er lebt in Dir. Nimm Ihn an, und Er nimmt Dich an ! Trage Ihn nach außen, und Er begegnet Dir in allen Menschen und Dingen. Alle Engel des Herrn sind mit Dir, wenn sie Deinen guten Willen sehen.

Nun ist es an Dir, Seele ! Der Herr schaut auf Dich, vergiß das ja nicht. Wende Dich im gläubigen Gebet hin zu Deinem Schöpfer, Er schenkt Dir Frieden und Freiheit in Dir. Wessen Geist sich in Gott wahrhaft frei fühlt, den vermag keine irdische Macht, keine eiserne Kette zu binden. Die Freiheit des Geistes in Gott schenkt Dir nur Dein geliebter Vater. Hier erlangst Du Trost und Seelenheil. Alles andere ist Lug und Trug, dient nur dazu, daß Du es erkennen und überwinden mögest.

Drum laß nicht zu, daß verloren gehst Du.
Schenk' Gott, dem Herrn, die Ehre,
auf daß für Ihn Deine Liebe sich mehre.
Laß Ihn nur für Dich streiten,
mög'st Du Dich schnell bereiten,
für Deinen Schöpfergeist.

Drum sollst nicht länger klagen,
drum sollst es endlich wagen,
wie es einmal anders ist,
wenn Du in Gott geborgen bist.

Er schenkt Dir Kraft und Stärke,
tut Dir edle Werke,
sorgt für Dich wie Dein Herr,
Er liebt Dich doch so sehr.

Drum nimm Ihn an und bete schnell,
in Deinem Leben wird es hell.
Gott ist reich an Gaben,
will Er Dich doch laben,
an Seiner Vaterbrust.

Schenk Ihm Lob und Preis,
daß Er wohl weiß,
daß Du Sein Kind willst sein.
Dank sei Gott,
Dank sei Gott, dem Herrn,
jetzt und in Ewigkeit.

Amen.

12

Voll Reue und Demut wendet sich der Mensch wieder zu Gott hin, welcher Ihn anrührt, welcher Ihn annimmt. Gott liebt alle Seine Kinder - ohne Ausnahme. Aber nur, wer Ihn darum bittet, wird betreut durch Gottes Engel. Wer bereit ist, alles Irdische hinter sich zu lassen, um Gottes willen, alle angenehmen und müßigen Dinge des Lebens herunterzuschrauben, den kann Gott mit Seinen Gnadengaben überschütten.

Unabhängig von Religion oder ledigem Stande spricht Er innerlich den an, dessen Glaube und Tugend groß genug ist. Gott erwählt Seine Diener auch außerhalb der Kirche, frei nach Seinem allein heiligen Willen. Aus sich selbst heraus oder irdischem Stande erhält kein Mensch die Gnade Gottes. Jeder unterliegt Seiner absoluten Weisung. Gegen Gottes Willen geschieht nichts.

Alle Religionen sind ein Weg zu Gott, jede einzelne den Menschen eine zum passenden Zeitpunkt, entsprechend ihrem irdischen Entwicklungsstande geschenkte geistige Lehre. Diese sollte den Menschen für alle Situationen des Lebens eine entsprechende Anleitung zur Vorgehensweise sein. Die Dinge des täglichen Lebens werden hier geregelt. Menschliches Miteinander sollte entsprechend den Eigenheiten und wesentlichen Charaktermerkmalen der Bevölkerung einer irdischen Region geprägt werden.

Gott sandte den Menschen allezeit die zu ihrem jeweiligen Bewußtseinsstand passende Botschaft durch Seine Propheten und Diener. Ein Engel des Herrn begab sich im schweren Erdenkleide oder sichtbarer Gestalt unter die Menschen, um ihnen den Willen Gottes und die ihnen zugedachte göttliche Ordnung nahezubringen. Diese wurde den Menschen in Wort oder Schriftform übergeben und fand ihre Ausbreitung in den erwählten Ländern.

Gott überläßt nichts dem Zufall. Egal ob Hinduismus, Buddhismus, Islam oder Christentum, die überbrachte Botschaft war letztendlich immer dieselbe, nämlich, daß wir alle Kinder eines Vaters sind, auf Erden Seinen allein heiligen Willen erfüllen sollen und uns Seinen heiligen Gesetzen unterwerfen sollen.

Gottes frohe Botschaft verbreitete sich von Ort zu Ort, weitete sich immer mehr aus, auch auf ferne Länder. Zwangsläufig mußte diese jeweilige letzte Botschaft an Seine Kinder früher oder später an natürlichen Grenzen oder der Grenze zu einer Volksgemeinschaft vermeintlich anderen Glaubens stehen bleiben. Jeder Mensch glaubte fest an die richtige, ihm vermittelte geistige Lehre und richtete, mehr oder weniger, sein gesamtes Sein darauf aus.

Gott ist eins in Allem. Gott ist die Mitte aller Dinge, das Zentrum allen Seins. Alles Leben strebt zurück zu Seinem Ursprung, zu Gott. Alle Wege führen zu Gott. Sie sind strahlenförmig um Ihn angeordnet, keiner ist der bessere, keiner ist der schlechtere.

Wer die ihm geschenkten Gebote Gottes strikt einhält und sein Leben danach ausrichtet, stark ist im Glauben und Gebet, den nimmt Gott an. Gott sieht nicht auf kleine Unterschiede der Namensgebung oder Gebetsrituale. Ihm alleine ist wichtig das Vertrauen und der Glaube Seiner Kinder an Ihn als Vaterfigur, der alle Dinge und Wesen erschaffen hat und kraft seiner unendlichen Güte und Liebe am Leben erhält. Kein Glauben, keine Konfession ist besser oder schlechter als die andere. Gott hat uns alle Religionen geschenkt, damit wir erkennen, daß es nur einen einzigen wahren und lebendigen Gott gibt, der alles erschaffen hat.

Gott ist das Maß aller Dinge, und dieses Maß ist in allen Religionen gleich. Er mißt Tugend und Untugend Seiner Kinder, lehrt sie Gottes Willen und Allmacht, schenkt dem, der seinen Glauben gewissenhaft und sorgfältig lebt, ewiges Leben und Befreiung vom karmischen Rad der Reinkarnation.

Alle Dinge waren schon einmal da, alle Dinge werden einmal wieder sein. Denn Gott lebt in der Unendlichkeit und der Ewigkeit. Auf welchem Wege wir uns Ihm nähern, spielt für Gott keine Rolle, nur daß wir die vermittelten Wissens- und Bewußtseinsinhalte des betreffenden Glaubens annehmen und danach leben.

Jesus Christus ist gekommen als der letzte und höchste Prophet, als höchster Geist Gottes und Gottes Sohn, um für alle Menschenkinder Befreiung und Erlösung zu erstreiten. Er begründete den christlichen Glauben und schenkte den Menschen das höchste Gebot, welches auch alle andere Religionen enthalten - das Gebot der Liebe !

Nicht mehr und nicht weniger wollte Jesus Christus uns sein, als ein Botschafter, ein gehorsames Werkzeug Seines Vaters in Menschengestalt, der uns Menschen als strahlendes und Leben spendendes Vorbild dienen sollte.

Er war der Letzte, der gekommen ist, um das Erlösungswerk zu vollbringen. Er ist nicht gekommen, um die Gesetze der Juden und das Wort der Propheten aufzuheben, sondern um es zu erfüllen.

Jesus Christus ist der Messias, der in die Welt kam, um die Sünde in der Welt und in uns nach Gottes Gerechtigkeit zu überwinden, um damit allen Kindern der Welt den Weg zu Gott zu öffnen, eine Brücke zu schlagen zwischen dem Diesseits und dem Jenseits. Alle, die in Seinem Glauben getauft sind, sollten Seinem Vorbild und Erdenwandel folgen, um für sich und andere das Erlösungswerk zu vollbringen.

Je mehr Liebe in diese Welt fließt, um so mehr Menschen und gefallene Seelen können nach Gottes Gerechtigkeit gerettet und umgewandelt werden in ein rein geistiges Sein im Neuen Jerusalem, dem Himmel auf Erden.

Gott schenkte uns alle Seine Religionen und all Seine Gebote, um uns auf den wahren Weg des Lebens zu führen. Drum erhebe sich keiner über den anderen, um ihn zu belehren oder zu missionieren. Alles ist eins in Gott !

Wer die Einheit mit dem Vater sucht, egal auf welchem Wege, und die Liebe lebt, den nimmt Er an als Seinen wahren Sohn und Seine wahre Tochter. Gott fragt nicht lange nach Konfession oder Kirchenzugehörigkeit. Er sieht in die Tiefe eines jeden Herzens und erforscht es auf Liebe, Güte und Glauben. Für Ihn sind alle Dinge gleich. Für Ihn zählt nur der gute Wille und der lebendige Glaube an den einen wahren Gott.

Wer Seinen Schöpfer in sich selbst erkennt, und Seine göttlichen und himmmlischen Tugenden in sich reifen läßt, dem schenkt Gott Seine Gnade. Er nimmt jedes ernsthaft suchende Seiner verirrten Kinder an, schenkt jedem Seine Güte und Gnade, wenn man darum bittet. Wer Welten und Universen entstehen läßt, der hat auch die Macht, den wieder bei sich aufzunehmen, der Ihn einst verlassen hat.

Gott gibt jedem nach Seinen Werken. Wer auf Seinen Schöpfer vertraut, hat auf keinen Sand gebaut. Der Herr der Heerscharen, Schöpfer Himmels und der Erden, nimmt jedes verirrte Schaf wieder an, völlig unabhängig davon, aus welcher Richtung in der Wildnis es sich Ihm nähert. Wer Gottes Ruf vernimmt, egal welchem Seiner Rufe er nun folgt, den nimmt Gott an. Gott ist nicht so spitzfindig und kleinkariert wie menschliches Hirn.

Er schätzt keine gelehrten Pharisäer, keine Trennung des geschenkten Wortes in unterschiedliche Konfessionen, keinen Anspruch auf allein-seligmachende Religion. Gott ist Schöpfer und Herr aller Seiner Geschöpfe, nicht nur eines Teils. Er betreut jedes einzelne Lebewesen durch Seine Engel und Diener, läßt jedes einzelne auf Standhaftigkeit im Glauben und göttliche Tugenden prüfen, in jedem entlegenen Winkel dieser Welt.

Die fernsten Naturvölker mit ihrem Glauben an den einen „Großen Geist", der alle Dinge in der Natur geschaffen hat und sie beschützt, sind Gott genauso nahe, wie die katholischen und evangelischen Gläubigen des Christentums.

Gott sieht nicht äußeren irdischen Stand und Wandel, Er sieht in die Herzen Seiner Kinder. Er wünscht sich nichts sehnlicher, als daß sich alle unabhängig von Alter, Rasse, Hautfarbe oder Geschlecht an die Hand nehmen, sich in Liebe begegnen und als Kinder eines Vaters erkennen.

In Wahrhaftigkeit gibt es kein voneinander Getrennt-Sein, wir empfinden es nur so, weil wir an die Vorspiegelungen unserer irdischen Schein- und Trugwelt glauben. Jede innere Zurückhaltung, jede innere Ablehnung eines anderen Menschen, den wir aufgrund seiner vermeintlichen Andersartigkeit ablehnen, innerhalb oder außerhalb unserer Glaubens- und Volksgemeinschaft, trennt uns von Gott.

Solange wir diese Trennung akzeptieren und uns innerlich nicht überwinden, jedes Geschöpf und jeden einzelnen Menschen als Teil von Gott, als Teil von uns selbst anzunehmen, können wir nicht in die Einheit mit dem All, mit Gott eingehen.

Man hüte sich davor, sich besserwisserisch und scheinbar aufgeklärter über andere Menschen zu erheben, die an den einen wahren Gott glauben und sich zu ihm bekennen, egal in welcher Religions- oder Glaubensgemeinschaft. Wer den ihm vermittelten Geboten der Liebe folgt und danach lebt, den nimmt Gott an als wahres Kind Seiner Himmel auf Erden.

„Wie im Oben, so im Unten, wie im Himmel, so auf Erden."

Genauso wie es hier im Irdischen verschiedene Wege zum gleichen Ziel, zur Einheit mit dem All gibt, existiert dieses auch in der göttlich-geistigen Welt. Jeder Mensch wird von Lichtwesen und Engeln entsprechend Seiner Glaubensrichtung behütet und beschützt.

Bedingt durch die innere Ausrichtung auf Gott, rufe ich kraft meines Glaubens, nach dem Prinzip der Resonanz, genau die getreuen Diener und Engel des Herrn in mein Leben, die sich angesprochen fühlen. Alle dienen einem Vater, haben einen gemeinsamen Ursprung im Nichts-All mit uns. So versuchen sie uns entsprechend den Vorgaben der betreffenden Religion, die aus Gott hervorgegangen ist, an die Hand zu nehmen und sicher auf den uns vorgegebenen Weg zu führen.

Warum einfach, wenn es auch kompliziert geht, denken sich einige Menschenkinder. Sie werden getauft auf christlichen Glauben, empfangen Firmung oder Konfirmation, wenden sich aufgrund einiger unschöner Erfahrungen innerhalb der weltlichen Kirche von ihrem von Gott geschenkten Glaubensweg ab und suchen ihr seelisches Heil in religiöser Ferne.

Ein kleiner Umweg führt auch ans Ziel. Ob er letztendlich notwendig war oder mehr unserer menschlichen Ungeduld und Schnellentschlossenheit entsprungen ist, mag jeder für sich entscheiden. Göttliche Wahrheit ist, daß jeder Mensch entsprechend der Glaubensrichtung und Religionsgemeinschaft, in der er aufgewachsen ist, einen Prägungsprozeß unterläuft, der mit Sicherheit auch seelische Spuren hinterläßt. Das ist Gottes Wille und gottzugelassen.

Natürlich darf man geschenkte Lehr- und Lebensinhalte der einzelnen Religionen untereinander vergleichen und gegeneinander abwägen. Wer wahrhaft richtige Erkenntnis erlangt, erfährt, daß Alles eins in Allem ist.

Gott und Gottes Ordnung sind Maß und Ziel aller Dinge. Dieser kosmischen Ordnung kann sich keiner entziehen, jeder einzelne ist aus ihr entstanden und muß in sie wieder eingehen. Die Form darf er innerhalb der göttlichen Ordnung nach ihm geschenkten freien Willen selbst bestimmen, auch wenn man mit Sicherheit gut daran tut, den kürzesten und direktesten Weg zu gehen, der einem in die Wiege gelegt wurde.

Vor Gott sind alle Menschen gleich. Er schenkt jedem Sein Erbarmen, mag er nun im Sitzen, auf den Knien oder im Lotussitz beten. Aber schon Jesus Christus wußte, daß Seine Lehre Streitigkeiten innerhalb Seiner Kirche auslösen würde. Drum sprach Er:

„Gehet hin und folget ihren Worten,
aber nicht ihren Taten. "

Er wußte, daß alle die, die seine Lehre annehmen, miteinander um die richtige Auslegung Seiner Worte diskutieren und wetteifern würden. Er wußte, daß wir alle Menschen und versucht sind, daß der Ehrgeiz, die Eifersucht und das Machtstreben uns anstachelt. Deswegen sprach Er „folget ihren Worten", nämlich den Worten Seines Evangeliums, welches Er Ihnen durch Seine Schreibknechte und Propheten zukommen ließ.

In jedem Menschen ist das Helle und das Dunkle, das Gute und das Böse. Selbst der, der wahrhaft das Gute sucht, ist schnell versucht, auch das Böse zu tun. Das ist mit Sicherheit nicht Gottes Wille, aber Er läßt es zu. Nur so hat jeder einzelne die Chance, Erfahrungen zu sammeln und weiterzukommen.

Jede Religions- und Volksgemeinschaft hat in Gottes Namen und in falschem Glauben, auch oft aus Berechnung und Bequemlichkeit, Morde und Hinrichtungen begangen und zugelassen. Und doch tragen alle Religionen das gleiche Gebot der Liebe in sich.

Man entfernt sich selbst, aus freiem Willen und Glaubenseifer, von Gott und dem Rest der Welt. Der Satan, der uns dieses eingibt, lacht sich ins Fäustchen und betrachtet begeistert unseren haltlosen Fall in die Tiefe.

Wer aus Dummheit und falschem Glauben heraus andere Menschenkinder foltert, quält und umbringt oder sie in ihren Lebens- und Menschenrechten beschneidet, handelt mit Sicherheit nach seinem eigenen, und nicht Gottes Willen. Das Buch der Liebe, das uns diesen Inhalt lehrt, muß erst noch geschrieben werden. Und doch läßt Gott es zu, daß diese Todsünden in Seinem Namen begangen werden. Er registriert jede kleine Verfehlung und jede kleine Sünde, denn jeder einzelne soll und wird darüber belehrt und dafür zur Rechenschaft gezogen werden.

Auch in der geistigen Welt gibt es Institutionen der Besserung und Heilung der Seele von Laster und Sünde. Für alles ist gesorgt. Gott hält in Seiner unendlichen Güte, Gerechtigkeit und Weisheit für jeden einzelnen genau das passende Instrument bereit, um ihm, geistig gesehen, auf die Sprünge zu helfen und auf den richtigen Weg zu bringen.

Jeder findet seinen Richter, wenn nicht im Irdischen, dann mit Sicherheit im Geistigen. Keiner, der die Gebote verletzt, entgeht seiner gerechten Strafe und Läuterung. Das ist Gottes Gesetz!

Wer nach eigenem Recht und Gesetz zuläßt, daß der eigene menschgewordene Sohn, obwohl frei von Sünde und Gott auf Erden, hingerichtet wird, der wird erst recht zulassen, daß der Strafe erhält, dem Strafe gebührt. So einfach ist das.

Keiner wiege sich in falscher Sicherheit, er sei ein guter Mensch, ihm könne nichts geschehen. Wir alle sind Menschen und dreidimensional. Wir sind alle vom Bösen versucht, jeden Augenblick. Jeder prüfe kritisch sich selbst und seine Lebensweise. Vor Gott sind wir alle sündig, sogar die Engel !

Gott allein ist rein und heilig. Je näher zur Quelle eines Flußes man kommt, um so reiner, klarer und leuchtender wird das Wasser. Je weiter flußabwärts man geht, um so schmutziger, trüber und verwaschener ist seine Farbe.

Wie im Irdischen, so im Geistigen. Wie im Himmel, so auf Erden. Alles was es im Irdischen gibt, existiert im Geistigen in ähnlicher oder anderer Form genauso. Gott ist eins in Allem, der Anfang und das Ende, das Alpha und das Omega. Alles Existierende, alle Menschen und Materie, alle Religionen und Völkergemeinschaften sind aus Gott hervorgegangen und kehren zu ihm zurück. Jeder auf seinem, ihm von Gott zugedachten Weg.

Wer sich selbst zum Richter über andere macht und richtet, wird selbst gerichtet werden. Wahrhaft göttliches Wort !

Alles einfach und leicht zu verstehen. Und warum leben wir nicht danach ? Weil wir arrogant und dumm genug sind zu glauben, wir gefallenen Engel wüßten, was gut ist für andere. Dies ist uns schon einmal zum Verhängnis geworden, nämlich kurz vor unserem himmlischen Fall. Wir lassen uns in Versuchung führen, uns über andere zu erheben, anstatt dem Worte unseres Erlösers zu folgen -

„Der eine sei des anderen Knecht".

Liebe, Geduld, Barmherzigkeit, Wille, Weisheit, Ernst und Ordnung. Dies sind die göttlichen Tugenden, die sich in allen irdischen Religionen widerspiegeln. Jeder Machtanspruch, den eine Glaubens- oder Volksgemeinschaft daraus für sich ableitet, ist menschliche Versuchung und niemals göttliches Wort !

Gott sendet uns Seine geliebten Engel, Seine himmlischen Scharen mit Sicherheit nicht, um mit Ihnen weltliche Macht, Ehre, Ruhm und Reichtum zu erlangen. Aller irdischer Glanz, alle Ehre und Lobbezeugung waren Jesus Christus ein Greuel und zuwider.

Er betonte allezeit, Er sei nur der Diener, der Sohn Seines Vaters, Er tue alles nur durch Ihn, durch Seine göttliche Kraft. Jesus Christus wandelte in Armut, Demut und Bescheidenheit. Er wußte um die Waffen des Satans, die uns zu Eitelkeit, Stolz und Überheblichkeit verführen. Er verabscheute jede Form der körperlichen Annehmlichkeit und des persönlichen Luxus, die den Körper dazu verführen, seinen irdischen, niedrigen Gelüsten und Trieben zu folgen.

Wer es zuläßt, daß seine körperlichen niedrigen Instinkte und Bedürfnisse über der Kraft des Geistes stehen, der gibt sich in die Hand des Satans. Dies geschieht sehr leicht bei jedem Genuß von Alkohol oder anderen Genußmitteln. Man bereitet sich selbst für den Einzug bzw. Ausbruch des Unguten, des Bösen und Tierischen in uns. Der Satan, das Tier, ist in uns !

Und wir selbst geben ihm die Macht durch unsere freiwillige Schwachheit und Nachlässigkeit. Jeder erwehre sich jeden Augenblick gegen die Anflüge körperlicher Bedürfnisse. Man wappne sich mit eiserner Disziplin und unendlicher Geduld. Nur so hat man eine Chance, den Körper, der sehr anfällig ist für Gefühls- und Stimmungsschwankungen jeder Art, unter Kontrolle zu bringen.

Die Natur, der Körper, geht oft ein Leben lang nach Lust und Laune mit unserem Geist, unserem höheren Selbst, unserem göttlichen Ich spazieren, obwohl er eigentlich nur ein Handwerkszeug, ein Mittel zum Zweck sein sollte, Gott und allen anderen Menschen zu dienen.

So langsam wird uns das gesamte Ausmaß unseres Dilemmas bewußt. So ist das also ! Deswegen fällt es uns jeden Tag so schwer, immer wieder zu äußerlichen Dingen und dem körperlichen Handwerkszeug anderer Menschen entschlossen Nein sagen zu müssen, und tun es letztendlich dann doch !

Wir werden jeden Augenblick durch unseren Körper und seine Bedürfnisse zur Sünde verführt. Je mehr Spielraum wir ihm einräumen, um so schwereren moralischen Stand haben wir uns selbst gegenüber. Jeder, der einmal versucht hat, seinen Nikotin-, Alkohol- oder Drogenkonsum zu reduzieren, oder sich den Genuß verbotener Liebesfrüchte in Nachbars' Garten abzugewöhnen, weiß, wovon hier die Rede ist. Wir haben uns einmal vom Satan dazu verführen lassen, und jetzt kommt er immer wieder zurück, solange wir es zulassen.

Er versucht uns immer wieder. Er muß uns sogar immer wieder versuchen, weil Gott es zuläßt, und es Gottes Wille ist.

Als Engel des Herrn haben wir uns von einem Seiner höchsten Engel, Satanael, aus freiem Willen zur Sünde, zum Abfall von Gott, bewegen lassen. Eigentlich hätten wir es besser wissen können oder müssen. Nach seiner Überwindung durch Jesus Christus erteilte Gott dem Satan den Auftrag, jedes einzelne von ihm abgefallene Schäfchen zu ihm zurückzubringen. Denn alles kommt von Gott und alles kehrt zu Gott zurück.

Nicht eher darf der Satan als Verursacher allen Übels wieder in Gottes Reich eingehen, als bis daß er durch seine Versuchungen jedes einzelne Geschöpf durch Bewußtwerdung der Sünden und Läuterung der Seele sicher in Gottes Reich heim gebracht hat. Und da Gott in der Unendlichkeit lebt, hat er ihm dazu, irdisch gesehen, einen unendlich großen Spielraum eingeräumt. Der Satan weiß das und tut sein Bestes, um uns durch all das angetragene Böse so schnell wie möglich die Himmelsleiter hinaufklettern zu lassen, damit er selber wieder in seinen alten Stand im göttlichen Reich heimkehren darf.

So unendlich groß ist Gottes Gerechtigkeit und Güte, so unfaßbar Seine Vollkommenheit und Weisheit!

All dies ist seit Anbeginn aller Zeiten so festgelegt. Doch die armen sterblichen Erdlinge wissen angeblich von nichts, frönen immer unmäßiger und unkontrollierter mit Freuden all ihren leiblichen Genüssen und wundern sich, wenn alles den Bach runtergeht! Wer den falschen Werten lebt, hat wahrhaft sein Haus des Lebens auf Sand gebaut!
Jeden Tag begegnet uns göttliches Wort und Gesetz, doch wir erkennen es nicht. Wir rennen in unserem selbst erschaffenen Hamsterlaufrad mit anderen um die Wette und uns selbst wahrhaft zu Tode. Die Verderbensspirale der Materie hat uns sicher im Griff und zieht uns mit ihren niederen Schwingungen in immer tiefere Abgründe des menschlichen, wenn nicht gar schon tierischen Seins. Wer hat uns denn gesagt, daß es Sinn des Lebens ist, sich selbst und alle anderen während der kurzen Lebenszeit möglichst intensiv zu schinden, um dem Mammon und der Materie Blut- und Lebensopfer zu bringen?

Natürlich heißt es *„Bete und arbeite"*, *„im Schweiße Deines Angesichtes sollst Du Dein Brote essen"*. Das hat aber nichts damit zu tun, das höchste göttliche Gebot der Liebe zu verletzen und den menschlichen Körper in jedem nur erdenklichen Sinne zu prostituieren. Die Gier nach Macht und Materie raubt uns die letzten körperlichen Kräfte, uns über Sinn und Zweck unseres Daseins und das höchste Ziel des Lebens klarzuwerden und danach zu leben.

Die Materie und alles erworbene irdische Wissen ist vergänglich. Was nach unserem irdischen Ableben bleibt, das sind Bewußtseins- und Glaubensinhalte der Seele, die, auf das Göttliche ausgerichtet, wahrhaft ewiglich sind und der Seele zu Unsterblichkeit und ewigem Leben verhelfen.

All das ist göttliche Ordnung und wahrhaft unvergängliche göttliche Wahrheit ! Angesichts dieser unendlichen Weisheit unseres Schöpfers und der Vollkommenheit alles Geschaffenen verblaßt jeder irdische Glanz und verkommt zu Mottenfraß und Rost.

Alles ist in Gottes Hand, und doch ist jeder einzelne sein eigener Schöpfer. Gott gibt uns die Freiheit, Sein göttliches Wort und Seine göttliche Wahrheit anzunehmen oder weiter in unser Verderben zu rennen.

Jeder entscheide für sich allein. Jede Seele trägt für sich allein Verantwortung vor Gott. Jeder muß Seine Entscheidung treffen. Im Hier und Jetzt !

Und jeder entscheidet jeden Augenblick, bei jedem Gefühl, das man zuläßt, jedem Wort, was man spricht, und jeder Tat, die man vollbringt. Jeder selbst ist jeden Augenblick durch seine eigene innere Ausrichtung verantwortlich für das, was ihm geschieht. Im Irdisch-vergänglichen genauso wie im Göttlich-geistigen.

„Erwachet !"

Man muß nicht in eine weitere Glaubensgemeinschaft eintreten, wenn man Gott längst in sich trägt. Jeder von uns ist göttliches Wort. Wer den Geboten des Vaters folgt, die alles umfassende Liebe leben lernt, der ist wahrhaft erwacht in Gott !

Dank sei Gott !

13

Der Weg zu Gott ist für jede Seele unterschiedlich. Des einen Pfad führt durch Kummer, Angst und Leid, der andere wandelt meist auf der Sonnenseite des Lebens. Der eine lebt in mäßigem Wohlstand mit einem Sinn für die Bedürftigen und Armen, der andere fristet in Armut und Bescheidenheit sein Leben. Beide hat Gott angenommen. Doch jeder von beiden benötigt eine andere Lernerfahrung. Der eine ist durch die Materie versucht und soll sie überwinden. Dem anderen fehlt die Erfahrung der Bedürftigkeit und des Hungers. All das ist gerecht und gütig.

Gott schenkt jedem das, was er braucht, um weiter zu kommen und an sich zu arbeiten. Den einen hebt Er in hohen materiellen Stand, um ihn zu prüfen, dem anderen schenkt Er Siechtum, Elend und Krankheit, um die Schwäche und die Gebrechen des Körpers geistig überwinden zu lernen.

All diese Lernerfahrungen sammeln wir im Verlauf von vielen Leben, der eine schneller, der andere bedächtiger, der eine bewußter, der andere unbewußter. Jeder geht seinen Weg mehr oder weniger sicher, verläßt ihn manchmal, um nach einigen Verirrungen und Verfehlungen auf ihn zurückzukehren und ihn nachzuverfolgen. Dem einen fällt es schwerer, die Versuchungen des Fleisches und der Materie zu überwinden. Der andere durchschaut die Dinge schneller, läßt Vergangenes in seinem Lebenslauf schneller und entschlossener los, damit sich Neues und Schöneres erschließen kann.

Gott läßt zu, daß der eine mehr versucht wird, der andere weniger. Der eine hat sich größere Schuld und größere Sünden zuschulde kommen lassen. Der andere ist mehr der Stimme seines Gewissens gefolgt, hat besser gelebt, hat früher vielleicht schon geglaubt und gebetet. Jedem wird gegeben nach seinen Taten !

Alles geschieht nach Gottes Gerechtigkeit. Die richtende Ordnung ist für alle dieselbe, nur ein jeder geht anders mit ihr um. Wer sich beim Abfall von Gott in den Himmeln einer größeren Sünde schuldig machte, hat auf Erden einen weiteren und beschwerlicheren Weg zurück nach Hause zurückzulegen.

Derjenige, den Gott anrührt, und der williger und entschlossener Gottes Weisung und Wort folgt, kommt schneller vorwärts als der ewig Zögernde und Zaudernde.

Gott ist ewig gerecht und gütig. Er sieht tief in jedes Menschenherz, weiß um jede Schwäche und alle Zweifel. Er verzeiht immer wieder, nimmt immer wieder an, schenkt immer neue Gnade. Jeder entscheidet durch seinen irdischen Wandel über das, was ihm widerfährt und wie er geprüft wird. Und jeder wird genau in den Dingen geprüft, die ihm am Unangenehmsten erscheinen.

Nur dadurch, daß wir die Dinge als von Gott gegeben annehmen, und sie in Demut und Geduld ertragen, überwinden wir die Sünde und schreiten fort auf dem Pfad des Lebens. Gott hält für jedes Seiner Kinder ein reich geschnürtes Gnadenpaket bereit, und überschüttet jedes einzelne mit zahlreichen Gaben und Gnaden. Dies geschieht um so eher, je mehr wir uns selbst dafür bereiten.

Gott prüft die Liebe und Treue der Seinen durch vielerlei Kümmernisse. All das ist würdig und recht. Der irdische Weg ist wahrhaft ein Leidensweg. Wer ohne Leid durch das Leben schreitet, der hat keine Gelegenheit, sich selbst zu überwinden oder sich für andere aufzuopfern. Je demütiger und geduldiger wir die geschenkten Prüfungen bewältigen und annehmen, um so schneller gehen sie vorbei, und der Zeit der Schmerzen und des Leides folgt eine Periode der Entspannung und Glückseligkeit.

Je mehr wir uns vertrauensvoll in Gottes Hand begeben, um so sicherer und schadloser wandeln wir durch all diese Not und Pein hindurch, in Gedanken immer mit unserem Schöpfer und Seinen geliebten Lichtwesen und Engeln verbunden. Jeder soll durch diese Prüfungen im Glauben wachsen. Je größer Not und Pein, um so mehr muß ich mich vertrauensvoll in Gott fallen lassen, um bestehen zu können.

Jedem wird gegeben nach seinem Entwicklungsstande und Glauben. Dem einen mehr, dem anderen weniger. Dem einen schneller, dem anderen bedachter. Vor Gott sind all diese Kümmernisse und Sorgen klein. Allein uns erscheinen sie im Augenblick der Begegnung unendlich groß und schier unüberwindlich. Wir leiden intensiv, hadern mit Gott und uns selbst, schwanken zwischen Zorn und Zweifel, glauben uns von Gott verlassen und leiden, subjektiv empfunden, mehr als jedes andere Wesen auf der Welt.

Vor Gott ist all dies unendlich nichtig und gering. Er weiß um alle Dinge im Kosmos. Er sieht tief in unsere Herzen. Er läßt zu, daß wir an ihm und Seiner Existenz zweifeln. Darin besteht die Herausforderung und die Prüfung. Gott läßt zu, daß wir zu Unglauben und Hadern verführt werden. Nur so können wir im Glauben wachsen und das Körperliche und Materielle überwinden lernen. Der Weise sucht immer den unbequemeren und leidvolleren Weg, wählt immer Kummer und Sorge, wo Freude und Lebenslust angeboten sind.

Mit unendlicher Geduld und Disziplin überwindet man sich selbst und setzt damit die Ursache und Voraussetzung für geistiges Wachstum. Nur auf diesem Wege erreicht man Befreiung und Erleuchtung des Geistes.

Gott nimmt jeden an, der entschlossen, mutig und mit Todesverachtung für Ihn eintritt. Ihm sind Werke der Demut, der Geduld und der Barmherzigkeit, der allumfassenden Liebe wohlgefällig und eine Zierde, und können Ihn dazu bewegen, uns umso größere Gnadengaben des geistigen Wachstums und Seiner Vaterliebe zu gewähren.

Jedem gibt Gott soviel, wie er tragen kann. Jeder wird angerührt und geprüft. Keiner durchschreitet unversucht und ohne irdische Last die Pforte ewigen Lebens und der Glückseligkeit. Der irdische Lebensweg ist ein Leidensweg. Den Zustand der Glückseligkeit und Sorglosigkeit erlangen wir in Gottes Himmeln durch Seine Gnade, aber nicht auf Erden durch eigenes Zutun.

Der Mensch denkt, Gott lenkt. Je größer die Gnade, um so größer das Leid. Die Natur des Menschen ist geneigt, sich allezeit allem Mühseligen und Unangenehmen zu entziehen. Statt Pflichterfüllung und Beflissenheit suchen wir Muße und Ruhe. Statt nach Leid und Schmerz steht uns der Sinn nach Wohlsein und Gesundheit. Das soll Gottes Wille sein, werden einige fragen? Ist Gott denn nur ein Gott des Schmerzes und der Traurigkeit?

Der Herr der Heerscharen, Schöpfer Himmels und der Erden, Vater aller Dinge und einziger, wahrer lebendiger Gott ist auch ein Gott des Frohsinns, der Geselligkeit, des Tanzes und der Freude, aber alles zu seiner Zeit. Wir erfahren im Leben Momente des Glücks und Momente des Leides. Alle Dinge befinden sich im Wechselspiel und lösen einander ab.

Und das ist gut so, denn ohne diesen Gottesweisen Ratschluß wäre keine geistige Fortentwicklung und kein geistiges Wachstum möglich. Wen Gott unversucht läßt, dem entzieht Er die Gnade. Wir müssen und wollen geprüft werden, um uns selbst und unserer Fehler und Schwächen immer mehr bewußt zu werden, sie überwinden zu lernen und damit den Weg zu Gott und in Gottes Reich antreten zu können.

Nicht Gott benötigt dieses ganze aufwendige Rad von Wiedergeburt und Tod, Schmerz und Leid, um daran zu wachsen, sondern wir allein. Wir haben uns der Sünde schuldig gemacht, nicht Er. Wir haben Ihn verlasen, nicht Er uns. Somit ist es nicht mehr als recht und billig, daß wir uns in Demut und Dankbarkeit allen Gnaden, sei es Unglück oder Glück, unterwerfen und Seinem allein heiligen Willen folgen.

Je größer die Gnade, um so größer das Leid. Lieber für eine, angesichts der Unendlichkeit, kurze Zeitspanne eines knappen irdischen Jahrhunderts demütig und ehrfurchtsvoll ein wenig stillhalten und leiden, als unendliche Pein und Höllenqual erdulden zu müssen.

Jesus Christus hat als wahrer menschgewordener Gott ohne Sünde um ein Vielfaches mehr gelitten, als jeder andere Sterbliche vor Ihm oder nach Ihm. Wie können da wir, die wir doch gefallen sind und uns schuldig gemacht haben, ernsthaft verlangen, ungeprüft und ohne Leid in den Himmel auffahren zu dürfen?

Das wäre eine wahrhaft himmelschreiende Ungerechtigkeit. Wer will sich beschweren angesichts unserer Anfälligkeit und Zerbrechlichkeit, angesichts unserer natürlichen Neigung, eher das Schlechte anstatt das Gute, das Eigennützige anstatt das Selbstlose zu tun?

Nur wer sich selbst und seine natürlichen Neigungen und Bedürfnisse überwindet und unterjocht, befreit sich von der Sünde und seiner Anfälligkeit, immer wieder das Böse zuzulassen, wo das Gute geraten wäre. All dies ist göttliche Wahrheit und göttliches Gesetz. Wer den Lebensweg der irdischen Heiligen verfolgt, weiß, daß all dies richtig und Gottes Wille ist.

Gott läßt keines Seiner verlorenen Schafe ungeschoren zu sich heimkehren. Jedem einzelnen obliegt es, sich und seine Seele zu reinigen und zu läutern, die Himmelsleiter mühselig und beladen emporzuklimmen.

Die, die wahrhaft guten Willens sind, sich ganz in Gottes Hand begeben und sich ihrer göttlichen Führung anvertrauen, denen schenkt Gott unendliche Güte und Gnade und auch die Kraft, mit Hilfe Seiner himmlischen Diener alles Leid zu ertragen und zu erdulden.

> *„Wer wahrhaft weise liebt, der sieht nicht*
> *auf die Gaben dessen, der liebt,*
> *sondern auf die Liebe dessen, der gibt."*

Gott ist nur Liebe. Seit Anbeginn aller Zeiten schenkt Gott uns allen nur Licht und Liebe. Allein wir tun uns schwer, dies anzunehmen und zu verstehen. Jeder leidet still vor sich hin, glaubt, er wäre der ärmste Mensch der Welt, nimmt sich selbst unendlich wichtig und bedauert sich von morgens bis abends in einem fort. Man schaut Mitleid heischend um sich, behelligt Freunde und Verwandte mit persönlichen Wehwechen und erwartet von aller Welt volle Zuwendung und vollstes Verständnis.

Dabei sind wir eigenen Fehlern und Schwächen gegenüber unendlich tolerant und nachsichtig, die vermeintlichen Unreinheiten anderer verurteilen wir scharf und schwingen uns selbst zum höchsten Richter auf. Allen anderen geht es gut, nur uns selbst geht es schlecht. Dabei sorgen wir uns am liebsten schon heute für die nächsten fünf Jahre gleich mit, suchen Schuldige um uns herum und in der Vergangenheit, und verlieren nach und nach den Überblick über die wahrhaft wesentlichen und sinnbringenden Dinge des Lebens.

Wer gewohnt ist, sich tagtäglich nur um sein materielles und körperliches Wohl zu sorgen und Belange der Seele und des Geistes, Gottes-in-uns, beständig hintan zu stellen, der schneidet sich selbst wahrhaftig vom Licht der Liebe und des Lebens seines Herrn und Schöpfers ab.

Wer die irdische Welt und Materie in seiner Versuchung zum Selbstzweck vergänglichen Reichtums und körperlichen Wohlseins mißbraucht, dem wird zuteil werden, was er selber verursacht: Geistiger Tod mit Aufhebung allen Bewußtseins bei Vergänglichkeit aller Materie !

Energie geht nicht verloren, sondern wird umgewandelt. Somit darf sich unter Umständen der überzeugte Materialist in seinem nächsten Leben, vielleicht auf einem anderen Planeten, auf ein geruhsameres Dasein als reizvoller, mittelgroßer Stein an einem sonnenbeschienen Flußufer oder einem eisigen Berghang freuen. Das ist das Prinzig von Ursache und Wirkung und Gottes Gerechtigkeit !

Was ich liebe, was ich denke,
was ich fühle und bin,
das ziehe ich an !

Durch die mir von Gott geschenkte Kraft bin ich Geschöpf und Schöpfer zugleich. Alles hat Seine Ordnung. Wenn ich in einer Ordnung lebe und mit ihren Gesetzmäßigkeiten aus eigenem Verschulden, Leichtsinn oder Unwissenheit nicht vertraut bin, muß ich zwangsläufig Schaden nehmen und anecken. Das tun viele von uns ohne größere Einsicht schon seit Anbeginn aller Zeiten.

Wieviel Geduld Gott mit uns hat ! Und doch sind wir immer wieder geneigt, Ihm die Schuld in die Schuhe zu schieben für Dinge, die wir selber in unserer geistigen Blindheit und Kurzsichtigkeit verursacht haben. Gott muß für alles herhalten, was auf unserem Planeten schiefgeht.

Anstatt uns an die eigene Nase zu fassen und selber für Ordnung zu sorgen, legen wir resigniert die Hände in den Schoß und legen unser Schicksal, scheinbar gottergeben, in Seine Hand. Wie immer warten wir auf die große Veränderung im Außen, anstatt in uns selbst damit anzufangen. Denn Gott ist in uns !

Wer seinen Kindern soviel Kraft und Schönheit, soviel Wegzehrung und Unterstützung mit auf den Weg gibt, der darf doch wohl erwarten, daß sich die Seinigen aus eigener, ihnen geschenkter Kraft vorwärtsbewegen und fähig sind, den Heimweg anzutreten. Wenn man ihnen dann, in Seiner unendlichen Güte und Liebe noch so viele, wenn auch unsichtbare, mit allen Tugenden und Vollmachten ausgestattete Diener und Engel entgegensendet, muß es doch wahrhaft mit dem Teufel zugehen, wenn die geliebten kleinen Kinderchen denn doch vom Wege abkommen und aus eigener Schuld und Dummheit in unabsehbare Tiefen stürzen !

Wer all dies weiß und wider besseres Wissen und Gewissen vom Wege abgeht, ist selber schuld. Wer sich selbst freiwillig Scheuklappen anlegt, darf sich nicht wundern, wenn er strauchelt und zu Fall kommt.

Wer zu häufig fällt, purzelt zwischen den Maschen des Fangnetzes aus Licht und Liebe der Engel unseres Herrn hindurch und findet sich auf einmal im Nichts wieder.

Wer sich ein Trapez bastelt und anleint, trägt Sorge dafür, daß er nicht verloren geht. Warum sich nicht in Feindesnähe oder luftiger Höhe in Gottes Hand begeben ? Was haben wir zu verlieren ?

Alles. Unser gesamtes Sein. Unser göttliches „Ich", unser Bewußtsein, welches uns mit allem verbindet, welches uns Eins-Sein läßt mit allen Dingen und mit Gott, jetzt und in Ewigkeit.

Der Herr verläßt die Seinen nicht. Vertrauen und Glauben, Gebet und Meditation sind unser Fallschirm, unser Trapez und unsere Sicherungsleine, mit der wir uns in das Lichtnetz aus Liebe und Güte unseres himmlischen Vaters einklinken, um gelassen und entspannt der Dinge zu harren, die da kommen sollen.

Daß sie kommen, ist gewiß. Die Zeit ist reif. Aber solange die Sonne morgens pünktlich erscheint und wir wie gewohnt, mehr oder weniger vergnügt, den allmorgendlichen Gang zur Arbeit antreten, scheint die Welt ja in Ordnung. Alles ist geregelt, geschieht pünktlich und wie gewohnt. Das ist die Ordnung, die wir Menschen in viele irdische Dinge gelegt haben.

Innerhalb dieser Ordnung leben wir, sind scheinbar unser eigener Herr und Schöpfer, und fühlen uns einigermaßen sicher. Geht uns diese Ordnung verloren, müssen wir auf einmal alte Gewohnheiten und eingefahrene Verhaltensmuster verändern, verfallen wir in Ratlosigkeit, Depression, Angst und Schrecken.

Jede Ordnung in der Natur unterliegt einer höhergradigen Ordnung. Alle Dinge bilden ein in sich geschlossenes System, eine energetische Einheit. Es kann sich die von den Menschen geschaffene Ordnung, oder auch Unordnung, nicht einem Wandel oder einer Fortentwicklung des ihr hierarchisch übergeordneten Systems entziehen. Die Erde und alle kleinsten irdischen Geschehnisse unterliegen diesem gewaltigen kosmischen Einfluß. Ein Fortschreiten der kosmischen Ordnung, eine Veränderung der universellen und kosmischen Konstellation muß zwangsläufig seine Entsprechung im Irdischen finden.

Die Veränderungen sind schon da, sie kommen über uns, allein wir schreiten blind und taub, wie üblich mit uns selbst beschäftigt, über unseren angeschlagenen Planeten und überlegen, wie wir schneller zu Geld kommen. Wer die Erde ausbeutet, ihr Gewalt antut, sie verseucht und vergiftet, aus Gier, Habsucht und Machtanspruch Kriege und gewaltige Explosionen in Szene setzt, der gräbt sich sein eigenes Grab.

Wer die von Gott in alle Dinge gelegte Ordnung eigenmächtig, aus materieller Verblendung und Dummheit, verändert und aufhebt, den trifft die gerechte Strafe Gottes wie ein Donnerschlag unermeßlichen Ausmaßes, gegen den alle geschaffenen Waffen von Menschenhand wie harmloses Kinderspielzeug wirken müssen !

Wer die Erdmetallager der Erde ausbeutet, ganze Landstriche unterirdisch aushöhlt und eine Unzahl an Weltraumkörpern in die Umlaufbahn der Erde bringt, der verändert das irdische Magnetfeld, ruft eine unabsehbare Wandlung des Rotationsspins der Erde hervor, bringt die Erde zum Trudeln und aus dem Gleichgewicht !

Wie eine Horde unerzogener und lümmelhafter Kinder toben wir Erdlinge über Gottes schöne Schöpfung, zerstören und vernichten ohne Sinn und Verstand und erkennen leider immer erst etwas zu spät und ohne tiefere Einsicht, daß etwas weniger oft etwas mehr ist !

Solange der Mensch im Außen sucht und geneigt ist, alles zu erobern, was man anfassen und sehen kann, wird er ohne tiefere Erkenntnis und ohne tiefere Weisheit bleiben. Den Stein der Weisen, der Eisen in Gold verwandelt, den entdeckt er erst nach Hinwendung nach innen.

Solange Gott zuläßt, daß der Satan den Menschen versucht, wird der Mensch immer wieder über seine eigene Untugend, seine Gier, seine Schamlosigkeit und seine Boshaftigkeit stolpern. Wer sich selbst seit Anbeginn aller Zeiten in schöner Regelmäßigkeit und unendlicher Wiederholung ein Armutszeugnis ausstellt und sich trotz unendlicher gütiger und liebevollster Ermahnung immer wieder zum Bösen versuchen läßt, der wird das ernten, was er gesät hat - Verderben und Tod.

Gott läßt zu, daß wir uns selber bestrafen. Darin besteht unsere Sünde. Und die Sünde wird uns dadurch vergeben, daß wir sie nicht mehr begehen. Wie tugendhaft und schön reden wir uns doch selbst einher !

Wir sind so gut, die andern so schlecht. In der Stunde des Gerichts gibt es keine anderen mehr, die wir so leichtfertig immer wieder verurteilen. In der Stunde des Gerichts gibt es nur noch uns selbst - und Gott. Jeder für sich und ganz einsam und verlassen. Hier zählt keine müde irdische Entschuldigung, kein krampfhaftes Erklärenwollen eigener Fehler und Schwächen.

Wer andere anklagt, klagt sich selbst an. Keiner ist ohne Sünde. Jeder wird verurteilt nach seiner Sünde, seinem Glauben und Gottes Gerechtigkeit. Hier zählt keine irdische, spitzfindige und hochgestochene Wahrheit und Gerechtigkeit. Hier zählt einfach nur die Liebe zu Gott und allen Geschöpfen zugleich.

Im Irdischen und im Geistigen, im Diesseits und im Jenseits, sollst Du allen Menschen, allen Tieren, allem Leben auf Erden, allen hinüber gegangenen Seelen, allen Engeln und Erzengeln, Allem eins in Allem, Gott, nur Licht und Liebe senden, und damit Dir selbst !

Gott ist in Dir, und Du bist in Gott. Überwinde das Gefühl des Getrennt-Seins von allem Geschaffenen, und Du folgst Gottes Wort. Liebet Eure Feinde ! Vergebet, vergeßet, verzeihet ! Jetzt und in Ewigkeit ! Ohne Wenn und Aber !

„Vergib' Dir selbst, dann vergibt Dir Gott !"

Laß´ Altes, Vergangenes los, damit Neues, Schöneres sich erschließen kann. Aus Dir in Dir. Aus Gott in Gott. Du bist eins in Allem, in Gott. Schöpfe aus Dir selbst nur die Kraft der Liebe, zu Gott und allem Geschaffenen. So erlangst Du Einheit mit Gott und wahrhaft ewiges Leben !

Dank sei Gott dem Herrn in Ewigkeit. Amen.

14

Das Licht der Liebe durchdringt alle Finsternis und läßt das Dunkle weichen aus der Welt. Das Licht und die Liebe bilden die alles erschaffende und erhaltende Kraft, jetzt und in Ewigkeit. Der König des Lichtes erhebt sich über den Fürsten der Finsternis und verweist ihn in seine dunklen Schranken.

Das Licht der Liebe ist die alles überwindende Macht, die sich über alle anderen Dinge erhebt und göttliche Ordnung in allen Dingen errichtet. Gottvater, Gottsohn und Gottheiliger Geist bilden die Existenzbasis alles Geschaffenen und allen Seins.

Der Herr läßt nichts unversucht, Sein Licht und Seine Liebe jedem einzelnen Seiner Kinder zufließen zu lassen. Allein, wer sich freiwillig Seinen Gnadengaben und Seinen Geschenken gegenüber verschließt, trägt selbst Verantwortung für sein Schicksal und sein Leben.

Wen Gott einmal angenommen hat, den läßt Er nicht mehr so schnell los. Der Weg des Lebens im Namen des Herrn ist anfangs ungewohnt und gewöhnungsbedürftig. Alle liebgewonnenen Gewohnheiten und Verhaltensmuster gilt es zu erfassen und zu erkennen, umzuerleben und umzustellen.

Die Macht und Kraft des Glaubens überwindet alle Dinge. Wer diese Kraft der Liebe zu Gott in sein Leben und sein Wirken einfließen läßt, der begibt sich unter Gottes Schutz und wird nach Seinem Willen geführt und gelenkt.

Der himmlische Vater überläßt nichts dem Zufall. Er fordert jeden Augenblick ganzen Einsatz und alle Kraft der persönlichen Liebe zu Ihm als geliebtem Herrn und Gott. Je mehr man sich von fremden Energien und Bewußtseinsinhalten beeindrucken läßt, um so schwieriger ist es, in der Konzentration und Besinnung auf Gott standhaft zu bleiben.

Wessen Glaube und Liebe zu Gott recht groß ist, der vermag ohne größere Anstrengung alles Benötigte zu vollbringen, und damit Gott und seinem Nächsten zu dienen. Wem Er die Gnade schenkt, dem schenkt Er viel Erkenntnis und Weisheit, neuen Glauben und neues Leben.

Wer diese Gaben und Geschenke dankbar und zufrieden annimmt, sie bescheiden und demütig gottgewollt verwendet, dem wird nach und nach immer mehr gegeben.

„Aller Anfang ist schwer" muß auch derjenige erfahren, der sich voller Euphorie und guten Willen ganz in eine neue begeisternde Welt begeben möchte. Alte Werte, Gewohnheiten und Verhaltensmuster holen uns immer wieder ein, ziehen uns zurück, lassen uns stolpern und uns wieder in geistigen Schlaf verfallen. Nur wer sich immer wieder aufrappelt, immer weitergeht und weiterkämpft voll Disziplin und Gottvertrauen, der sieht den Himmel.

Im Leben muß man sich alles schwer und mühsam erarbeiten, das gilt auch hier. Wer sich nicht abschrecken läßt, immer weiter kämpft und sich ganz in Gottes Hand gibt, dem schenkt Gott die Kraft, auch außerordentliche und ungewöhnliche Dinge zu bewältigen.

Wer die Natur und alle Schwächen und Untugenden des Körpers überwindet, der ist auf dem Wege, seinen Körper zu vergeistigen. Alles wird freier und leichter, alte Lasten werden leichter oder abgeworfen. Neue Energien fließen ein in alle Lebensbereiche und schaffen ständige Erneuerung und Wandlung. Die Sicht aller wahrgenommenen Dinge verändert sich, eröffnet neue Dimensionen des Seins und des Bewußtseins.

Gott erschließt sich aus allen Dingen, das Unsichtbare tritt auf einmal hell und transparent hervor, vermittelt neue Erkenntnis und neuen Glauben. Je mehr man sich innerlich öffnet, je vertrauensvoller und disziplinierter man seinem eigenen Entschluß folgt, um so leichter fällt einem der weitere Weg, um so leichter kann man Altes, Vergangenes loslassen und sich neuen Dingen öffnen.

Natürlich wird man immer wieder in seiner Ernsthaftigkeit geprüft. Andere Menschen und andere Dinge fließen unbewußt immer wieder in unser Bewußtsein ein, verwirren unsere Sinne und bringen uns oft immer wieder ein wenig vom Wege ab. Nur wer sich immer wieder standhaft wehrt, immer mehr dem inneren Rufer in sich folgt, auch gegen äußeren Widerstand, Spott und Hohn, der spürt deutlich eine Veränderung in seinem Leben und seinem Bewußtsein.

Jeder von uns ist schwach und sterblich, da dreidimensional. Je mehr wir uns bewußtseins- und glaubensmäßig hiervon abheben und dem Geistigen öffnen, desto nachvollziehbarer, im Innen und Außen, erschließen sich in uns und um uns herum neue Welten und Dimensionen. So erfahren wir, daß „Sein Reich" wahrhaftig nicht von dieser Welt ist.

Die Welt, in welcher wir scheinbar leben, und die wir mit unserem normalen Alltags- und Wachbewußtsein wahrnehmen, ist letztendlich nichts als eine Projektion unseres Selbst nach außen. Alles, was uns täglich begegnet, entsteht nur aus unserem Glauben, daß es wirklich in der wahrgenommenen Form existiert.

In unserer Kindheit unterlaufen wir einen Prozeß der Prägung und Bewußtwerdung aller Wahrnehmungsinhalte unserer fünf Sinne. Jede Warnehmung und Lernerfahrung wird in einem bestimmten, von der uns umgebenden Bevölkerungsgruppe und sozialen Gemeinschaft vorgegebenen Zusammenhang abgespeichert und wird somit Teil unseres Selbst. Jede dieser Lernerfahrungen und Bewußtseinsinhalte in einem Leben hinterlassen Spuren in unserer Aura, in unserem energetischen Feld, in unserer Seele. Nichts geht verloren, alles wird gespeichert. Alles ist später abrufbar und wiederverwendbar.

Alle durchgemachten Erfahrungen und erworbenen Wissensinhalte innerhalb eines Lebens und der gleichen Inkarnation sind uns bewußt zugänglich. Wissen und Bewußtsein früherer Leben sind in der Tiefe unseres Unterbewußtseins verankert und prägen jeden Augenblick alle unsere Entscheidungen und Empfindungen mit, ohne daß uns dieses momentan irgendwie bewußt oder vertraut wäre.

Oft wundert man sich, daß Begegnungen mit anderen Menschen oder Ländern seltsam vertraute Empfindungen oder Gefühle in uns auslösen. Oft haben wir das Gefühl, daß wir bestimmte Situationen oder Erlebnisse in dieser oder ähnlicher Form schon einmal durchlebt haben, finden aber keine scheinbar vernünftige oder logische Erklärung hierfür.

Die Wissenschaft versucht dieses mit dem Phänomen des „Deja vu" zu erklären. Nach dieser Theorie sollen gewisse „fehlerhafte" Verschaltungen innerhalb oder zwischen den Hirnhälften des menschlichen Körpers diese Phänomene hervorrufen. Der betroffene Mensch erhalte so den Eindruck, eine gerade durchlebte Situation habe in dieser oder abgewandelter Form zu früheren Zeiten schon einmal stattgefunden.

Nach dieser Theorie müßte allerdings jedes einzelne menschliche Hirn diese fehlerhafte Verschaltung aufweisen, welches diesen vermeintlichen Mißstand der menschlichen Natur zur allgemeingültigen Normvariante erheben würde. Aber alle von Gott geschaffenen Dinge haben einen tieferen Sinn und sind makellos rein !

Wenn oft eine leise Ahnung in uns aufsteigt, wir seien bestimmten Menschen, Dingen oder Situationen in gleicher oder abgewandelter Form schon einmal begegnet, dann hat dieses seine alleinige und einzige Ursache in der unableugbaren und unabänderlichen Tatsache der Existenz und Erfahrung unserer früheren Leben. Alle Dinge, die sind, waren schon einmal, und die schon vergangen sind, werden wieder einmal sein. Denn Gott ist zeitlos und weiß alle Dinge im voraus.

Zeit und Raum sind nur eine Erscheinung unserer dreidimensionalen, materiellen Welt. Alle Materie ist vergänglich. Wahrhaft ewiglich ist nur das Göttlich-Geistige, ab der vierten Dimension aufwärts. Wäre unser Sinnesapparat ein klein wenig sensibler, dann könnten wir unter Umständen auch die feinstoffliche Ebene noch vollkommener und differenzierter wahrnehmen. Schwingungen und Energielinien wären dann, wie für einige von uns, die aura- oder hellsichtig sind, wahrnehmbar und verwertbar. Dieses ist primär als eine Gabe und Gnade Gottes zu betrachten und weniger auf eigenen Verdienst zurückzuführen. Alles Geistige bekommen wir von Gott geschenkt, das Materielle nur für einen verschwindend kurzen Zeitraum geliehen.

Diese Gabe des „Dritten Auges" oder „Dritten Ohres" verleiht dem begnadeten und hoffentlich moralisch und sittlich einwandfrei im Sinne Gottes eingestellten Sterblichen die Fähigkeit, die materiellen Dinge und Körper wie mit Röntgenaugen zu durchdringen und abzutasten, und bei gegebener Vorbildung, das Wahrgenommene zu interpretieren und unter Umständen zum Guten zu nutzen und weiterzuvermitteln.

Ebenso existent ist die Gabe der Hellhörigkeit, die es dem entsprechend ausgestatteten Menschen ermöglicht, auf unendlich große Distanzen, gesprochene oder gedachte Worte oder Empfindungen anderer Wesen aufzufangen und wiederzugeben. All dies sollte weniger der persönlichen Bereicherung und dem persönlichen Machtstreben dienen, sondern mehr dem seelisch-geistigen Wohl der Allgemeinheit und des hilfesuchenden Einzelnen.

Man darf dieses Phänomen als einen Ausflug in die vierte Dimension betrachten, vermittelt er doch einen kleinen Vorgeschmack auf alte, schier unendliche und unbegrenzte geistige Weiten und Möglichkeiten der höheren Dimensionen.

Solche Fähigkeiten kann man kaum erwerben, sondern erhält sie immer aus Liebe, Güte und Gnade Gottes. Diese können selbstverständlich auch wieder verkümmern und nachlassen, wenn man falsch damit umgeht oder sie mißbraucht.

Nicht selten verfügen Menschen, die in der Jugend eine Nahtodeserfahrung machen durften, über diese Fähigkeit des Hellhörens und des Hellsehens. Unter Umständen kann sich die Vergangenheit wie die Zukunft wie ein offenes Buch erschließen. Wer dieses zum Zwecke der Wahrsagerei mißbraucht, macht sich schuldig vor Gott und den Menschen.

Die Schöpferhand Gottes läßt Dinge entstehen und Dinge vergehen. Alles liegt in Gottes Hand !

Dank sei Gott dem Herrn.

15

Die Liebe ist das höchste Gebot und umfaßt alle anderen Gebote in Vollkommenheit und Weisheit. Sie ist das höchste Gesetz Gottes und bindet alle Dinge in der göttlichen Ordnung. Nichts entzieht sich ihrem Einfluß. Alles wächst und gedeiht durch die beständige Liebe Gottes. Nichts läßt Gott unversucht, um Seine Kinder die Liebe zu lehren, damit sie wiedereingehen können in Sein Reich.

Alles in Gott ! Wer sich unter den Schutz des Vaters stellt, den verläßt Er nicht. In der größten Trübsal und Not ist Gott der rettende Strohhalm, der sichere Rettungsring, der niemanden losläßt, der sich ihm anvertraut. In guten wie in schlechten Zeiten sorgen die Diener Gottes für das Wohl der Menschen, bekümmern sich rund um die Uhr um alle Probleme, Sorgen und Nöte Ihrer Schützlinge. Sie nehmen zu uns Kontakt auf, bringen uns gute Gedanken und die Liebe Gottes, erhellen unseren Geist und unsere Seele in Finsternis und Kälte, schenken uns Erkenntnis und Erleuchtung auf unserem Wege.

Die Engel des Herrn lenken uns durch Prüfungen, im Großen und im Kleinen, sie ermessen unsere Liebe, Demut und Geduld gegenüber Gott und allen Menschen. Nichts lassen sie unversucht, im wahrsten Sinne des Wortes !

Ob groß, ob klein, ob mächtig, ob fein, sie finden für jedes Menschenkind die passende Situation, um seinen guten Willen, seine Ehrlichkeit und Anständigkeit zu erfassen und zu prüfen. Unsere größten Fehler und Schwächen sind unsere größten Prüfsteine !

Wer eigene moralische und sittliche Schwächen und Untugenden immer wieder zuläßt und ausbaut, der setzt sich selbst immer größeren und schwereren Versuchungen aus.

Nichts und niemand kann aus eigener Kraft und eigenem Willen dieser Gerechtigkeit Gottes entgehen. Alle Wege zu Gott führen nur durch Jesus Christus zurück zum Vater. Er brachte uns Gottes Wort und Gerechtigkeit. Am Ende aller Zeiten übergibt Er alles dem Vater. Alles, was nicht Liebe ist, vergeht. Alles und jeder wird gereinigt und geläutert.

Das Licht der Liebe leuchtet aus allen Geschöpfen und Wesen. Gott gibt jedem nach seinem Wandel und Werken, schenkt die Kraft zum ewigen Leben, weist aber auch den Pfad zum ewigen Tod. Gott ist nur Liebe und allmächtig, aber Liebe ist auch Ernst und Ordnung.

Wer sich wissentlich an Gottes Ordnung versündigt, richtet sich selbst. Wer immer übt Treu' und Redlichkeit, der ist beschützt, gelenkt und geleitet. Wer Gott trägt im Herzen, der kennt keine Schmerzen. Das bißchen Trübsal, Kummer und Not in dieser vergänglichen materiellen Welt ist unwirklich und nichtig, angesichts der unendlichen Leichtigkeit und Glückseligkeit des ewigen Lebens in Gottes Reich, wo nur Liebe herrscht. Nicht Gott muß sich bereiten für uns, sondern wir müssen uns bereiten für Gott !

Wer nicht an sich arbeitet und bummelt, wer sich schlecht benimmt und schummelt, der entzieht sich selbst den Segen. Jeder wird angenommen, der sich bekehrt und guten Willens ist. Das beste Geschäft des Lebens ! Da ist Einer, der uns nur beschenken möchte und keine Rechnungen schreibt ! Er verlangt nur ein wenig Vertrauen und Glauben.

Gott überhäuft einfach jeden mit Seinen Geschenken und Gnadengaben. Er fragt nicht nach Reichtum, Ansehen und Macht. Armut und Bescheidenheit sind eine Zierde vor dem Herrn. Wer nichts hat, kann nichts verlieren und gibt sich leichter voll Vertrauen und Glauben in Gottes Hand.

Wer glaubt, etwas zu haben oder darzustellen, wer sich an die scheinbare Sicherheit vergänglichen irdischen Reichtums und irdischer Macht klammert, der wird eines besseren belehrt. Wer Gott liebt, der bekehrt sich aus innerer Erkenntnis und Einsicht von selbst. Wer aus Eitelkeit und Selbstüberschätzung sich selbst und sein ewiges Leben gefährdet, der wird wachgerüttelt.

Der Verlust allen irdischen Reichtums und aller Macht und vermeintlicher Sicherheit ist aus geistiger Sicht eine Gnade Gottes für den, der zu sehr auf sich selbst und den Gott des Mammons vertraut. Wer die Liebe nicht lebt, inmitten von Armut, Elend und Not der Kinder dieser Welt in einem selbsterbauten Tempel von Marmor und Gold wohnt, der zieht den Zorn Gottes auf sich.

Wer brüderlich teilt, Arme, Bedürftige und Kranke zu Freunden und seinem täglichen Umgang erwählt, der handelt recht vor Gott. Wer Reichen und Mächtigen Beifall klatscht und schmeichelt, den gehobenen Umgang sucht, nur mit Seinesgleichen verkehrt, der verursacht eigenes Leid und Not. Wer sich selbst von Gott entfernt und eigenen Göttern dient, den verläßt der einzig wahre Gott. Er entzieht ihm Seinen Segen, schenkt ihm das, was er sucht, Enttäuschung, Verbitterung und geistigen Tod.

Wohl und weise handelt der, welcher Erfahrungen sammelt im Irdischen, der Reichtum und Not, Krankheit und Brot erkannt hat mit ihren Wurzeln in uns selbst, wer überwindet den Glauben an den materiellen Schein. Glaube nie, was Du siehst, denn alles ist nur Lug und Trug !

Die wahre Welt ist eine andere, das wahre göttliche, wahrhaft ewige Sein existiert in einer anderen, einer höheren Dimension. Diese erschließt sich nur dem, der sich innerlich dafür bereitet, wer den Kinderglauben an Materie und Tod überwindet und sich öffnet gegenüber göttlichen Tugenden und Taten.

Wer weise handelt, betrachtet sich selbst als gehorsames Werkzeug, als demütigen Diener seines Herrn. Wer die Allmacht Gottes und die schier unendliche Größe und Herrlichkeit Seiner Schöpfung nur erahnt, der ermißt sich selbst als entsetzlich nichtig und klein, unbedeutend und gering !

Wer weise tut, teilt die Früchte seines Reichtums mit Brüdern und Schwestern dieser Welt, durch die Gott ihm Gelegenheit schenkt, Mammon und Materie zu überwinden. Wer teilt, liebt, wer schenkt, spendet Leben.

Nicht dem sollst Du geben, der selbst genug hat, sondern dem, der wirklich Deiner Hilfe bedarf. Gott sieht auf alle Deine Werke. Er weiß genau, ob Du mit freigiebigem und vollem Herzen gibst, mit Liebe und Güte. Gott gibt nur aus Liebe und Güte, und Er nimmt nur den an, der ebenfalls aus Liebe und Güte zum Nächsten gibt.

Nur, wer sich selbst, seine Eitelkeit und seinen Stolz und alles Materielle überwindet, findet sich selbst in Gott. Nur, wer sein Herz öffnet, öffnet sich der leben- und lichtspendenden Liebe Gottes, die ihm wahre Erkenntnis und ewiges Leben spendet.

Gott ist alles ! Der Mensch hat nichts, kann nichts und besitzt nichts aus sich selbst heraus !

Wer dieses erkennt und danach handelt, ist weise. Ein Tor ist, wer sich zu eitlem und selbstgefälligem Mißbrauch alles Geschaffenen aufschwingen möchte, wer andere knechtet und in die Kniee zwingt. Wer sich selbst zum Richter aufschwingt, richtet sich selbst. Dies ist die Ordnung und das Gesetz der Liebe, das Prinzip der Resonanz.

Gott läßt zu, daß wir über uns selbst fallen, denn Er schenkt uns den freien Willen. Weise tut der, der sich ganz Gottes Hand und Schutz anbefiehlt, der seinen eigenen Willen an Gott abgibt und sich gehorsam und demütig durch Gottes Engel und Diener führen läßt.

Und siehe da, auf einmal geht alles ganz wunderbar und leicht. Kaum habe ich das Land der Lügen, der Sorgen, der Ängste und des Zweifels verlassen, öffnet sich der Himmel auf Erden ! Eines fügt sich ins andere, alles geht von alleine, die tägliche schwere Last wird zum leichten Bündel, welches man sich lässig über die Schulter wirft !

Hinter uns bleiben Angst und Not, Kummer und Pein, unser Schutzengel hält seine Hand über uns im Namen Gottes. Alles ist leicht und hell, nichts Dunkles erreicht uns mehr. Je stärker in Glauben und Vertrauen, umso sicherer und behüteter unser Pfad. So wandeln wir auf dem wahren Pfad des Lebens ohne Angst und Schrecken.

Die Waffen des Glaubens und Gebetes schlagen jeden Feind in die Flucht, unsere Liebe überwindet alle Grenzen, schöpft aus dem Unendlichen und spendet unendliche Kraft und unerschöpflichen Reichtum im Innen wie im Außen. Je mehr ich bei allem Tun und Handeln das Wohl anderer im Auge und im Sinn habe, um so größere Früchte und um so höheren Lohn werde ich erlangen.

Gott ist eins in Allem ! Er ist Bescheidenheit, Armut, Demut und Not. Er ist aber auch Reichtum, Überfluß und Schönheit in uns und um uns. Wer so verschwenderisch und im überreichen Maße die Natur und die gesamte Schöpfung mit Leben in Hülle und Fülle ausgestattet hat, der wird auch Seine Menschenkinder bei bravem Wandel mit Seinen geistigen und irdischen Gaben überschütten.

Gott weiß um alle unsere Bedürfnisse, jetzt und jeden Augenblick. Er weiß heute schon, wo und in welchen Umständen sich jeder einzelne von uns in einigen Jahren befindet, und Er trägt heute schon Sorge dafür, daß wir dann mit allen benötigten geistigen und sonstigen Gaben ausgestattet sein werden. Denn Gott ist zeitlos und unendlich.

Was für uns noch Zukunft ist, ist bei Ihm schon abgeschlossen und Vergangenheit.

Drum sorge sich ein jeder um sein Geschick, daß auch in seinem Leben Gottes Segen sich erschließen darf. Vertrauen und Glauben, Gebet und Meditation führen uns zu unserem wahren Ich, zu Gott-in-uns. Nur ich selbst kann die Weichen stellen, nur ich selbst kann mein Lebens- und Seelenschiff hinlenken in ruhiges und sicheres Fahrwasser, bevor die Wellen und Sturmfluten kommender Ereignisse voll Drangsal und Unbill über mir zusammenschlagen.

Der Mensch ist träge, faul und nachlässig, alten Gewohnheiten und Verhaltensweisen sehr zugetan. In der Regel bedarf es leider immer eines äußeren Zwangs oder Anstoßes, damit wir in Gang kommen, uns geistig oder körperlich in Bewegung setzen. Wir gewöhnen uns einfach recht schnell an alles ! An unser schlechtes Gewissen, unsere verpestete Umwelt, unsere lügen- und sündenverseuchte Welt der Politik und Wirtschaft, unsere täglichen kleinen Unwahrheiten und Schwächen, an Mord und Totschlag, Horror und Gewalt im Fernsehen und an der Straßenecke. Alles in Ordnung, beruhigen wir uns selbst, einer wird's schon richten. Irgend jemand wird den Dreck schon wegputzen, den wir im Kollektiv jeden Tag produzieren, im Geistigen wie im Irdischen.

Die Welt hat schon lange nicht mehr so finster ausgesehen. Jeder weiß es und spürt es, kaum einer glaubt und betet. Die Probleme, die, von Menschenhand geschaffen, den Menschen und die gesamte irdische Schöpfung an den Rand des Abgrundes und des kollektiven Untergangs manövriert haben, können von Menschhand nicht mehr gelöst werden.

Jeder weiß das ! Jeder weiß, daß alles nur eine Frage der Zeit ist und hofft darauf, daß es ihn selbst nicht trifft. Man begnügt sich damit, alte Socken zu stopfen und produziert mit dem Verschließen eines Loches nebenan gleich ein Neues.

Das Schlimmste ist, daß sich der Mensch in seiner Überheblichkeit und irdischen Schlauheit, im Namen seiner Forschung und Wissenschaft auch noch besonders intelligent und wichtig vorkommt, wenn er es schafft, wirklich jeden nur erdenklichen, in sich geschlossenen natürlichen Regelkreislauf und Lebenszyklus zu unterbrechen, die gesamte, im überreichen Maße mit Liebe und Vollkommenheit von Gotteshand geschaffene Mutter Erde zu verletzen, ausbluten zu lassen, Salz in ihre Wunden zu streuen und weit ausgedehnte Schlachtfeste in der Tier- und Menschenwelt zu feiern.

Wie ein verwöhntes, dummes, kleines Kind sitzt man in seinem Plastikboot und schaut mit Begeisterung zu, wie das Wasser durch das aus lauter Boshaftigkeit und Eigenwilligkeit gebohrte Loch hereinströmt und wundert sich auf einmal ganz kräftig, wenn die olle Schüssel mit Mann und Maus untergeht !

Das hat ja keiner gewußt und gewollt ! Ach, hätte doch früher einer was davon gesagt ! So erfährt man die Auswirkungen seines Tuns, Handelns, Fühlens und Denkens am eigenen Leibe.

Wären die Menschen ein klein wenig aufgeweckter und würden die Botschaft der Liebe annehmen, die Liebe leben, hätten wir wahrlich den Himmel auf Erden. Würden wir ein wenig bewußter, ein wenig vorsichtiger und liebevoller mit uns und mit der uns anvertrauten Schöpfung umgehen, herrschten paradiesische Zustände. Ein jeder hätte genug Wasser und Brot, ein Dach über dem Kopf und eine liebevolle und treu sorgende Familie. Anstatt dessen begnügen wir uns damit, uns gegenseitig anzufeinden, anzuklagen und zu richten, uns zu foltern und umzubringen !

Herr, schmeiß' Hirn vom Himmel !
Aber das hast Du schon reichlich getan, und trotzdem sind die Menschen aus eigenem freien Willen dumm genug, es gegeneinander anstatt füreinander einzusetzen. Jeder einzelne läßt sich dazu verleiten, ungute Gedanken und Schwingungen zu produzieren, die dazu angetan sind, unseren Planeten noch finsterer erscheinen zu lassen.

Wer nicht die Liebe und das Licht aus seinem Herzen in die Welt fließen läßt, wendet sich gegen Gott und beleidigt Seine göttliche Ordnung, erweist sich als dumm und unwürdig gegenüber der Gnade des Lebens, benutzt dieses wertvollste aller Geschenke zu niederem Zwecke und übelstem Mißbrauche.

Wer so unendlich viele Ermahnungen voller Güte und unendlicher Geduld vernommen hat, so unendlich gnädig immer wieder voller Liebe von seinem Vater angenommen worden ist, jedoch niemals den Weisungen des Höchsten gefolgt ist und auch jetzt nicht den guten Willen zeigt oder gar glaubt, er selbst sei das Maß aller Dinge, der irrt gewaltig und ruft wahrhaftig seinen eigenen Untergang in unendlicher Qual und Pein hervor !

Nicht Gott straft uns, sondern Er läßt zu, daß wir uns selbst bestrafen, daß wir die Auswirkungen unserer Sünden wahrhaft am eigenen Leibe erfahren dürfen. Das ist die Schule des Lebens, gegründet und gebaut auf Gottes Gnade und Gerechtigkeit.

All dieses Wissen wird uns ganz offen und freimütig angetragen, allein an uns ist es, das Ruder herumzureißen, damit wir nicht an der Materie und ihren Versuchungen, am Felsen des zweiten Todes, stranden und den ewigen Tod sterben müssen, jeder für sich allein. Hier gibt es keine Entschuldigung, „das haben die anderen doch auch so gemacht", hier gibt es nur Gerechtigkeit, „ja" oder „nein". Der Weise gibt sich ganz in die Hand seines Herrn, des einzigen, wahren, lebendigen Gottes. Der Gläubige wendet sich voller Vertrauen mit allen seinen Ängsten, Sorgen und Nöten zu seinem himmlischen Vater.

Das Gleiche tun wir im Irdischen doch auch, wenn wir auch vergessen, daß unser irdischer Vater eigentlich unser Bruder im Geistigen, und daß unsere irdische Mutter eigentlich unsere Schwester im Geistigen ist, daß wir alle Kinder eines Vaters sind! Drum begegne einer dem anderen in Respekt, Güte, Nachsicht, Liebe und Geduld, denn in jedem begegnet uns Gott allein.

Schädige ich einen anderen, schädige ich mich selbst! Verletze ich einen anderen, verletze ich mich selbst in Gott! Töte ich einen anderen Menschen aus Gott, töte ich im Geistigen mich selbst!

Alles ist eins in Allem in Gott!
Nichts geht verloren, alles ist in Gott. Aber jeder von uns entscheidet über seinen Seinszustand, den Stand der Gnade oder Ungnade, den Stand der Liebe oder Nicht-Liebe selbst.

Wer sich Gott zuwendet und Seinen Geboten folgt, den nimmt Er an. Den läßt Er betreuen durch Seine himmlischen Heerscharen, Engelgewalten ohne Gleichen! Kraft und Macht voller Herrlichkeit. Wer ohne zu sehen glaubt und vertraut, der ist selig vor Gott!

Drum sorge sich ein jeder um den Balken im eigenen Auge, und vielleicht später um den Splitter im Auge seines Nächsten. Denn wir sind nicht die Richter, sondern die zu Richtenden, wir sind nicht die Herren, sondern die Knechte, wir sind nicht die Meister und Lehrer, sondern die Schüler und Kinder.

All dies ist wahrhaft göttliche Wahrheit und Gerechtigkeit! Möge das Licht der Liebe und des Glaubens in unseren Herzen emporlodern, auf daß wir alle liebende und gehorsame Kinder eines Vaters sind!

Dank sei Gott, dem Herrn, jetzt und in Ewigkeit!
Amen.

16

Große Dinge werfen ihre Schatten voraus. Die Welt erneuert sich. Alte Dinge vergehen, neue, schönere entstehen. Dahinter steht seit Ewigkeiten der heilige Wille unseres geliebten Herrn und Vaters. Der Zeitpunkt jeder evolutionären Entwicklung der Welt ist seit Urzeiten so festgelegt. Wie in einem gigantischen exakten Uhrwerk kommen und gehen kosmische Veränderungen, die die Welt, in der wir leben, verändern.

Unabänderlich wandelt sich die starre Form der Materie hin zum feinstofflichen Sein. Die Dinge verlieren ihre Schwere und ihr Gewicht, alles wird freier und leichter. Der Mensch und jedes Geschöpf, jedes Ding, was da ist, wird einem Läuterungs- und Reinigungsprozeß unterworfen.

Nur die Liebe zählt ! Nur was wirklich Liebe ist, wird umgewandelt. Andere Aspekte der geschaffenen Dinge werden energetisch aufgelöst und umgewandelt. Die Seinsstruktur, im Mikrokosmos wie im Makrokosmos, wandelt sich in gleicher unabänderlicher Weise. Die starre Materie und ihre Atome und Moleküle werden durch die Einmischungen der göttlichen Liebe und der göttlichen Allmacht auf eine andere, höhere Schwingungsebene gehoben und verändern dadurch, wie gefrorenes Wasser beim Schmelzen, ihren Seinszustand.

Nur bestimmte Aspekte der bestehenden Welt, bestimmte Schwingungsformen, nämlich die der Liebe, halten diesem Umwandlungs- und Reinigungsprozeß stand. Alle anderen Dinge mit niedrigeren Schwingungen werden aufgrund der Einwirkung der göttlichen Liebe und Allmacht aufgelöst und umgewandelt.

Für Lebewesen ohne Liebe bedeutet dies Zerfall und Tod im Läuterungsofen der Liebe. Wenn sich vom Menschen nach göttlichem Gesetz alles das abscheiden muß, was weniger als allumfassende Gottesliebe, sondern mehr als Eigenliebe und Liebe zu den geschaffenen Dingen zu betrachten ist, wird von einigen Sterblichen nicht viel übrigbleiben.

Wer arm ist an Werken der Liebe, Glauben und Gebet, wer nicht unter dem besonderen Schutz und der Führung seines Schutzengels und Gottes steht, der hat kaum Chancen, diese Welt des Untergangs bei ihrem Übergang in eine neue feinstoffliche Dimension zu begleiten. Er muß unter Schmerzen und Höllenqual erbärmlich leiden und vergehen. Nichts und niemand kann ihn auffangen und retten, keine Freunde, kein Reichtum und keine Macht !

Auch kein Schutzengel, wenn der bewußte Mensch in seinen bisherigen Leben noch nicht im wahren Glauben und Sein in Gott erwacht ist. Jedem wird gegeben nach seinem Glauben und seinen Werken. Jeder setzt selbst die Ursache für ewiges Leben, aber auch für ewigen Tod, Untergang und Zerfall. Der Mahnungen und Versuche, uns wachzurütteln gab es reichlich, allein der Mensch verschläft seine eigene Erlösung.

„Erwachet in Gott.“

Es ist gekommen die Stunde, zu richten die Lebendigen und die Toten. Die im Geiste und Glauben Lebendigen und die im Glauben Toten. Der Herr schenkt jedem Seiner Menschenkinder den freien Willen. Nach Seinem allein heiligen Willen hat Gott Fortgang und Entwicklung Seiner Schöpfung vorherbestimmt. Ihm allein gebührt es, in Seiner unendlichen Allmacht und Vollkommenheit, über die von Ihm geschaffenen Dinge und Welten zu bestimmen.

Gott hat seit Anbeginn aller Zeiten die Ordnung allen Seins festgelegt. Er allein kennt den richtigen Zeitpunkt für jede Veränderung im Kosmos. Die göttliche Ordnung hat einen Wandel im ewig fortschreitenden Entwicklungsprozeß der Evolution zum heutigen Zeitpunkt festgelegt. Diese biblische Endzeit mit allen Auswirkungen, auch im irdischen Reich, wurde den Menschen schon frühzeitig in vielerlei Form in den Schriften des Alten und Neuen Testamentes angetragen.

Die sehr symbolhafte und bildhafte Sprache der Propheten und inspirierten Schreibknechte des Herrn, die als wahre und heilige Diener wortwörtlich die ihnen von Gott zugeflossenen Schreibinhalte festhielten, sagt eindeutig gewaltige und umwälzende Veränderungen im irdischen Bereich voraus. Von einigen Glaubensgruppen und religiösen Vereinigungen schon seit längerem angekündigt und angedroht, ist gekommen der jüngste Tag des Zeitenwandels.

„Dein Reich komme."

Jesus Christus, unser Herr und Erlöser, kommt mit Seinen himmlischen Heerscharen Seiner Schöpfung bei diesem evolutionären Sprung, der nicht nur im irdischen, sondern auch im gesamten Kosmos stattfindet, zu Hilfe.

Das Reich Gottes auf Erden, das Neue Jerusalem, entsteht in uns, durch unsere Liebe zu Gott dem Herrn und allen Seinen Geschöpfen.

Nur, wer die wahre Liebe zu Gott und allem Geschaffenen in sich trägt, ist ein würdiger Diener und ein wahres Kind unseres himmlischen Vaters. Nur, wer die Schwingungen der Liebe in sich trägt, vermag die hohen Energien dieses Umwandlungs- und Erneuerungsprozesses auszuhalten. Alles andere vergeht. Nichts und niemand kann sich diesem allumfassenden Prozeß entziehen. Wen Gott annimmt, und wer Ihn liebt, den schützt Er, den nimmt Er sanft hinweg aus Trübsal und Not, über den hält Er schützend die Hand.

Aber jede Neugeburt verursacht Wehenschmerz. Wer stark ist im Glauben und Vertrauen auf seinen Schöpfer, der überwindet jede Angst und jeden Schmerz in Gottes Hand. Gott schenkt uns alle Fähigkeiten und alle Kraft, die kommenden Ereignisse heil zu überstehen. Denn viele werden hinübergehen, in die jenseitige Welt, werden bei ihrem Ableben nicht loslassen können die materielle Welt und Schöpfung, an die sie so sehr geglaubt haben, der sie so sehr angehangen haben.

Alle Dinge sind in Gott, und nichts geht verloren. Wer den Reinigungs-, Läuterungs- und Umwandlungsprozeß aufgrund seines geregelten Vorlebens gut überstehen kann, ist als wahres Kind Gottes auf Erden angenommen und geht ein in das Neue Jerusalem, das Neue Reich Gottes auf Erden.

Diese Neue Welt der Liebe, die vor Gott und in Gottes Geiste schon vollendet ist, wird nur regiert durch das Gebot der Liebe. Und Jesus Christus wird mitten unter uns sein. Der Glaube allein öffnet uns die Pforte des Lebens, nur wer den starken Glauben und sichere göttliche Führung hat, übersteht die kommende Zeit der Wirrnis und des Zornes Gottes.

Gott läßt nichts unversucht, jeden einzelnen anzurühren und wachzurütteln. Wer jedoch zu sehr an sich selbst glaubt und der Materie anhanget, dem ist nicht zu helfen. Die Gesetze und Gebote der allumfassenden Liebe sind in Wahrheit das Maß aller Dinge.

In unendlicher Güte und Weisheit unseres Herrn wird jedem Gerechtigkeit widerfahren. Keiner kann für den anderen einstehen oder für den anderen bürgen. Jeder einzelne wird für sich allein bewertet und gewogen. Nichts und niemand entgeht diesem kosmischen Wandlungsprozeß.

Energie kann nicht verloren gehen, nur über unsere Seins- und Zustandsform nach der Läuterung bestimmen wir durch unseren Glauben, durch unser Denken, Fühlen, Handeln und Sein jeden Augenblick selbst.

Alles wird gut !

So oder so, jeder kehrt heim zum Vater, die einen früher, die anderen später, jeder auf seinem Weg, ganz nach eigenem freien Willen und Gottes Gnade und Gerechtigkeit.

Ich selbst wähle den Weg, entweder unter Verlust aller bisherigen Bewußtseinsinhalte, unter ewigem Höllenschmerz mit dem Neubeginn auf der untersten Stufe alles Geschaffenen, oder, alleinseligmachend, in Glauben und Liebe zu Gott und allen Geschöpfen erwacht, wandle ich auf dem Pfad der Liebe und des ewigen Lebens ohne Krankheit und Tod.

Sein oder Nicht-Sein, Leben oder Tod, das ist hier die Frage, die jeder jeden Augenblick vor Gott durch seinen Lebens- und Sinneswandel beantworten muß. Jeder baut sich seine eigene Himmelsleiter oder gräbt sich seine eigene Grube.

Heilendes Licht und die Liebe der Engel unseres Herrn und Schöpfers umgeben uns reichlich. Da wir dieses jedoch mit unseren beschränkten fünf Sinnen nicht wahrnehmen können, bildet unser Glaube an Gott und Jesus Christus als Seinen eingeborenen Sohn und menschlichen Erlöser unsere Rettungsinsel im Ozean der Finsternis und des Verderbens.

Dumm genug ist der, wer glaubt, er könne sich aus eigener Kraft, Reichtum, Schönheit oder Macht über Wasser halten. Der Weisungen gab es genug, die Zeit ist reif und gekommen für Gottes Reich und Gerechtigkeit. Wer bis jetzt noch nicht zu sich selbst und Gott zurückgefunden hat, wird dies wohl ohne guten Willen und Disziplin auch in Zukunft nicht schaffen. Da ist es wirklich besser, gütig und gerecht, wenn der Sache ein Ende gemacht wird. Lieber ein Ende mit Schrecken, als ein Schrecken ohne Ende, heißt es so schön.

Wer sich nach Gott und Gottes Reich sehnt, muß sich dafür auch ein klein wenig anstrengen. „Sich regen bringt Segen", wahrhaft göttliche Wahrheit und Gerechtigkeit. Wer die Hände in den Schoß legt und resigniert, der ist verloren. Wer sich Gott zuwendet und sich ganz Gottes Willen übergibt, der wird angenommen.

Nur beten wir leider viel zu häufig „Dein Wille geschehe" und leben tagtäglich unseren eigenen Willen. In Verblendung unserer Sinne durch die materielle Welt lullen wir uns gegenseitig ein, schlafen den Schlaf des scheinbar Gerechten und wundern uns über immer häufigere Angst- und Depressionsgefühle.

In unserer selbstverschuldeten Isolation von der göttlichen Liebe und Lichtenergie entziehen wir uns selbst das alles nährende, harmonisierende und ausgleichende Lebenselixier. Seit langem zuvor gab es schon nicht mehr eine solche Vielzahl psychisch erkrankter Menschen, die unter Persönlichkeitsstörungen, Angst- und Panikattacken, sogenannten Neurosen und Psychosen und anderen Formen der Erkrankung des Geistes leiden, die aus Unwissenheit und Ungläubigkeit unserer Wissenschaftler, Forscher und Ärzte oft unbehandelt und ungeheilt bleiben müssen.

Jeder Arzt weiß, daß nur die Natur Heilung an Körper, Seele und Geist schenken kann. Hinter der Natur steht nichts anderes als die unendliche Liebe Gottes zu Seinen Geschöpfen und allem Geschaffenen. Gottes unendlicher Allmacht, Vollkommenheit, Weisheit und Güte ist nichts unmöglich !

Wer Tote zum Leben erweckt, vom Kreuze aufersteht und in die Hölle hinab fährt, um den Teufel und seine Spießgesellen kraft des eigenen Lichtes und Wortes in die Knie zu zwingen, wer Welten und Universen aus sich selbst heraus entstehen läßt, der heilt alle Wunden nach Seinem allein heiligen Willen und durch Seine göttliche Gnade, wenn man Ihn darum bittet !

Wer sich von Ihm abwendet und sein Heil bei den Ärzten der materiellen Welt sucht, den Arzt in sich selbst vernachlässigt und ungefragt läßt, der begibt sich in unendliche Gefahr. Nichts und niemand kann dem Menschen ohne Gottes Güte, Gnade und Gerechtigkeit Heilung schenken oder ihn gar vor dem Tode bewahren.

Gott ist eins in Allem. Er begegnet mir in jedem Menschen, der sich seiner göttlichen Herkunft und Kindschaft bewußt ist, der aus sich selbst heraus immer mehr Liebe und Hingabe zu Gott schöpft. Gott offenbart sich in jedem von uns, wenn wir es zulassen. In jedem von uns schlummert das Licht der Liebe.

Lassen wir es aufflackern, lassen wir es emporwallen, lassen wir die Flammen unserer Liebe zu Gott und allen Menschen bis zu Gottes Himmelspforte emporschlagen. Möge Gottes Licht und Liebe aus dem Herzen eines jeden von uns fließen in diese düstere Welt des Hungers, der Katastrophen, der Kriege und der Zerstörung !

Der Glaube und die Liebe überwinden alle Grenzen in uns und um uns herum. Die Liebe Gottes heilt alle Wunden, alle Krankheiten und Gebrechen. Wer sich bereitet für den Einzug des Geistes Gottes in sein Herz, den sucht Er auf und den nimmt Er an. Jeder kann gerettet werden, wenn er sich Gott anvertraut.

Wie man mit einem guten Freunde spricht, so sollst Du mit Gott sprechen. Er hört Dich. Gott sieht ins Verborgene !

Er spendet Trost und Hoffnung, Licht und Liebe. Alles liegt in Seiner Hand. Unendliche Güte und Gerechtigkeit sind die Zierde des Herrn. Vollkommenes Glück und Zufriedenheit, einen Ausblick auf paradiesische Glückseligkeit spendet Er demjenigen Seiner Kinder, welches sich vertrauensvoll, demütig und kindlich unbeholfen in Seine Hand gibt. Mit zärtlicher Hand wird Er es durch Seine geliebten Engel lenken, leiten und schützen in dieser Welt bis zum Aufgang der Neuen Welt, des Neuen Jerusalems in uns.

Wir finden Gott niemals im Außen, keine Kirche, keine Sekte und kein Wallfahrtsort bringt mir Gott so nahe, wie Er eigentlich in mir ist. Gott ist jeden Augenblick in mir und mit mir. Je mehr ich mich Ihm bewußt öffne, um so mehr erschließt Er sich in mir und durch mich in meinen Gedanken, meinen Gefühlen und meinen Werken. Unser Körper ist der Tempel des Herrn, denn Sein Geist wohnt in Ihm. Wer ihn beschmutzt oder verunziert, mißbraucht oder ausbeutet, vergißt seine göttliche Herkunft, beleidigt Seinen Herrn und Schöpfer und entzieht sich Seiner Gnade, aber nicht Seiner Gerechtigkeit !

Wer immer nur sich selbst und seinen Bedürfnissen und Leidenschaften lebt, der ist weit von Gott entfernt. Wer sich selbst züchtigt, die Bedürfnisse der Liebes- und der Sinnenfreuden beschneidet, der wendet sich Gott in sich selbst zu, der stellt das Geistige über das Körperliche, das Materielle, der schützt sich selbst vor den Versuchungen des Satans.

Wer sich ganz Gott zuwendet, kehrt dem Unguten und Bösen den Rücken. Da wir jedoch alle das Gute und das Böse, das Helle und das Dunkle in uns tragen, holt uns das Ungute immer wieder ein, bis wir es zu guter Letzt aus eigener Kraft und Gottes Gnade überwunden haben.

Wir erlösen uns selbst ! Jesus Christus hat uns den Weg gezeigt und die Brücke geschlagen. Diese überschreiten, vorsichtig einen Schritt vor den anderen setzen, jede Sprosse vor uns vorsichtig prüfen, das müssen wir selbst. Und dafür brauchen wir die Versuchungen und Anfeindungen des Bösen, auch des Bösen in uns. Wir dürfen uns reinwaschen von aller Sünde und Schuld vor Gott in diesem Leben.

„Carpe diem !“

Nutze den Tag. Jede Stunde, jede Minute, jede Sekunde ist kostbar und des Lobpreises und der Danksagung des Schöpfers wert.

„Ora et labora !“

Bete und arbeite. Arbeite an der Überwindung Deiner selbst, des Unguten und Leidenschaftlichen in Dir. Überwinde alle Störgefühle, wie die Eitelkeit, Neid, Eifersucht, Wut, Angst, Ärger, Zorn und Boshaftigkeit in Dir. Vermeide alles, was anderen schaden könnte, dadurch nützt Du Dir selbst. Denn alles, was Du anderen antust, erfährst Du am eigenen Leibe.

Lerne da zu teilen, wo es notwendig ist, wo es Dir möglich ist. Prüfe Dich selbst jeden Augenblick auf Ehrlichkeit Dir selbst und Gott gegenüber. Jeder Versuch, sich selbst, andere oder gar Gott betrügen zu wollen, muß unabsehbare und unausweichliche Folgen und Konsequenzen nach sich ziehen.

Gottes Gerechtigkeit widerfährt jedem, im Guten, wie im Schlechten. Gott verzeiht jedem, der ernsthaftig und guten Willens ist. Er schenkt jedem die Kraft zu Glauben und Gebet.

Vertraue nie auf Menschen, Freunde und Verwandte. Wer heute für Dich ist, ist morgen gegen Dich. Du bist immer allein mit Gott, doch merkst Du es oft nicht. Du bist nie einsam ! Dein Vater hat allezeit ein Auge auf Dich und hält die Hand über Dir, zum Schutze, aber auch zur Rüge.

Sei dankbar für jede Unbill, für jeden Schmerz, für jede Angst, Not und Pein, die Dir bereitet wird. Liebe Deine Feinde ! All dies hilft Dir, in diesem Leben einen Großteil an Erfahrungen zu sammeln und somit im Geistigen zu wachsen, damit Du schneller in das Heim und Paradies Deines Vaters heimkehren darfst.

Das gesamte irdische Leben und Leid ist ein Kaffeetrinken gegenüber einer Stunde der Höllenqual in der Ewigkeit, die Du Dir selbst bereitest. Drum nutze die Gunst der Stunde, maximale Vergebung und Läuterung durch rechten Wandel vor Gott auf Erden zu erlangen. Dadurch ersparst Du Dir unendliche Qual und Pein, von der Du Dir jetzt noch keine Vorstellung zu machen vermagst.

Gott schaut auf Dich !
Jetzt gerade sieht Er in Dein Herz und achtet auf jede Deiner Gemütsregungen. Gütig und gerecht ist der Herr, voller Liebe zu den Menschen. Wer Ihn bittet, den erhört Er !

Mache Dich frei von allem alten Vergangenem, alten überladenen Vorwürfen und Vorurteilen gegenüber der weltlichen Kirche !

Schütte nicht das Kind mit dem Bade aus. Lerne, Gottes Wort und Werke von Menschenhand zu unterscheiden !

Jeder Mensch hat seinen freien Willen, jeder wird versucht, auch jeder Kirchendiener und Papst. Wir allein sind vor Gott für unser Sein verantwortlich. Jeder wird für sein Wohl und Wehe zur Verantwortung gezogen.

Beten kannst Du überall. Die Gotteshäuser und Kirchen sind eigentlich zum Beten gedacht und nicht zum Aufbewahren und Einschließen irgendwelcher irdischer materieller und weltlicher Reichtümer. Das Haus des Herrn sollte jedem Menschen, der sich tagsüber in Not oder Verlegenheit befindet, zu Gebet und Meditation in aller Stille offenstehen. Vergoldete Blechschüsseln, prunkender Schmuck und übertriebene Zier sind nicht dazu angetan, Bewußtsein und Aufmerksamkeit des Menschen nach innen zu lenken, Gott-in-uns sich erschließen zu lassen aus uns selbst. Durch Pracht und Reichtum hat noch keiner die Schwelle des Himmeltores schneller überschreiten dürfen !

Jede von Menschenhand geschaffene Schönheit, alle Pracht und aller Mammon verblaßen vor der unendlichen Schönheit und Strahlkraft Gottes, den göttlichen Ausstrahlungen Seiner Liebe und Allmacht. Wer schlau ist, erkennt, daß nicht alles Gott ist, was glänzt !

Die wahre Schönheit und Zierde vor dem Herrn blüht im Verborgenen, in uns selbst. Drum laß' erblühen die Blüte der Liebe in Deinem Herzen, laß' entflammen das Feuer der göttlichen allumfassenden Liebe in Dir. Gib Dich hin, ganz in Gott, und Er nimmt Dich an. Die Welt vergeht, und neu entsteht in uns Gottes Reich!

Ein Tor ist, wer anderes denkt. Die Menschheit krankte immer schon an Kurzsichtigkeit, maßloser Überheblichkeit und Selbstüberschätzung, mangelnder Einsicht und Selbsterkenntnis, Unglauben und fehlender Liebe. Wer im Namen Gottes spricht, muß noch lange nicht Seine Worte oder Seinen Willen verkünden!

In der Bibel wurde uns geweissagt und zur Vorsicht gemahnt, daß in der Endzeit viele falsche Propheten auftreten würden.

„Und es wird viele geben, die sagen,
hier ist Christus und dort ist Christus.
Doch ich sage euch, glaubet Ihnen nicht.
Schenket Ihnen keinen Glauben!"

Gott und Jesus Christus erstehen allein in uns. Nicht im Außen sollst Du suchen, sondern im Zentrum Deines geistigen Herzens.

„Wenn die Frauen anfangen, Männerkleidung zu tragen,
die Männer lange Haare tragen und Menschen auftreten,
die sagen, daß sie durch die Kraft ihrer Hände heilen,
daran erkennt ihr die Endzeit."

So steht es sinngemäß geschrieben im Buch der Bücher. Dieses Buch, geschrieben von Menschen, inspiriert und eingegeben durch den Heiligen Geist Gottes, die sich durch Lebenswandel, Heiligkeit und die Gnade Gottes für diese Aufgabe bereitet hatten, birgt wahrhaft göttliches Wort und Weisheit, allumfassende Liebe und den Stein der Weisen. Wer hierin Gottes allein heiligen Willen, den Weg zu ewigem Leben erkennt, dem offenbart sich alle Weisheit der Erde, der erhält wahrhaft göttliches Bewußtsein.

Erblicket das Licht dieser Welt, nicht im Fernsehen, sondern im Geiste Gottes, in uns selbst.

„Wer bittet, dem wird gegeben werden."

Wer sich, sein Leben und sein Herz öffnet, bei dem wird Gott wunderbar Einzug halten, dem wird Gott wahrhaft ewiges Leben schenken.

Anfassen und sehen kann man dies vorerst nicht, aber bald schon offenbart sich die Güte, Liebe und Gnade des Herrn in unserem Innen und Außen. Dann weiß jeder genau, daß unsere Gebete erhört werden und ein Bruchteil von Gottes Größe, Weisheit und Gerechtigkeit offenbart sich uns schon hier in diesem sterblichen Sein. Alles andere erfahren wir sprichwörtlich erst nach unserer Umwandlung oder unserem irdischen Ableben.

Wer wahrhaft glaubt und vertraut, ist schon jetzt mit Gott vereint und verharrt ausdauernd in Gebet und Meditation, in stiller Vorfreude auf das Schauen Gottes, von Angesicht zu Angesicht !

Kein Gut der Erde, keine Reichtümer dieser Welt vermögen auch nur annähernd das an Glückseligkeit und Erfüllung unermeßlicher innerer Sehnsucht zu spenden, was Gott durch Seine unendliche Liebe, Güte und Gnade für uns bereithält.

Wohlgemerkt, dieser Weg zur Wiedervereinigung mit Gott ist nicht nur Heiligen und irgendwelchen scheinbar Berufenen oder Kirchenmännern vorbehalten, sondern ist seit Anbeginn aller Zeiten für jeden einzelnen Menschen von Gott so vorgesehen. Leider denken aber die meisten von uns so, wie fast alle, zu wenig oder gar nicht in diese Richtung, zum Leidwesen und Schmerz unserer geistigen Brüder und Schwestern, unserer geliebten Engel, die sich tagtäglich rund um die Uhr, nicht nur in diesem, sondern auch schon in früheren Leben mit uns geplagt und abgerackert haben.

Es versuche ein jeder für sich, einem tolpatschigen, kleinen, ungelehrigen Hund oder einem süßen, eigensinnigen und kratzbürstigen Kätzlein ein wenig Anstand und Benimm beizubringen, ohne den kleinen Rackern ihren freien Willen zu nehmen oder sie zu hart anzufassen !

Ungefähr in dieser Position befinden sich unsere unsichtbaren Helfer, mit denen einige wenige Privilegierte von uns sogar regen Austausch über eine innere Stimme oder Visionen haben dürfen. Wer die Geschichte der Heiligen und Mystiker kennt oder sogar selbst den mystischen Weg geht, weiß, wovon hier die Rede ist.

Wer über diesen Draht zur göttlich-geistigen Welt Hinweise, Ratschläge und Ermahnungen erhält, weiß, daß Gott ein lebendiger Gott ist, und daß Alles eins in Allem ist !

Wer auf diese Art und Weise Wissen und Bewußtsein "von innen her" vermittelt bekommt, für den verblaßt das irdische Sein in seinem scheinbaren Glanz und seiner Prächtigkeit zu dem, was es ist: Einer Schule des Lebens !

Wie alle Schulen erscheint auch diese manchmal etwas trist und hoffnungslos. Wer aber festen Glaubens ist, daß auch dieses irgendwann einmal vorüber geht und sich bei entsprechender Pflichtübung, Lerneifer und gutem Willen der erhoffte Erfolg zwangsläufig einstellen muß, der verharrt in allen Prüfungen, allen Durststrecken und Hungerperioden demütig und geduldig, im Vertrauen und Glauben auf seine göttliche Führung und unseren himmlischen Vater.

Der Herr verläßt die Seinen nicht. Das Licht der Liebe, der Erkenntnis und der Bewußtwerdung möge in uns alle einfließen, jetzt und in Ewigkeit. Amen.

17

Der Geist fiel nicht vom Himmel, sondern er entstammt aus Gott. Der Geist des Lebens, der Geist, der allen geschaffenen Wesen und Dingen Leben einhaucht, der sie wachsen und gedeihen läßt, der ihnen die Kraft schenkt, sich immer wieder zu erneuern und fortzupflanzen, stammt aus Gott.

Gott schenkt jedem Geschöpf das Leben. Er ist die Quelle allen Seins und Lebens. Er läßt Dinge entstehen und Dinge vergehen. Gott sorgt für alle Seine Geschöpfe und Kinder, die Er aus sich selbst heraus entstehen ließ, und denen Er das Leben schenkte. Er schenkt uns allen jeden Augenblick Bewußtsein und Liebe, Erkenntnis und Weisheit.

Was immer wir tun, das schaffen wir aus Gottes Güte, Gnade und Gerechtigkeit. Nur Er schenkt uns die Kraft, uns jeden Morgen erquickt und gestärkt wieder vom Lager zu erheben. Er gibt uns unser täglich Brot, Er stillt unseren Durst und heilt unsere Wunden, schenkt uns immer wieder Gesundung und Genesung.

Nichts und niemand lebt oder erneuert sich aus sich selbst heraus. Das würde im Sinne der Physik und der irdischen Wissenschaften ein Perpetuum Mobile bedeuten. Ein geschaffenes Wesen kann nicht aus sich selbst heraus Neues schöpfen, neue Energie und neues Leben spenden. Diese Energie des Lebens und der Liebe spendet uns jeden Augenblick unser geliebter Herr und Schöpfer, der sich um jedes Seiner Geschöpfe bekümmert, der um die Sorgen jedes einzelnen Seiner Kinder weiß.

Gott läßt keine Not ungelindert, kein Gebet unerhört, schenkt jedem, der Ihn bittet, Trost und Hilfe. Allein die meisten glauben nicht und suchen ihr Heil woanders, ernten oft genug jedoch nur Hohn und Spott, Verderben und Tod.

Wer Gott in seinem Herzenskämmerlein demütig und unschuldig, wie ein wahres Kind, um etwas bittet, dem schenkt Er Seinen Segen und Seine Liebe. Wer sein ganzes Sein in Gottes Hand legt, der ist allezeit behütet und beschützt, umsorgt und gepflegt.

Wer aus sich selbst schöpft, schöpft Verderben und Tod, wer aus Gott schöpft, schöpft aus der Unendlichkeit der Liebe und des ewigen Seins. Gottes Licht und Liebe durchstrahlt mit Allmacht alles Geschaffene. Wie sollte es auch anders sein?

Wer sollte denn um alle Dinge wissen, alle Menschen und Geschöpfe erkennen und auf sie acht haben, wenn nicht der, der sie erschaffen hat?

Gott hält fest die Zügel in der Hand. Er lenkt alle Dinge, jetzt und in der Ewigkeit, überläßt nichts dem Zufall, erschafft alles in unendlicher Güte und Weisheit in Seiner göttlichen Ordnung.

Wer Ihm vertraut, den nimmt Er an, wer Ihn bittet, für den sorgt Er, wer Ihn sucht, den findet Er. Nichts und niemand entzieht sich Seinem heiligen Ratschluß, nichts geschieht ohne Seinen Willen und ohne Sein Zutun.

Wer Gott kennt, weiß, daß Er nur Güte, Gnade und Gerechtigkeit ist, wer Ihn liebt, der schenkt Ihm sein Herz, seine Seele und seinen Geist, der schenkt sich selbst. Wer sich selbst oder andere mehr liebt als Gott, der entfernt sich von der Quelle aller Liebe, allen Lebens und allen Seins.

Jeder Mensch erntet das, was er gesät hat. Wer den Weinberg des Herrn mißbraucht und verwüstet, der fällt dem Verderben anheim, erntet wahrhaft Verderben und Tod. Gott läßt es zu, daß wir Seinen Weinberg verwüsten, Seine schöne Schöpfung zerstören und unsere Mitknechte foltern und töten.

Aber Gott ist nur Liebe, Güte und Gerechtigkeit. Gott gibt jedem nach Seinen Taten. Gott sieht ins Verborgene, ins Verborgene eines jeden Herzens, jeden Winkel unseres menschlichen Hirns. Wer sich selbst für gut hält, der prüfe sich selbst und jedes seiner Werke auf die Liebe zu Gott und dem Nächsten. Jeder erkenne sich selbst. Jeder schaue in den eigenen Seelenspiegel!

Gott schickt jedem Erkenntnis und Läuterung, der Ihn um Rat fragt und Ihn bittet. Sich selbst zu erkennen mit all´ seinen Fehlern, Schwächen und Sünden, sich selbst zu überwinden mit all´ seinen kleinen Nachlässigkeiten, Gewohnheiten und Süchten, dies ist unsere größte Aufgabe auf Erden, unsere höchste Berufung und unser höchstes Glück. Alles andere verschwindet dahinter als nichtig und klein. Nur wer sich selbst kennt, kennt Gott, nur wer sich selbst liebt, liebt Gott.

Gott ist eins in Allem in uns. Erkenne ein jeder sein wahres göttliches Selbst und vereinige sich mit dem göttlichen All. Dies ist der Weg des ewigen Lebens, wahrhaft würdig und recht! Diesen Weg zu gehen, diese Erkenntnis zu erlangen und zu leben ist seit Anbeginn der Schöpfung Sinn alles Geschaffenen, Aufgabe und Berufung eines jeden einzelnen Geschöpfes.

Wer weise liebt und lebt, der liebt Gott in allen Menschen und allem Geschaffenen, der öffnet sich ganz der heilenden Liebe unseres Schöpfers, überantwortet sich selbst und sein gesamtes Sein in die Hand unseres Herrn und Seiner Diener, überläßt Ihm alle Angst, Not und Pein und verläßt sich ganz auf Gottes Wort und Gerechtigkeit.

Bei Gott geht nichts verloren, weder Gutes noch Schlechtes. Jeder erntet das, was er sät, entweder hier oder in der Ewigkeit. Wen Gott liebt, den züchtigt Er, dem sendet Er Schmerz und Leid, Kummer und Not, auf daß er wachse im Geistigen und im Glauben. Immer neuen Prüfungen und Herausforderungen müssen wir uns stellen. Je weiter wir kommen, umso schwerwiegender wird unsere Last, umso mehr Kraft und Trost erhalten wir auf unserem Weg hin zu Gott. Je größer unser Vertrauen und Glauben, umso mehr Hilfe wird uns zuteil.

Wir sollen Gott als Schöpfer allen Lebens und allen Seins um Seiner selbst willen lieben, und nicht wegen Seiner Gaben lieben und verehren. Je größer die Prüfung, je größer unsere Not und unsere Pein, umso größer die Gnade, die uns gewährt wird im wahrhaft ewigen Sein, wenn wir treu und gläubig verharren in Gebet und Meditation.

Die größten Heiligen, Jesus Christus als Gottes Sohn an der ersten Stelle, haben gelitten und gebetet, das Kreuz getragen und sind den Kreuzestod, im geistigen Sinne, gestorben. Nur durch ihren Glauben und ihr Vertrauen, ihr Gebet und ihre Demut konnten sie im Geistigen und in der Bewußtwerdung, in der Anschauung Gottes und dem geistigen Austausch mit der göttlich-geistigen Engelwelt schon zu Lebzeiten so weit voranschreiten.

Den, den Gott in Seine ewigen Dienste aufnimmt, den prüft Er eingehendst auf Ehrlichkeit, Anständigkeit, Treue und Glauben, Vertrauen und Liebe. Nichts und niemand gelangt ohne Prüfung in das Reich Gottes. Und die Prüfung beginnt schon zu Lebzeiten, im Hier und Jetzt, keiner entzieht sich dieser göttlichen Gnade und Gerechtigkeit.

Wer sich aus eigenem freien Willen aus Gottes Reich entfernt hat und nun heimkehren möchte, der muß sich den Modalitäten und Wiedereinbürgerungsbestimmungen des göttlichen Königreiches unterwerfen.

Wer schlau ist, der folgt dem höchsten Gebote und Richterspruch, fügt sich in Demut und Geduld.

Wer im Hier und Jetzt den guten Willen zeigt, sich jetzt auf den Weg macht und standhaft bleibt, nicht mehr sündigt und die Liebe lebt, der wird wahrhaftig ein Kind Gottes, der hat den Himmel auf Erden.

Wer durch innere Gaben und Gnaden beschenkt wird, für den verblaßt das materielle Sein zur Nichtigkeit und Bedeutungslosigkeit.

Wer wahrhaft liebt, der nutzt die Materie, um seinem Herrn und Gott zu dienen.

Wer wahrhaft dient und liebt, der sucht und tut nichts für sich selbst, sondern alles für Gott und den Nächsten.

„Liebe Gott über alles
und Deinen Nächsten wie Dich selbst,
aber nicht mehr als Dich selbst !"

Sonst wirst Du Dir selbst, Gott-in-Dir, untreu und dienst fremden Göttern. Erschließe Dir in Dir selbst aus Liebe zu Gott Dein „göttliches Selbst" und „Ich", und Du begegnest Gott-in-Dir. Gott liebt Dich ! Er liebt Gott in Dir ! Nur wer sich selbst und Gott-in-Sich, die Liebe und das Gute liebt, ist wahrhaft fähig, andere und Gott zu lieben.

„Verzeihe Dir selbst, dann verzeiht Dir Gott."

Die Sünden werden uns dadurch vergeben, daß wir sie nicht mehr begehen. Wer sich selbst und das Ungute und Böse in sich selbst überwindet, mit aller Kraft, den liebt Gott ! Den nimmt Er an, für den sorgt Er.

Gott sendet uns Seine Diener, die uns tragen und schützen vor den Einwirkungen des Bösen. Aber aufgepaßt ! Immer wieder wird der Ring des Lichtes und der Liebe um uns gelockert, wird auch Dunkles und Ungutes durch die Versuchungen des Satans an uns herangelassen, um unseren guten Willen, unser Vertrauen und unseren Glauben zu prüfen. Keine Schule ohne Prüfungen. Keine neuen Gnadengaben, kein Fortkommen im Geistigen ohne fortwährende Versuchung und Prüfung. Wer standhaft bleibt und Gott wahrhaftig liebt, der überwindet sich selbst und alles Ungute in der Welt.

Den wahren Lohn erfährst Du nicht hier im Irdischen, Seele, sondern erst in Gottes Reich, welches nicht ist von dieser Welt.

Aber es kommt, und es ist schon da, und es entsteht in uns, das Neue Jerusalem. Und es ist rein geistig, rein feinstofflich und energetisch, nur Licht und Liebe. Es ist nichts Böses mehr. Der Satan wird in Ketten gelegt für tausend Jahre. Bei Gott aber sind tausend Jahre wie ein Tag und ein Tag wie tausend Jahre.

Nichts und niemand bleibt unversucht. Jeder, der diesen Schritt in eine wunderbare neue Welt miterleben möchte, wird auf Herz und Liebe geprüft, im Hier und Jetzt. Jeder setzt in diesem Augenblick die Ursache dafür, was mit ihm selbst in diesem gewaltigen kosmischen Umwandlungsprozeß geschieht.

Wählst Du Licht und Liebe, Vertrauen und Glauben, so bist Du bei Gott und erhältst ewiges Leben, frei von Krankheit und Tod. Gehst Du den Weg des Verderbens, wählst Du Lüge, Eitelkeit, Stolz und Neid, erntest Du die Früchte Deines Vaters, des Satans in Dir, Verderben und Tod !

Du wirst die Welt im jenseitigen Sein nach Deinem Umwandlungsprozeß genauso bewußt und unmittelbar an Dir selbst, am eigenen Seelen-Leibe erfahren, wie im Hier und Jetzt am körperlichen Leibe. Nur daß Du den Seelenschmerz in einer unendlich höheren Potenz und Dauer erleidest als den körperlichen Schmerz. Täusche Dich nicht, Seele, gib acht ! Laß Dir nicht vom Teufel in Dir die Sinne verwirren, laß Dich nicht vom Wege des Lebens abbringen. Weiche nicht ab von göttlicher Tugend und gutem Vorsatze ! Du wirst Dich an dieses Wort erinnern, aber bitte nicht erst dann, wenn es zu spät ist, denn es wird leider für die meisten ein "zu spät" geben !

Wer Hoffnung und Leben an dieses irdische Sein und die materielle Welt kettet, wählt den Tod. Wer sich dem Geistigen öffnet, Gott in sich selbst sucht und dem Gebot der Liebe folgt, der wählt wahrhaft ewiges Leben und Glückseligkeit. Der erfährt endlich den Zustand im Geistigen, den er auf falscher Ebene im Irdischen durch alle Vergnügungen und Laster, durch alle körperlichen Sünden und Zerstreuungen gesucht hat !

Im Irdischen schenkt Dir Gott unendliche Güte und Gnade, spätestens nach Deinem irdischen Ableben erfährst Du Seine Gerechtigkeit. Ein jeder geht diesen Weg, früher oder später, verhofft oder unverhofft, heiß ersehnt oder lange gefürchtet.

Die einen gehen schnell und leicht, die anderen wehren sich, kämpfen furchtbar gegen den Tod, klammern sich an das, was sie im Leben geliebt haben, die Materie und das Vergängliche, all das, was sie nun verlassen und loslassen müssen.

Die einen sind durch ihr Vertrauen und ihren Glauben an Gott geschützt und behütet, erfahren himmlisches Licht und Schutz durch die Kraft unserer geliebten Engel, die uns bei unserem Ableben an die Hand nehmen und heimführen durch die Dunkelheit ins helle, gleißende Reich der Liebe des Vaters.

Die anderen haben sich im Leben immer auf sich selbst verlassen, haben an das geglaubt, was sie anfassen und sehen können, haben sich höheren geistigen Erleuchtungen und Gnadengaben eitel und unwissend verschlossen. Mit dem irdischen Ableben verlieren sie alles, woran sie bis jetzt geglaubt haben, verlieren alles, was sie bis jetzt geliebt haben, können ihrem Gott, den Mammon, nicht entsagen, irren alleingelassen und hilflos, verwirrt und vor Verzweiflung schreiend und weinend durch die Finsternis und Kälte, wissen nicht, wohin sie sich wenden sollen und bleiben so oft der irdischen Welt verhaftet.

Nicht selten machen sich solche verirrten Seelen in der Welt der Lebenden der Erde durch Einwirkungen auf die Materie, durch Geräusche oder andere Dinge bemerkbar, durch die sie, im günstigsten Falle, nur ein wenig Aufmerksamkeit und Liebe der lebenden Menschen auf sich ziehen wollen. Im ungünstigsten Fall hegen sie Ungutes im Schilde, versuchen den anderen Menschen zu schaden, sie zu ärgern und sie zu erschrecken.

Wer als Mensch wahrhaft glaubt und betet, der ist beschützt durch unsere himmlischen Heerscharen. Wer Tische rückt, Totenkult betreibt, teuflische Messen abhält, sich mit Magie beschäftigt, pendelt, Karten legt oder wahrsagt, der öffnet sich, sein Energiefeld, seinen Geist und sein Bewußtsein diesen oft unguten und unreinen Geistern, die in der Astralwelt genau das fortsetzen, was sie zu Lebzeiten auf der Erde angestellt haben. Dem kann Schlimmes widerfahren, sei es Besessenheit, körperliche und seelische Krankheit oder sogar Tod in Schrecken und Entsetzen.

Nur wer sich durch das Gebet und die Kraft des göttlichen Wortes in der Bibel vor den Einwirkungen des Bösen zu schützen versucht, der ruft die himmlischen Heerscharen des Lichtes und der Liebe zu Hilfe und in sein Leben.

Denn jeder der unreinen und bösen Geister untersteht der allumfassenden Kontrolle und Allmacht Gottes und Seiner Engel. Es gibt keinen anderen Weg. Licht und Liebe oder Krankheit und Tod.

Darauf reduziert sich das gesamte irdische Sein. Gib dem Satan durch Deine Angst, Deine Sorgen und Deine Zweifel keine Kraft über Dich. Geh voll Vertrauen und Glauben auf Gott durch Dein Leben, setze vorsichtig einen Schritt vor den nächsten

Bitte den himmlischen Vater allezeit um sichere Führung, und daß nur Sein allein heiliger Wille an Dir geschehen möge. Wer so betet, lebt und handelt, der ist schon von Gott angenommen !

Wer sich in unendlicher Geduld und Demut allen Prüfungen unterwirft, auch Schmerz und Leid, Verlust und Not im Vertrauen auf Gott annimmt und überwindet, der ist behütet und beschützt und in Gottes Reich schon angekommen.

Wer hadert oder zaudert, zankt und streitet, zittert und schimpft, der bestraft sich selbst und macht alles nur noch schlimmer. Wer demütig und geduldig alles annimmt, was da kommt, ausdauernd und standhaft ausharrt im Gebet, den liebt Gott mehr, als wir uns selbst, den wird Er wunderbar erhalten und sicher in Sein Himmelreich gelangen lassen.

Je entschlossener und zielstrebiger wir alles uns Belastende und Vergangene loslassen und Gott anheim stellen, um so schneller und sicherer gelangen wir an das Ziel, auf welches wir seit einer Ewigkeit bewußt oder unbewußt hinarbeiten.

Je unentschlossener und ängstlicher wir sind, um so mehr Kummer und Not bereiten wir uns selbst ! Der eine lernt schneller, der andere sammelt Erfahrung über Erfahrung, dreht eine Ehrenrunde nach der anderen, und schuld sind immer die anderen.

Begreife, Seele, jeder ist für sich selbst verantwortlich und seines ewigen Glückes Schmied ! Gott läßt nichts und niemanden unversucht. Der Satan hat die ihm von Gott zugeteilte Aufgabe übernommen, Dich so lange zu versuchen, bis Du alles Böse in Dir überwunden hast. Du hast keinen Feind, nur Dich selbst !

Der Herr verläßt die Seinen nicht. Wer an Ihn glaubt, den macht Er stark, wer auf Ihn zählt, den hält Er fest. Wer glaubt, ohne Gott leben zu können, der wird eines Besseren belehrt. Alles, was da wandelt, krabbelt, kreucht und fleucht, unterliegt dem Einfluß Seiner göttlichen Liebe und Gnade. Öffne Dich Gottes Liebe, und es geschehen Wunder in Dir selbst, in Deinem Geiste und in Deinem Leben.

Wandle den Pfad des ewigen Lebens in Gott ! Wer nur die Liebe lebt, nur Liebe ausstrahlt, dem fließt sie im Übermaß von außen wieder zu ! Was kann es Schöneres geben auf der Welt ?

„Wer es fassen kann, der fasse es."

Wer es leben kann, der lebe es, hier und jetzt, und nicht später. Überwinde Dich selbst, und Du findest Gott. Gott ist eins in Allem, auch in Dir.

Dank sei Gott dem Herrn, jetzt und in Ewigkeit. Amen.

18

Groß ist die Gnade des Herrn für jene, welche Er auserwählt, Seine Diener zu sein. Gott schenkt Kraft und Stärke, läßt Seine Liebe fließen an denjenigen, der sich Seinem allein heiligen Willen unterordnet und folgt. Der Vater aller Dinge sieht tief in die Herzen Seiner Diener, prüft auf Ehrlichkeit und Lauterkeit, schenkt da die Gnade, wo es Ihm gefällt.

Niemand und nichts entgeht den wachen Augen von Gottes Engeln, die allezeit aufmerksam und umsichtig den Weg jedes Menschen verfolgen, um ihn sicher an sein Ziel zu lenken. Der himmlische Vater betrachtet alle Seine Kinder, jetzt und in Ewigkeit. Er begegnet uns in jeder Blume, in jedem Baum, in jedem Tier und in jedem Menschen dieser Welt.

Wer jedes Lebewesen als Geschöpf Gottes betrachtet, betrachtet Gott in Allem. Der Herr der Heerscharen erhebt sich über alle Dinge, die Er erschaffen hat. Er läßt Sein Licht und Seine Liebe im Übermaß da einfließen, wo die Gnade es gebietet, schenkt dort Einsicht und Erkenntnis, wo Sein allein heiliger Ratschluß es erweist. Kein Lebewesen schöpft Weisheit und Erkenntnis aus sich selbst, alles kommt von Gott.

Wer sich selbst intelligent oder weise dünkt, mißachtet Gott als Schöpfer allen Seins, der jedem von uns nach eigenem Ermessen Erkenntnis und Einsicht in die geschaffenen Dinge und deren Wirkzusammenhänge schenkt. Alle irdische Wissenschaft und Forschung verblaßt vor der unendlichen Weisheit und Erkenntnis Gottes in der gesamten Schöpfung. Die höchsten Engel erreichen in ihrem großen Gnadenstande nicht die Größe ihres Schöpfers, wie sollte es da ein kleiner, unbedeutender Erdenwurm ?

Wir erhalten alles nur aus Liebe und Gnade Gottes zu Seiner Schöpfung und allem Geschaffenen. Gegen Gottes Willen gelingt kein Forschungsakt, erschließt sich kein neues Wissen über den Menschen und die Natur. Unser himmlischer Vater weiß jeden Augenblick um die Bedürfnisse und Wünsche Seiner Kinder, doch Er schenkt in Seiner unendlichen Güte und Weisheit nur soviel, wie jedem Seiner Kinder nach Seinem Gnadenstande zusteht. Gott gibt immer aus Gnade. Er ist immer der Gebende und Gütige.

Nichts und niemand entzieht sich Seinem Ratschluß. Gott schenkt nach Werken und Taten, unabhängig von irdischem Stande und Amte. Wem alles gehört, der verfügt frei über Seinen Besitz und fragt nicht lange nach Gehorsam.

Gottvater, Gottsohn und Gottheiliger Geist sind in allen Dingen, durchdringen alles Sein, schaffen Ordnung und Gerechtigkeit, wo keine ist, vertreiben die Finsternis durch das Licht, öffnen die verhärteten Herzen der Menschen und entflammen das Feuer der Liebe zu Gott und allem Geschaffenen in einem jeden Wesen.

Vögel zwitschern zur Ehre des Herrn, die Bäume rauschen ehrfurchtsvoll und beugen sich demütig vor der Gewalt des Herrn, die Meere unterwerfen sich Gottes Allmacht, die Gestirne glänzen und gleißen in Gottes Liebe, die gesamte Schöpfung singt ein Loblied auf den Schöpfer. Jeder morgendliche Sonnenaufgang in Seiner unendlichen Schönheit und Erhabenheit kündet ein wenig von Gottes Licht und Liebe. Er ist das Licht dieser Welt. Er ist die Wahrheit, der Weg und das Leben.

Gott schenkt uns in Seiner unendlichen Güte und Allmacht alle Dinge des täglichen Lebens, umsorgt uns wie eine fürsorgliche und liebevolle Mutter. Keines unserer Wehwechen bleibt Ihm verborgen, denn jedes erfüllt einen tieferen Sinn.

Wen Er züchtigt, den liebt Er, den nimmt Er an als Seinen Sohn und Seine Tochter. Wer allzu nachlässig und liebevoll-nachsichtig mit der Erziehung seiner Kinder umgeht, der tut seinen Kindern nichts Gutes. Ein jeder soll das Prinzip von Ursache und Wirkung, die Ordnung der Liebe erfahren dürfen. Kein geistiges Wachstum ohne Erfahrung am eigenem Leibe !

Wer sich ganz dem Willen des Höchsten überläßt, der erfährt sichere Führung, der bleibt auf dem Pfade des Lebens. Alles liegt in Gottes Hand, auch unser geistiges Wachstum und die gewährte Gnade der Erkenntnis. Aus Gott erschließt sich alles, aus uns selbst nichts. Wer auf sich selbst vertraut, hat auf Sand gebaut. Wer Gottes Worte folgt, dem erschließt sich allezeit sichere Führung an jedem Orte. Gottes Wille geschehe, jetzt und in Ewigkeit !

Der geistige Führer in uns wartet schon seit Anbeginn aller Zeiten, um uns zielsicher und auf dem kürzesten Wege nach Hause zu führen.

Er ist eins mit Gott, schaut Gott von Angesicht zu Angesicht, strahlender als tausend Sonnen und wünscht sich für uns nichts sehnlicher, als daß wir uns auf den Weg des Lichtes machen, daß wir uns von altem Vergangenem lösen, Gottes allein heiligem Ratschluß unterwerfen, Seinem Willen folgen, und uns selbst, Gott-in-uns, und jedem anderen Wesen ein gehorsamer, demütiger, geduldiger und liebevoller Diener sind.

Das Licht der Liebe leuchtet in einem jeden von uns, nur wissen es die meisten ganz gut zu verbergen. Angst vor Enttäuschung und schlechte Erfahrung sind die Ursache für Hartherzigkeit, Lieblosigkeit und zwischenmenschliche Kälte, aber lange noch keine Entschuldigung und Rechtfertigung vor Gott.

Wer wahrhaft weise liebt, seinen Schöpfer über alles und seinen Nächsten wie sich selbst, der ist geschützt vor Enttäuschungen und Mißliebigkeiten unter den Menschen, der umgibt sich mit einem Wall aus Licht und Liebe, an dem alles Dunkle und Negative abprallen und verbrennen muß.

Unsere Gebete und Liebe zu Gott schaffen einen sicheren Ring von Engeln um uns, die nichts Negatives oder Schädliches an uns heranlassen, es sei denn, es dient uns zur Prüfung und Erkenntnis. Nichts geschieht an uns ohne tieferen Sinn. Manche irdische Erfahrung schmerzt furchtbar, verschafft uns entsetzliche Angst und Pein. Aus Gottes und geistiger Sicht war dieses als Lernerfahrung von uns selbst dringend benötigt und gottzugelassen, denn der Herr verläßt die Seinen nicht.

Wer seinen eigenen Willen lebt, der sollte sich über keinen Fallstrick und keine Grube des Satans wundern, in die er hineinstolpert. Wer nur ein wenig Einblick in geistige Dinge und irdisches Geschehen hat, der weiß um die üblen Machenschaften und oft schwer zu durchschauenden Intrigen dieses üblen Gesellen, der die Aufgabe übernommen hat, uns durch Versuchung und Selbsterkenntnis die Himmelsleiter wieder hinaufzubringen.

Jeder unüberlegte kleine Schritt, jede kleine Versuchung und Notlüge, sind ihm und seinen Genossen recht, uns ins Verderben zu stürzen. Wer stark ist im Glauben und Vertrauen auf Gott, der wird aufgefangen und auf den Weg gebracht. Wer Gott frevelt und Seinen Namen nicht kennt, der ist den Anfechtungen des bösen Feindes schutzlos ausgeliefert.

Wen Gott liebt, den rührt Er an, und Er liebt alle Seine Kinder. Wer nicht auf die mahnende Stimme des Gewissens in seinem Innern horcht und immer nur eigene dunkle Wege geht, der stürzt in die Finsternis. Never-come-back-Airlines gibt es eigentlich nur im Geistigen, und das sind alle Wege, die nicht im Licht und der Liebe Gottes verlaufen, sondern fern der Wahrheit sich durch das Dickicht der Lüge und den Dschungel der Sünde schlängeln. Hier lauert die Gefahr. Das wildeste, unberechenbarste und wahrhaft teuflischste Tier lauert hier mit seinen Spießgesellen auf jeden Menschen, jede Seele auf dem Wege zu Gott. Die, die arglos, unwissend und leichtsinnig sind, werden, wie in der Tierwelt, als erste gerissen.

Die, die guten Willens sind und trotzdem vom sicheren Wege abgehen, wird der üble Genosse umstellen und anfallen. Wer sich dann auf Gott besinnt, dem kann geholfen werden. Nur wer vorsichtig und demütig ist, stark und sicher im Vertrauen und Glauben auf Gott und Seine Engel, dessen Pfad erleuchtet ist durch das Licht der Liebe und wer einen Schritt langsam vor den anderen setzt, der wandelt unter des Höchsten Schutz, den erreicht nichts wahrhaft Böses !

Wer das Dunkle und Böse zurückweist jeden Augenblick, um den wird es immer heller, der ist immer geschützter durch die starke Hand Gottes. Jeder wird versucht, aber nur nach dem Maß, welches er selber setzt. Wer immer um sichere Führung bittet, demütig und geduldig bleibt im Gebet, Widerstände auf seinem Wege erspürt und ganz seiner göttlichen Führung vertraut, der ist schon angenommen und am Ziel.

Wem das irdische Leben und Leid unerträglich lang und schwer dünkt, der hat noch keine rechte Vorstellung von der Unendlichkeit des wahren Seins in der jenseitigen Welt, sowohl im Himmel, wie in der Hölle.

Es gibt sowohl das Reich der Liebe, das Paradies, wo nur Honig und Milch fließen, als auch das Reich des Todes, wo nur Kälte und Finsternis, Schrecken und Qual herrschen. Jeder bekommt nur das, was er verdient, aber nicht nach eigener und irdischer, sondern nach Gottes Gerechtigkeit.

Wer sich damit begnügt, dieses irdische Leben lau und nachlässig, mehr schlecht als recht über die Runden zu bringen, der rutscht gewaltig in die Tiefe. Wer nur einen Funken Glauben in sich verspürt, macht sich schuldiger als einer ganz ohne tieferes Wissen und Erkenntnis.

Jedem wird gegeben nach seinen Werken und Taten, nicht nur nach Worten und Schönschwätzerei. Wer Gott im Munde führt und trotzdem jede Gelegenheit nutzt, sich in irdischen Vergnügungen zu ergehen und sich an weltlichen und materiellen Dingen zu ergötzen, der ist Gott sehr fern und ohne tiefere Erkenntnis und Einsicht.

Vor Gott erscheint dies, als ob man sich auf diesem Planeten so wohl und glückselig fühlt, daß man auf ewig hier verweilen wolle. Wer Gott zuliebe auf etwas verzichtet, eigene körperliche Bedürfnisse und Anwandlungen zur Zerstreuung zurückweist, der öffnet sich dem Geistigen und Göttlichen in sich selbst. Wer standhaft und ausdauernd bleibt in der Genügsamkeit, Bescheidenheit, Geduld und Demut, in Danksagung und Gebet, für den erschließt sich wahrhaft der Himmel auf Erden !

Wer so durch Gottes Gnade und innere Öffnung einen Vorgeschmack auf himmlische Glückseligkeit erlangt, der schwört allen menschlichen und irdischen Vergnügungen und Zerstreuungen ab, erhebt sich wie ein Phönix aus der Asche und strebt himmlischen Gefilden zu.

Jedem steht der Weg offen, und jeder wird diesen Weg anfangs und oft auch später, als den schwersten seines Lebens empfinden. Dieser Weg ist das Leben ! Alles andere ist Lug und Trug, mehr Schein als Sein, dient dazu, uns vom wahrhaftigen Sinn des Lebens abzulenken, uns in ewigen Tod und Verdammnis zu stürzen. Und Gott läßt es zu !

Gott hat es schon einmal zugelassen. Dies war vor unserem Fall aus den Himmeln durch eigene Schuld und Dummheit. Wer sich trotz Mündigkeit verführen läßt, den trifft selbst vor irdischer Gerechtigkeit eine Teilschuld. Das gilt im Geistigen wie im Irdischen, wie im Oben, so im Unten, wie im Innen, so im Außen, wie im Himmel, so auf Erden !

Wer sich mit der scheinbaren Behaglichkeit und Schönheit dieses irdischen Lebens begnügt, der wird wahrhaftig mit seinem körperlichen Tode ein böses seelisches Erwachen erleben. Jeder erfährt am eigenen Leibe das, was er selber verursacht hat. Auch Ahnungslosigkeit und geistige Blindheit schützen nicht vor den Auswirkungen dieses göttlichen Gerichts und unfehlbarer Gerechtigkeit. Dank Gottes Güte, Gnade und Gerechtigkeit erhält jeder das, was er sich verdient hat.

Wer sich bekehrt, vertraut und glaubt, der wird angenommen. Natürlich unterliegt jeder einem Prozeß der körperlich-seelischen Reinigung. Es wird sozusagen eine vorgezogene Läuterung von alten Sünden schon in diesem Leben vorgenommen, welche bei weitem nicht den Grad an späterer Höllenqual im Läuterungsofen der Seele, dem Fegefeuer, erreicht. Dies ist mit Sicherheit der bessere Weg.

Unbelehrbare und verstockte Geister werden eigene Erfahrungen sammeln. Auch im Höllischen, im „Mittelpunkt der Erde", herrscht göttliches Maß über alle Dinge. Jede Seele darf nur nach der Größe ihrer Verfehlungen vom Teufel und anderen Qälgeistern angegangen werden. Je gereinigter, geläuterter und gläubiger im Vertrauen auf Gott eine Seele ist, um so weniger darf ihr angetan werden.

Im Läuterungsofen der Seele wird durch die Einwirkung göttlicher Liebesenergie alle Nicht-Liebe, alle Sünde und alles Dunkle hinweg geschmolzen. Selbstverständlich ist dies ein gewaltiger Eingriff, der unendliche Schmerzen seelischer Natur verursacht, jedoch unerläßlich ist auf dem weiteren Weg zu Gott. Nur eine gereinigte und geläuterte Seele voller Liebe kann fortschreiten auf dem Pfad des ewigen Lebens.

Die niedrigen Schwingungen und energetischen Frequenzen der irdischen Materie und Störgefühle werden aufgelöst durch die Einwirkungen göttlicher Liebesenergien unvorstellbar hoher Potenz und Frequenz. Dieser höchsten Energiekraft im Kosmos, die alle Dinge aus sich selbst heraus erschaffen hat, unterliegen selbstverständlich alle erschaffenen Wesen. Nichts und niemand kann sich der unendlichen Liebeskraft seines Schöpfers entziehen. Jeder lebt durch diese Energiekraft, jeden Augenblick !

Jeder Atemzug, jeder Pulsschlag ist Ausdruck dieser alles erschaffenden und erhaltenden Schöpferkraft. Wer sich dieser Kraft bewußt immer mehr öffnet, sich Gottes Willen unterwirft und diesen auch befolgt, der erlebt eine Harmonisierung und Beruhigung seines Lebenswandels.

Wer die Stille und den Frieden sucht, sein Herz und seinen Geist verschließt den unruhigen und bewegten Einflüssen der Welt und ihren Versuchungen, der findet wahrhaft Frieden und Erfüllung in sich selbst, in Gott.

Wem dieses zu langweilig, spießig oder fromm erscheint, hat wahrhaft keine Ahnung und ist nur zu bemitleiden. Wer immer wieder Anerkennung, Liebe, Macht, Ehre und Reichtum im Außen und bei anderen Menschen sucht, verschließt sich den Segnungen und der Gnade unseres Herrn und Gottes.

Wer glaubt, ein ach so spannendes, wichtiges, erfülltes oder gar glückseliges Leben zu führen, ohne im Bewußtsein Gottes zu leben, den hat der Teufel wahrhaft neckisch am Wickel, den hält er fest in seinen Zangen.

Nichts und niemand widersteht der Kraft der Liebe unseres Herrn und Gottes, unseres geliebten Herrn Jesus Christus, der für uns durch die Hölle ging, halb Mensch, halb Gott. Wer sich im Namen Jesu Christi unter Gottes Schutz stellt, dem kann geholfen werden. Wer den guten Willen zeigt, den läßt Gott nicht mehr los, auch wenn Er ihn prüfen und versuchen läßt.

Gott schenkt Liebe und Gnade, Güte und Gerechtigkeit. Nichts ist Seiner göttlichen Allmacht unmöglich. Wer Planeten entstehen läßt, löst sie auch auf, wenn es sein muß.

Wer einem Haufen von Kindern das Leben schenkt und feststellen muß, daß einige aus Böswilligkeit und freiem Entschluß völlig mißraten sind, der schenkt ihnen in Liebe die Freiheit und überläßt sie ihrem Schicksal, damit sie eigene Erfahrungen sammeln können und eventuell doch noch den richtigen Weg finden.

Im göttlichen All geht nichts verloren. Aber alles unterliegt einem ständigen Wandlungs- und Umbildungsprozeß, einen andauernden Akt der Neu- und Fortentwicklung. Wer sich bewußt diesen Ausstrahlungen der göttlichen Allmacht und Liebe öffnet, der bringt einen Haufen Spannung und Bewegung in sein Leben. Je mehr man sich nach Gottes Gesetzen und Geboten ausrichtet, um so erfüllender und glückseligmachender ist das Sein, auch schon auf der Erde.

Wer die Biographien der vor Gott Heiligen liest, und diese als wahrhaft göttliche Wahrheit erkennt, der erahnt in etwa, welches Ausmaß an Aufopferung, Selbstlosigkeit, Hingabe, Demut und Geduld möglich ist, und welche süße Gnade und Kost der Mensch als göttlichen Lohn dafür erhält.

Wer kennt eine spannendere Geschichte als die Biographie der Therese von Konnersreuth, die über dreißig Jahre und länger rein geistig ernährt wurde, ohne zu essen und zu trinken.

Der traurig-berühmt gewordene Hitler ließ während seiner Amtszeit als Knecht des Teufels die Wahrhaftigkeit der göttlichen Gnade prüfen. Er ließ die äußerst fromme und gottesgläubige Frau, die in ihrem Leben bewußt den Weg zu Gott, den mystischen Weg ging, über eine Zeitdauer von zwei Wochen unter Aufsicht von einem mehr als zehnköpfigen Ärzteteam rund um die Uhr bewachen und untersuchen. Sie wurde gegen ihren Willen den peinlichsten und entwürdigensten Untersuchungen unterzogen, denen sie sich jedoch in Demut und Geduld zur Ehre Gottes unterwarf.

Sie pflegte tägliche Ausscheidungen, die genau bemessen und kontrolliert wurden, ohne im Verlauf der vierzehn Tage auch nur einen Schluck Wasser oder einen Bissen zu sich genommen zu haben. Nach vierzehn Tagen mußte die Heilige ohne größere Erkenntnis und Nachweis einer Lüge oder Betruges aus dem Krankenhaus entlassen werden.

Wer den mystischen Weg kennt, weiß, daß jene Auserwählten, denen Gott die Gnade zuerkennt, dem Kreuzesweg Seines Sohnes Jesu Christi nachfolgen zu dürfen, wahrhaftig das Kreuz unseres Heilandes und Erlösers tragen. Ohne zu diesem Zeitpunkt zu tief in die Gesetzmäßigkeiten und die Symbolik der Mystik eindringen zu wollen, sei hier erwähnt, daß die Mystiker in einem fortgeschrittenen geistigen Stadium auch die Stigmata tragen. Sie empfinden den Kreuzigungs- und Nagelschmerz Jesu Christi in Händen und Fußgelenken, tragen oft sogar offene Wunden ohne äußere Gewalteinwirkung, die bluten und täglich neu verbunden werden müssen. Sogar Fotodokumentationen und Illustrationen dieser göttlichen Gnade an Mystikern der heutigen Zeit existieren und sind durch die Medien der breiten Öffentlichkeit zugänglich gemacht worden.

Therese von Neumann nun trug diese offenen Stigmata, verspürte unendliche Schmerzen und Beschwerden bei jeder körperlichen Bewegung, klagte nie und unterwarf sich im festen Vertrauen und Glauben Gottes Willen. Anstatt der ihr zustehenden jedoch nicht benötigten Lebensmittelgutscheine ließ sie sich Waschmittelgutscheine ausgeben, um täglich ihre Verbandtücher auswaschen und reinigen zu können. Bis an das Ende ihres Lebens, über mehr als dreißig Jahre lang, benötigte ihr Körper zum Überleben keine Nahrung und keine Flüssigkeit. Sie wurde ganz einfach auf geistige energetische Art und Weise ernährt. Die Energie, die ihr Körper sonst aus dem Verdauen und Verbrennen von Nahrung bezog, floß ihr nach Gottes Gnade und Willen auf feinstofflicher, rein energetischer Ebene unmittelbar zu und erhielt sie so am Leben.

Trotzdem pflegte sie, wie jeder andere Sterbliche, täglich ganz normale Stuhl- und Uringewohnheiten. Kein Wunder, einfach nur Gottes Liebes-Energie !

Und diese Wunder geschehen auch heute, jeden Augenblick, nur daß wir dumm und blind genug, und wahrscheinlich zu hektisch und beschäftigt sind, um diese wahrzunehmen. Bei Gott und durch Gottes Gnade sind alle Dinge möglich, da gelten keine physikalischen und materiell-irdischen wissenschaftlichen Vorstellungen. Da zählt nur noch Gottes Wort und Willen !

Beim Lesen der Bibel erschließen sich diese Wunder in unergründlichem Maße. Gut daran tut der, wer dieses Buch der Bücher als Gottes Wort aus Prophetenhand und alle darin vermittelten Inhalte und Gebote als Gottes Gerechtigkeit und Gesetz, als Gottes Weisheit und Allmacht ohne Grund erkennt ! Wer in die unendlichen geistigen Tiefen seiner Existenz sich fallen läßt, der entdeckt Gott in sich selbst und in Allem. Dank sei Gott !

Ein Überleben ohne Gott im Diesseits und im Jenseits ist aus menschlicher Sicht nicht möglich, aus geistiger Sicht nicht sinnvoll. Wenn Gott nicht ist, wer sollte dann sein ? Aus dem Nichts kann nichts entstehen, weder jetzt, noch in Ewigkeit.

Gott läßt Dinge entstehen und Menschen vergehen. Wer spürt, wie die Zeit verfliegt, wie unser Zeitgefühl mit Siebenmeilenstiefeln voranschreitet, der tut gut daran, sich klarzumachen, daß ein Leben voll Hektik, Streß, Angst und Sorge weniger Gottes Wille, als mehr Teufelswerk ist.

Wer sein Leben lang zu beschäftigt ist und fremden Göttern dient, der verliert im Augenblicke des Austretens aus dem Körper, beim irdischen Ableben, alles, wofür er gelebt hat. Derjenige verliert alles, auch sich selbst.

Das Ich-Gefühl, das Bewußtsein des „Ich", verändert sich im Augenblick des Todes nicht, nur daß die Seele sich von ihrem schweren irdischen, materiellen Leibe trennt und ein wenig freier und leichter voranschreitet.

Wer sich im Augenblick des Todes an den Körper und das irdische Leben klammert, der hat es schwer und viel Schmerz. Wer voll Vertrauen und Glauben ist, sich ganz in Gottes Hand begibt, der geht ganz leicht und frei hinüber, der weiß, daß das Leben im Reich Gottes jetzt erst anfängt.

Glauben und Vertrauen, Gebet und Meditation, das sind die Waffen des Geistes gegen die fleischlichen Versuchungen unseres ärgsten Feindes und Widersachers. Wer sich durch Geradheit, Wahrheit, Ehrlichkeit und Anständigkeit schützt, der gibt dem Satan keine Macht über sich.

Wer lügt und betrügt, falsch schwört und meineidig wird, der verkauft seine Seele, um eines kleinen scheinbaren Vorteils, wegen an die Hölle.

Die Wahrheit liegt immer in der Mitte, in Gott. Denn Gott ist die Mitte und das Zentrum allen Seins, der Vater aller Dinge, Schöpfer Himmels und der Erden !

Die Wahrheit liegt immer in Gott, in uns. Wer sich der Lüge und der Versuchung verschließt, öffnet sich ganz in Gott.

Dank sei Gott dem Herrn !

Im Namen des Vaters und des Sohnes
und des Heiligen Geistes.
Dank sei Gott.
Dank sei Gott dem Herrn, jetzt und in Ewigkeit !
Amen.

Der Segen des allmächtigen Gottes sei allezeit mit Euch !
Gelobt sei Jesus Christus, jetzt und in Ewigkeit.
Gepriesen sei Sein Name.
Himmlischer Vater, geliebter Herr,
wir loben Dich so sehr.
Dein Licht, Deine Liebe, Deine Wahrheit
durchdringt unser gesamtes Sein, jetzt und in Ewigkeit !
Amen.

Der Segen des allmächtigen Gottes breite sich
über unser gesamtes Leben.
Dank sei Gott dem Herrn.
Amen.

Das Licht und die Liebe Gottes, unseres Herrn und Vaters,
durchstrahlt das All, erschafft und erhält neues Leben.
Großer Gott, wir loben Dich, wir preisen Deine Stärke.
Du bist das Licht in der Welt.
Du schenkst Deinen Kindern ganz viel Liebe,
Geduld und Barmherzigkeit,
ganz viel Güte, Geduld und Nachsicht.
Vater, Schöpfer allen Seins, Himmels und der Erden,
ohne Dich vergeht die Welt.
Alles ist eins in Allem in Dir, oh Gott !
Ohne Dich kann und darf niemand und nichts sein.
Dank sei Gott. Dank sei Gott dem Herrn,
jetzt und in Ewigkeit.
Amen.
Gelobt sei Jesus Christus ! Amen.

Das Rad der Dinge steht niemals still, weil Gott es so will !
Alles was war, ist da, alles was ist, wird wieder sein,
jetzt und in Ewigkeit.
Amen.

19

Der Geist fiel nicht vom Himmel, denn er wurde geboren in Gott. Nichts und niemand kann aus dem Nichts entstehen. Alles hat eine Quelle oder einen Ursprung. Die Quelle und der Ursprung des Lichtes und der Liebe entspringt in Gott, unserm Herrn und Meister.

Gott ist ein weiser Ratgeber, der uns, unsere geheimen Untugenden und Schwächen genau kennt. Gott läßt viele Anflüge des Guten und Unguten an uns heran kommen, damit wir dann aus freiem Willen heraus ja oder nein dazu sagen können.

Gott, der Herr der Heerscharen, Vater aller Dinge, Schöpfer Himmels und der Erden, liebt alle Seine Geschöpfe, ohne Ausnahme.

Vater, geliebter Herr, wir lieben Dich so sehr, wir preisen Deinen Namen und Deine Stärke. Dein allein heiliger Wille geschehe an uns, jetzt und in Ewigkeit. Amen.

Ohne Dich, Herr, kann ich nicht sein. Du bist die Mitte aller Dinge, der Kern allen Seins. Das Abbild Deiner Größe und Herrlichkeit begegnet mir in allem Geschaffenen. Du bist das Prinzip des Lebens, Du bist die Quelle allen Seins. Deine unendliche Güte, Gnade und Barmherzigkeit schenkte uns Kindern das Leben und Bewußtsein.

Alles liegt in Deiner Hand, Vater allen Seins. Dinge entstehen und Dinge vergehen vor Deinem Schöpferangesicht, und Du bist immer gleich gnädig, gebend und gütig. Du läßt das Gras grünen, die Wiesen blühen, die Felder sprießen und die Quellen fließen. Alles erwächst aus der unendlichen Tiefe Deines Herzens und Deiner Liebe zu allem Erschaffenen.

Du bist der Sinn meines Lebens, Du bist Zentrum meines Seins. Du bist der Kern aller Dinge, in mir und um mich herum. Du bist die öde Steppe, Du bist der fruchtbare Acker, Du bist die saftige Weide und die blühende Heide.

Du bist die Quelle aller Bewegung, bewegst Welten und Meere, schöpfst aus dem Unendlichen, dem Ozean Deiner Liebe. Du läßt die Fluten sich teilen, um Deine Kinder zu erretten aus Feindeshand. Du lenkst in sichere Gefilde, in beschütztes und behütetes Land.

Du schenkst Ruhe und Frieden, sicheres Geleit und wahre Worte. Die Kraft Deiner Liebe schützt und bewacht alles Geschaffene nach Deinem allein heiligen Willen. Nichts und niemand kann ohne Dich sein ! Du bist eins in Allem, Vater. Wer kann Dich begreifen ?

Kein Mensch sah Dich je, von Angesicht zu Angesicht, nur Deine Engel künden von Deiner unendlichen Pracht und Herrlichkeit, vor der alles andere verblaßen muß.

Dank sei Gott dem Herrn, jetzt und in Ewigkeit.

Gelobt sei Jesus Christus in der Unendlichkeit, der Sein Leben hingab für Seine Freunde, Seine Brüder und Schwestern im Geistigen. Der ewiglich litt für uns durch Menschenhand, Sein Leben hingab für Schimpf und Schand, geschmäht, verleumdet und verstossen, restlos verkannt von der Blindheit Seiner Geschöpfe.

Himmlischer Vater, geliebter Herr, wir lieben Dich so sehr. Wir sehnen uns nach dem Tage Deiner Wiederkunft, Dich zu schauen, von Angesicht zu Angesicht !

Du gingst uns verloren aus eigener Schuld. Du schenktest uns Dein Leben, doch wir erkannten Dich nicht. Nun öffne unsere engen Herzen, schenke uns Erkenntnis und Einsicht. Öffne unsere Augen für neues Licht der Liebe und Deine göttliche Wahrheit.

In Dir ist alles eins. Deine unendliche Güte, Gnade und Barmherzigkeit begegnet uns in allem Geschaffenen, doch wir erkennen Dich nicht, sind blind für göttliches Wort und göttliche Wahrheit. Dein allein heiliger Wille geschieht an uns, und wir spüren es nicht. Du schenktest uns den freien Willen, die Macht über Leben und Tod. Du bist der Herr der Liebe, doch Deine Kinder Knechte des Todes !

Aus geistiger Blindheit, versucht durch den Teufel, schlugen wir Dich ans Kreuz. Aus geistiger Blindheit, versucht durch den Teufel, der auch nur aus Deiner Gnade lebt, vernichten wir unsere Brüder und uns selbst, alle Deine Geschöpfe und unsere geliebte Mutter Erde.

Du beschenktest uns mit Deiner Schöpfung, damit sie uns diene und zum Wohl gereiche. Doch wir danken es Dir schlecht, bringen da den Tod, wo Du herrliches Leben geschaffen hast, zerstören da, wo Du wunderbar hast entstehen lassen, säen dort Schrecken, Zwietracht und Not, wo Du nur Licht, Liebe und Wahrheit hast einfließen lassen !

Du bist der Kern aller Dinge, Du bist das Zentrum allen Seins. Wer Dich nicht erkennt, Vater, der lebt den falschen Werten in seiner selbsterschaffenen Welt, ohne Licht und Liebe, auf sich selbst gestellt. Wer Dich nicht ruft in sein Leben, wird niemals wahres Glück erfahren.

Wer das beseligende Glück, in Deiner Hand zu wandeln, noch nicht in sich verspürte, der hat noch nicht gelebt. Wer ohne Dich seinen Weg geht, der wandelt in Wirrnis und Finsternis. Nur Du schenkst Licht und Liebe, Du schenkst erquickenden Schlaf und süße Ruhe. Wer außerhalb Deiner Liebe sein Heil sucht, findet sein Verderben !

Wen Du liebst, den züchtigst Du, dem schenkst Du neue Versuchung. Jeder ist sein eigener Schöpfer, doch der Herr bist nur Du. Wer Dich verläßt, der verläßt sich selbst und verliert sich in Hoffnungslosigkeit und unendlichen Weiten der Finsternis.

Wer sicher wandelt in Deinem Licht und Deiner Liebe, der ist wahrhaft sicher und beschützt, dem geschieht kein Leid, der wendet sich zu Dir in Kümmernis. Wer sich selbst erkennt, der erkennt Dich, oh Herr, in seinem Herzen, der erblickt in sich das Licht der Welt, der löscht aus eigene Unreinheit und Finsternis, der öffnet sich dem Licht der Liebe und Erkenntnis.

Oh Gott, wie faul, träge und nachlässig sind wir !
Wir vergessen uns im sinnlosen Streben nach Ehre, Macht und Ruhm, schnödem Mammon und vergänglichen Werten, ergehen uns in kindlichem Geplänkel und grausamen Spielen zur Vernichtung allen Lebens. Nur die Liebe zählt !

Alles was Liebe ist, das bleibt und ist unvergänglich. Alles Dunkle wird ausgemerzt, aufgelöst und auf ewig verbannt. Gott, Du läßt die Sonne scheinen über Gerechte und Ungerechte, drum fühlen sich beide sicher. Doch nur, wer den wahren Werten des Lichtes und der Liebe lebt, vermag wahrhaftig glücklich und geborgen seinen Pfad durch das Leben zu schreiten. Nur wer in Dir wandelt, geht den Pfad des ewigen Lebens. Alles andere ist ein kurzer vorbeifliegender Trug und Schein, ein Anhauch des Lebens, des vergänglichen Seins.

Vater, nur in Dir findet man wahrhaft ewige Ruhe und ewigen Frieden. Nur wer sich für Dich bereitet, wahrhaft in Deinem Sinne wandelt und durchs Leben schreitet, der erfährt wahrhaft ewige Liebe und ewiges Glück. Wer Dich bittet, Herr, den erhörst Du, wer bei Dir anklopft, dem wird aufgetan !

Wer sich Dir öffnet, bei dem hältst Du Einzug mit Deinen geliebten Engeln, die uns dienen und schützen wollen, ganz nach Deinem Sinne. Alle, die Dich lieben, dienen Dir ohne Wenn und Aber, folgen Deinem Worte in Demut, Geduld und Barmherzigkeit, danken Dir allezeit für Deine unendliche Güte und Liebe.

Herr und Gott, Vater aller Dinge, Schöpfer allen Seins, Himmels und der Erden, wir beten Dich an, fallen nieder in Buße und Reue auf unser Angesicht, erkennen das Dir angetane Unrecht, überwinden eigenen Stolz und Überheblichkeit.

Wer sich knechtet, der liebt Dich. Nur wer Deinem allein heiligen Willen folgt, erlangt wahrhaft ewiges Glück und ewigen Frieden. Nur wer sich selbst verleugnet, seinen inneren Menschen voll Eitelkeit, Stolz, Überheblichkeit, Lüge und Eigensinn überwindet, trägt sein Kreuz und folgt seinem wahren Herrn und Meister Jesus Christus nach.

„Nur durch mich kommt ihr zum Vater."

Nur wer sein Kreuz auf sich nimmt, der Versuchung entsagt und sich selbst überwindet, der nutzt sein Leben wahrhaft gottgewollt in ewigem Sinne. Alles andere gereicht zu Verderben, Krankheit und Tod, stürzt uns in Lüge, Drangsal und Not. Seele, drum wandle in Gott, entsage der Welt und horche auf Gottes Wort. Vermeide übertriebenen Prunk und Herrlichkeit, bescheide Dich mit dem, was Dir gegeben wird. Suche kein´ Lob und Ehr´ bei deinesgleichen, wandle in Reinheit und Ehrlichkeit vor Gott, Deinem Herrn, der ins Verborgene sieht.

Wie der Lilie im Felde, den Tieren im Walde, schenkt Er Dir alles Licht und alle Liebe, wenn Du Dich auf Ihn verläßt und auf Ihn vertraust. Wage den ersten Schritt und gewinne viel !

Bleibe stehen oder kehre Ihm den Rücken, und Du verlierst alles. Die wahre Meisterschaft des Lebens bedeutet geistiges Wachstum und Wandel im Bewußtsein Gottes. Alles andere dient nur zur Versuchung und Verwirrung verirrter Seelen. Wer wissentlich oder unwissentlich außerhalb Gottes Wort und dem heiligen Gebot der allumfassenden Liebe wandelt, den kennt Gott nicht, den vergißt Er in der Stunde der Drangsal, des Todes und der Not, doch die Seinen verläßt Er nicht !

Wer niemals im Bewußtsein Gottes gewandelt ist, hat niemals wahrhaft gelebt und wandelt als Parasit auf Erden. Wer niemals Früchte trägt, der wird ausgerottet mit Stumpf und Stiel, denn unfruchtbarer Same wird auf ewiglich ausgemerzt.

Das Buch des Lebens enthält die Namen derer, die eingehen werden in das Reich Gottes auf Erden, das Neue Jerusalem. Nichts und niemand entgeht Gottes Gerechtigkeit. Wer erwacht aus seinem Dornröschenschlaf, schenkt sich selbst das Leben. Wer auf sich selbst und die materielle Welt baut, wählt den Tod. So einfach ist das !

Alles ist Energie und wird ineinander umgewandelt. Alles ist eins in Allem in Gott. Nichts und niemand kann verloren gehen. Denn alles kommt vom Vater, geschaffen durch die Kraft des Wortes und alles kehrt zu ihm zurück. Alles ist nur eine Frage der Zeit, denn Gott lebt in der Unendlichkeit. Der eine lernt schneller, der andere hält sich für schlau und leidet länger. Das ist Gottes Gerechtigkeit.

Nur, wer sich selbst aufgibt in Gott, den nimmt Gott an. Wer sich selbst als unbedeutend, nichtig und gering erkennt, dem erschließt sich Gott aus sich selbst.

Wer sich selbst für groß, wichtig oder gar bedeutend hält, der hat wahrhaftig nichts. Nichts ist so, wie es scheint, alles ist nur Lug und Trug. Nur wer diese Waffen des Teufels erkennt, erlangt eine wahre Sicht der Dinge und ewiges Leben. Du sollst den Schöpfer lieben und nicht die Geschöpfe !

Wer den Dingen und vergänglichem Reichtum anhaftet, dem geht alles verloren, der dient fremden Göttern.

Gott, unser himmlischer Vater, hat ein wachsames Auge auf alle Seine Kinder. Wer sich gut macht und guten Willens ist, dem schenkt Er Güte und Gnade. Wer sich ein wenig eigensinnig und widerspenstig anstellt, dem schenkt der Herr einen besorgten Blick und ein wenig mehr Zuwendung in Liebe, Geduld und Barmherzigkeit.

Wen Gott liebt, den züchtigt Er. Krankheit ist eine Gnade und immer eine Reinigung von Körper, Seele und Geist. Nur wer sich reinigt, kann im Geistigen voranschreiten, und damit dem Reich Gottes näherkommen. Nur wer gezwungen ist, sich in seinem Denken, Fühlen, Handeln und Sein fortzuentwickeln, kann wahrhaft geistig wachsen und die Liebe leben.

Wer übersatt, selbstzufrieden und von sich selbst überzeugt ist, der wird träge, faul und nachlässig, schläft auf seinem Posten ein und verliert den Anschluß. Der Zug fährt pünktlich, und es ist fünf vor zwölf. Die letzten Gäste stürmen das Schiff, die Arche des ewigen Lebens und des Neuen Bundes !

Neugeburten und die Entstehung neuer Welten gehen immer auch mit Schmerz und Leid, Verlust und Tod einher. Reinigung und Läuterung sind die Reisevorbereitung, Demut, Geduld, Barmherzigkeit und allumfassende Liebe die Eintrittskarte in eine schöne Neue Welt.

Wem Gott Seine Gnade schenkt, den nimmt Er an und schenkt ihm Gelegenheit, Vertrauen und Glauben zu beweisen und an sich selbst zu erfahren. Wer sich ganz in Gott fallen läßt, den fängt Gott auf und sorgt für ihn.

Himmlischer Vater, geliebter Herr, wir danken Dir so sehr für all Dein Licht, Deine Liebe und Deine Wahrheit, für alles, was Du uns gibst und schenkst, jetzt und in Ewigkeit. Amen.

Gelobt sei Jesus Christus, jetzt und in Ewigkeit. Amen.

Dank sei Gott dem Herrn !

20

Vater, Deinem allein heiligen Willen zu folgen, ist der Weg zur Glückseligkeit. Du hältst unendlich viel Schönes und Erleuchtendes für Deine Kinder bereit, wenn sie sich für Deine Stimme öffnen. In Deiner unendlichen Güte, Gnade und Gerechtigkeit erweist Du uns Deine Gaben der Liebe, mit denen Du uns überschütten möchtest, die uns helfen sollen, den Weg zu Dir zurückzufinden. Nichts und niemand vermag uns so liebevoll zu führen, wie Du allein, da nichts außer Dir ist.

Deine Liebe zu uns überschattet alles andere, verdrängt alles Ungute und Böse in uns und unserer Nähe, auf daß wir behütet und beschützt uns in Deine Gnade begeben. Deine Schöpferhand führt, lenkt, leitet und schützt uns jeden Augenblick, und umgibt uns wie ein Ring aus Licht, durch den nichts Dunkles uns erreichen kann, wenn Du es nicht zuläßt.

Du bist der Vater aller Dinge, der Schöpfer allen Seins, der Herr der Heerscharen. Alles liegt in Deiner Macht. Ohne Deine Zustimmung und Billigung schlägt kein Menschenherz, entsteht kein neues Leben, beginnt kein neuer Tag.

Alles liegt in Deiner Hand, denn Du schöpfst aus der Unendlichkeit, aus Dir selbst. Alles, was Du geschaffen hast, ist Dein, somit auch alle Deine Kinder, Welten und Universen, die Du durch Deinen Glanz erhellst, denen Du Licht und Liebe schenkst.

König der Könige, Herrscher über alles Sein, Deine Waffen sind Licht und Liebe ! Wem Du Deine Gnade schenkst, den hältst Du hoch, den schützt Du vor Drangsal und Leid.

Du schenkst Zufriedenheit, Glück und Harmonie, Erkenntnis und Erleuchtung, jedem, der Dich darum bittet. Nur durch Dich entsteht neues Leben, nur durch Dich entsteht neues Sein, nur Du öffnest unsere Augen für die wahre Beschaffenheit der Dinge.

Du nimmst den Versuchungen und Täuschungen des Satans und der Materie ihren Glanz, Du schenkst richtige Erkenntnis und Einsicht. Die Dinge sind in sich nie so, wie sie von außen scheinen zu sein.

Du lehrst uns Lektionen von Wahrheit und Liebe, Du gewährst uns Einblick in die wahren kosmischen Zusammenhänge, Du eröffnest uns unendliche Dimensionen des Seins, die sich uns kraft Deiner Liebe erschließen. Denn alles liegt in Deiner Hand !

Nur durch Dich und die Vermittlung Deiner geliebten Engel und Lichtwesen ist Bewußtwerdung, richtige Sicht und wahre Erkenntnis der geschaffenen Dinge möglich.

Wer Dir durch Demut und Geduld, Gebet und Meditation, Vertrauen und Glauben die Hand reicht, dem eröffnest Du neue Welten und Dimensionen des Seins. Nichts und niemand vermag aus sich selbst heraus so viel Weisheit und richtige Einsicht zu schöpfen, ohne daß Du Deine Gnade gewährst !

Wer das Getrenntsein von Dir nicht überwindet, erlangt nie und nimmer ewiges Leben und Glückseligkeit. Wer lange sucht auf eigene Faust an der falschen Stelle, sich versperrt gegen günstige Einflüsse und Eingaben von innen aus sich selbst heraus, der wählt den Weg des Schmerzes und des Leides. Keiner vermag sich den Ausstrahlungen Deiner Liebe zu entziehen, jeder wird angerührt, erhält die Botschaft des Lebens, des ewigen Seins.

Du schenkst Deinen Kindern Güte und Vergebung, jetzt und in Ewigkeit. Du schenktest uns Menschen Leben und Bewußtsein, wolltest nur geben und Dich an Deinen Geschöpfen erfreuen. Doch wir dankten Dir mit Unrat und Eigensinn, gingen eigene Wege, hin zu Vernichtung und Tod.

Wir dankten Deine selbstlose Liebe mit Arroganz und Überheblichkeit, Eigensinn und Anmaßung. Wir erheben uns über alles Sein, verfügen über alle geschaffenen Dinge und Geschöpfe nach Gutdünken, wähnen den Herrn des Hauses in Abwesenheit und auf Reisen. Die Worte und Rufe Deiner Abgesandten und Diener verhallen ungehört in unseren tauben Ohren, Botschaften des Lichtes und der Liebe verklingen ohne Resonanz in unserer eigenen Welt.

Wir verlangen Wundertaten und Zeichen am Himmel, die uns von Deiner wahren Existenz überzeugen sollen. Unsere verdient beschränkten fünf Sinne verlangen Vertrauen und Glauben in Deine Schöpferkraft, um wahre Einsicht und Erkenntnis von innen her zu erlangen.

Nur wer Dich im Innersten seines Herzens sucht, wird Dich als stillen Begleiter an seiner Seite seit Urzeiten finden.

Du bist der ewig demütige, geduldige und barmherzige Helfer in der Not, der allezeit bereit uns zur Seite steht, immer einen Rat weiß, immer neue Liebe schenkt. Doch ernten tust Du Undank, Schmach und Hohn, der Mensch versagt Dir Deinen Lohn, ein wenig Liebe und Dankbarkeit.

Deine Kinder treten Deine Güte und Barmherzigkeit mit Füßen, verunglimpfen Deine Werke, mißbrauchen Deine Zuwendung, lassen die Vaterliebe in sich erkalten, schöpfen nur Zwietracht, Ärger und Neid, verunreinigen Deine Schöpfung durch unreine und wenig liebevolle Gedanken und Taten.

Kein sterbliches Wesen vermag Schmerz, Schande und Schmach zu ermessen, die Dir, dem liebenden Vater, die Menschen jeden Tag aufs Neue zufügen. Unendliche Potenzen von Boshaftigkeit, Perversion und Sinnlosigkeit schöpfen Deine Kinder gedankenlos und blind jeden Augenblick aus sich selbst. In geistiger Blindheit und selbstverschuldeter Taubheit verschließen sie sich Deiner liebevollen Stimme, wähnen sich allein im All und versuchen, alles auf eigene Faust zu ergründen.

Es wird kommen der Tag der Gerechtigkeit, Herr, zu richten die Lebendigen und die Toten. Wer einem toten Gott huldigt und frönt, und ihn durch die Materie und den Mammon anbetet, der tappt wahrhaftig in der Finsternis, der überliefert seine Seele selbst dem Satan.

Wer bewußtseinsmäßig die gesamte Schöpfung auf das reduziert, was er mit seinen bescheidenen fünf Sinnen wahrzunehmen vermag, der verschließt sich freiwillig der Befreiung und Erleuchtung seines Geistes, der wandelt auf sicherem Wege in den ewigen Tod.

Wer nicht hören kann, muß fühlen, aber auch diese Botschaft verstehen Deine Kinder oft nicht, stolpern in Unwissenheit und Verblendung, gehalten durch die eitlen Wissenschaften durch das Leben, siechen und sterben dahin, suchen Hilfe und Trost bei Ihresgleichen, vergehen vor Angst, Not und Leid.

Wen Du liebst, Herr, den züchtigst Du, um ihn auf den richtigen Weg zu bringen, um ihm richtige Erkenntnis und Einsicht zu schenken. Wer die Sprache seiner Krankheit und seines Leides verstehen lernt, der wächst im Vertrauen und Glauben auf seinen Schöpfer.

Denn niemals heilt der menschliche Arzt, Herr, sondern ewig und allein schenkst Du, großer Gott, da Heilung und Linderung von Krankheit und Leid, wo Dein Wille es wünscht, wo der Mensch sich durch Läuterung und Bewußtwerdung den Ausstrahlungen Deiner göttlichen Liebe öffnet und sich für die Heilung an Körper, Seele und Geist durch Deine Liebesenergie durch Vertrauen und Glauben bereitet.

Krankheit hat immer einen Sinn und möchte uns etwas sagen. Wer sich seelisch, geistig oder körperlich aus eigener Schuld und Nachlässigkeit aus der von Dir, oh Herr, gewollten natürlichen Harmonie aller Dinge herausbewegt, der erkrankt unweigerlich an Körper, Seele und Geist.

Du läßt keinen ungestraft, Du schenkst jedem die Möglichkeit zu Bewußtwerdung und Erkenntnis seines Handelns und Tuns. Gar nicht zimperlich schenkst Du uns jede Form von Schmerz, um uns in Deiner unendlichen Liebe blutenden Herzens Vertrauen, Glauben und Gehorsam zu lehren.

Und das ist gut so, Vater, hilfst Du uns doch auf diese Weise, in diesem irdischen Labyrinth den richtigen, von Dir gewollten Weg zu finden, denn breit ist der Pfad, der ins Verderben führt und groß die Zahl der Versuchungen.

Drum laß uns bitten, geliebter Herr, um richtige Erkenntnis und sichere Führung nach Deinem allein heiligen Willen, jeden Augenblick, auf daß wir durch Dich und Deine geliebten Engel vor den Einflüssen und heimtückischen Versuchungen des Bösen geschützt sind !

Vater, Du begleitest uns in unsichtbarer Gestalt durch unser gesamtes Leben, nimmst uns an die Hand wie ein kleines Kind, um uns vorsichtig und liebevoll zu führen, doch allzuoft reißen wir uns eigensinnig und bockig los, stürmen voraus oder zur Seite, stürzen, fallen und schreien, auf daß Du uns wieder aufhebst, unsere Wunden heilen und uns Trost und Liebe spenden mögest.

Deine gütige Hand streichelt und besänftigt uns in Tagen des Zorns und der Enttäuschung, aber sie züchtigt uns auch in Stunden der Anmaßung und Überheblichkeit, der Unreinheit und der Verworfenheit.

Bitte, himmlischer Vater, laß uns allezeit um Deine gütige und sichere Führung bitten, der Du doch unendlich und allwissend bist, der Du um alle Dinge im Kosmos weißt und unsere Seele seit Anbeginn aller Zeiten kennst.

Du kennst uns besser, als wir uns selbst, drum sei uns gnädig und strafe uns, da, wo es sich geziemt, schenke uns Deine Güte und Nachsicht, wo wir unbeholfen und dumm uns anstellen.

Schenke uns allezeit richtige Erkenntnis, erhöre unser Flehen, wenn wir darum bitten, daß Dein allein heiliger Wille an uns geschehen möge. Laß uns Dein Werkzeug der Liebe und Barmherzigkeit sein. Laß Dein Licht und Deine Liebe durch uns in diese Welt einfließen, auf daß sich alle Menschenherzen Dir zuwenden mögen, um Dir zu danken und Dich zu ehren.

Nur dieses Bekenntnis und die Hinwendung zu Dir, vermag uns Gnade und Barmherzigkeit von Dir zu erlangen, auf daß Du uns annehmen mögest, als wahre Kinder Deiner Liebe hier auf dieser Erde, durch Deine Gnade.

Nur Du schenkst uns das sichere Gefühl der Geborgenheit, Du bist der Einzige, der uns nie verläßt, der uns nie enttäuscht und uns allezeit Vergebung und Liebe schenkt.

Du hast Verständnis für unsere Verirrungen, Verfehlungen und Sünden. Du weißt um die Vorspiegelungen und Verwirrungen des Satans, mit denen er unsere Seele umspinnt, um sie einzufangen und zum Abfall von Dir zu bewegen. Doch gegen Deine unendlich große Kraft und Macht vermag er nichts auszurichten.

Wer sich selbst aus eigenem Entschluß und freiem Willen ganz in Deine Hand begibt, geliebter Gott, den verläßt Du nicht. Wer sich voll Vertrauen und Glauben Dir ganz hingibt, der erlangt wahrhaft den Himmel auf Erden.

Wer sich trotz Deiner Heimsuchungen, die uns reinigen und im Glauben wachsen lassen sollen, weiter zu Dir bekennt, und sich nicht von Dir abwendet, der wandelt, sicher wie in Abrahams Schoß, durch dieses kurze Leben, voller Mühsal und Leid.

Wer Dir zuliebe bereit ist, alles andere aufzugeben, sei es Mutter, Vater, Tochter oder Sohn, der beweist seine Liebe und Hingabe zu Dir, oh Gott !

Nur, wer sich ganz Deinem Willen unterordnet in allen Dingen, erlangt richtige Führung und Einsicht.

Und bewahre uns davor, Vater, Dir Schuld zu geben, wenn in unserem Leben oder unserer Welt etwas schiefgeht. Lasse uns rechtzeitig die Ursache für drohendes Unheil und Leid in uns selbst entdecken, damit wir durch richtige Erkenntnis und Deine Hilfe die Klippe des Übels sicher umschiffen.

Im Vertrauen und Glauben auf uns selbst ernten wir nur Krankheit, Verderben und Tod. Drum laß uns lernen, geliebter Herr, alle Dinge des täglichen Lebens in Deine väterlichen Hände zu legen, rechtzeitig Widerstände und Unstimmigkeiten zu erspüren und, vorsichtig und behutsam, einen Schritt vor den anderen zu setzen, um sicher und geschützt in Licht und Liebe durch unser Leben zu wandeln.

Schenke Du uns allezeit richtige Selbsterkenntnis und lehre uns, uns selbst und das Ungute in uns zu überwinden, der Versuchung zu trotzen und den Satan in seine Schranken zu verweisen.

Wenn Du Dich schon für uns aufgeopfert hast und den Erlösungs- und Kreuzigungstod für uns auf Dich genommen hast, dann laß uns gefallene Engel doch bitte auch schlau genug sein, rechtzeitig die Zeichen der Zeit zu erkennen, auf daß wir uns läutern und bessern, um Deinen uns geschenkten Geboten und dem höchsten Gebote der allumfassenden Liebe zu Dir und allem Geschaffenen Folge zu leisten.

Schenke Du uns Demut, Geduld, Barmherzigkeit. Schenke uns durch die Kraft Deiner Liebe richtige Erkenntnis und Einsicht um alles Geschaffene und den Sinn und Zweck Deiner Schöpfung und unseres Lebens. Laß' uns bitte nicht aus eigener Dummheit und Schuld unverrichteter Dinge und ohne wiedergewonnenen Glauben von dieser Welt scheiden, die nur den Zweck erfüllt, uns wieder heimzubringen in Dein geliebtes Himmelreich, unser wahres Zuhause.

Nur durch Deine göttliche Gnade und Gerechtigkeit lernen wir, anderen zu vergeben und zu verzeihen und unseren eigenen Stolz und Dünkel zu überwinden. Nur kraft Deiner Liebe vermögen wir die sieben göttlichen Tugenden der allumfassenden Liebe, der Geduld und Barmherzigkeit, des Willens, der Weisheit, des Ernstes und der Ordnung zu erlangen und zu erlernen.

Aus eigener Schuld ging uns all dies verloren. Durch Deine Gnade wird uns all dies wiedergeschenkt, wenn wir uns für Dich bereiten.

Laß' Du das Licht der Liebe und Barmherzigkeit über uns leuchten, schenke uns Vergebung und Verzeihung für all unser Unrecht und unsere Verfehlungen, Herr.

Wir haben erkannt, daß diese Welt nur eine Welt des Truges und des Scheins ist, die es gilt, zu erkennen und zu überwinden. Laß' uns all' unseren Mitmenschen verzeihen, Herr, auf daß auch Du uns unsere Sünden und Nachlässigkeiten vergeben mögest.

Schenke Du uns die Kraft, uns voll Vertrauen und Glauben im Gebete an Dich zu wenden, um Dir Dank zu sagen für die unendliche Güte und Gnade des Lebens und Lernens in dieser Welt, welche uns heimbringen soll in Dein Reich, welches nicht ist von dieser Welt.

Laß' uns unsere Kleingläubigkeit und die Beschränktheit der uns geschenkten fünf Sinne überwinden, um uns selbst als Deine Kinder und gefallenen Engel zu erkennen, die sich auf den Weg gemacht haben, Dir zu gefallen und Dir zur Ehr', Dir zu dienen und Deinem allein heiligen Willen zu folgen.

Gib Du uns die Kraft, Vater, uns von der Last der Materie zu befreien, die Unterwerfung und Beschneidung unseres freien Willens durch andere Menschen zu überwinden, auf daß sich das göttliche Selbst in uns erschließen möge durch Deine Gnade. Lasse nicht zu, daß wir im Glauben und Vertrauen zurückgerissen werden, durch ungläubige Brüder und Schwestern, die Zweifel, Angst und Zwietracht in uns säen. Hilf uns auf, geliebter Gott, starker König, reiche Du Deinem Diener die Hand, auf daß er sich erheben kann aus irdischer Drangsal und Not !

Die schönen und lüsternen Dinge der irdischen Welt sind der schlimmste Feind des göttlichen Geistes in mir. Drum bewahre mich in der Versuchung ! Denn Du mußt die Versuchung zulassen, damit ich sie aus eigenem freien Willen kraft Deiner Gnade überwinde. Das ist der Weg des Lebens !

Drum schenke mir nicht Bequemlichkeit und materielle Güter im Übermaß, die die körperlichen Sinne befriedigen und den Geist einschlafen lassen. Bewahre mich vor dem geistigen Tod ! Befreie mich von der Einwirkung des Bösen. Bewahre mich vor der Versuchung, mich selbst als guten Menschen zu sehen !

Der Teufel kämpft mit allen Waffen, um unsere Seele einzuschläfern, damit wir in Versuchung fallen. Wehret den Anfängen !

Großer Gott, geliebter Herr, wir danken Dir so sehr für alles, was Du uns gibst und schenkst, jetzt und in Ewigkeit. Du bist der Vater allen Seins, Himmels und der Erden, Herr der Heerscharen. Du bist der Gott der Liebe, aber Du bist auch der Gott des Zorns. Am Tage des Jüngsten Gerichts möge Dein Zorn über uns kommen, zu scheiden die Spreu vom Weizen, die Lebenden von den Toten. Dein allein heiliger Wille geschehe an uns, jetzt und in Ewigkeit.

Gelobt sei Jesus Christus, jetzt und in Ewigkeit. Amen.

21

Himmlischer Vater, geliebter Herr, wir ehren Dich in allen erschaffenen Dingen. Du schenkst uns Deine Liebe, Gnade und Barmherzigkeit, jetzt und in Ewigkeit, und dafür sagen wir Dir Dank. Gelobt sei Jesus Christus, jetzt und immerdar.

Herr der Heerscharen, Schöpfer allen Seins, König der Liebe, wir bringen Dir Preis und Ehre. Du läßt die Weiden sprießen und die Blumen blühen, Du senkst den Morgentau auf die Erde. Du erweckst den ersten Sonnenstrahl. All Dein Licht, Deine Liebe, Deine Wahrheit läßt Du einfließen in unser gesamtes Sein.

Du läßt Deine Liebe fließen, ohne Preis und Lohn, jetzt und in Ewigkeit. Wer kommt Dir gleich, oh Herr ! Wer ist würdig genug, Dir das Wasser zu reichen ?

Alles ist eins in Allem in Gott. Du schenkst uns immer wieder die Kraft zum Leben, Du reichst uns immer wieder die Kraft, zu beten und auf Dein Wort zu vertrauen. Um uns ist Trübsal und Not, Verderben und Tod. Dein Widersacher streitet vermessen gegen Deine Schäfchen. Er lenkt sie in die Irre, verwirrt ihre Sinne und gaukelt ihnen allerlei Unsinn vor, auf daß sie fremden Göttern dienen und von Dir abfallen mögen.

Und Du läßt es zu, daß Deine Kinder fallen, denn Du schenktest Ihnen das Leben, die Liebe und die Freiheit. Du ließest sie gedeihen, schenktest ihnen Wasser und Brot.

Und nun, oh Herr, schaust Du blutenden Herzens ihr Verderben, welches sie aus eigener Schuld finden müssen, um an anderer Stelle in anderer Form das Leben von neuem zu beginnen.

Denn bei Dir geht nichts verloren, alles hat seinen Sinn. Wer Umwege wählt, der kommt auch ans Ziel, nur erfährt er unendlich mehr Kummer und Leid. Vater aller Dinge, Schöpfer allen Seins, wie unendlich ist Deine Weisheit und Deine Ehre, wie allmächtig Deine Stärke ?

Du bist gebunden nur durch Deine eigene Gerechtigkeit, willst nur schenken Deine Liebe Deinen Kinderlein. Deine neue Welt, oh Herr, ohne Angst und Pein, ohne Not und Schreien, kommt zu uns in der Ewigkeit. Jeder vollendete Tag ist ein Tag weniger bis zur Erlösung.

Jedes Morgenrot schenkt neue Hoffnung auf Dein geliebtes Reich auf Erden, welches uns geschenkt wird, die wir glauben, ohne zu sehen, die wir beharrlich und ausdauernd sind im Gebet und Lobpreis Deiner Stärke.

Alle, die an Dich glauben, machst Du stark in Deiner unendlich großen Güte und Barmherzigkeit. Nichts entgeht Deinen Dienern, die jeden Augenblick für uns Menschenkinder sorgen, die teilen unser Geschick, die uns führen über Stock und Stein, die wollen allezeit Liebe nur sein.

Doch wir verschließen uns Deiner Gnade, lassen Dich gerne allein. Dabei bist Du doch das Leben und wir nur der Tod. Du bist der Vater und wir nur der Sohn. Wir sind der verlorene Sohn, das verlorene Schaf, und auf jeden einzelnen kommt es an, verheißt uns Licht und Liebe, ewige Jugend und Unsterblichkeit. Was können wir noch mehr verlangen, welcher Preis im Irdischen käme diesem gleich ?

Du schenkst jedem nach seinen Taten, und das ist würdig und recht. Wer sich entzieht Deiner Liebe, der richtet sich selbst. Wie sag' ich es den Menschen, Herr, auf daß sie es verstehen, daß die Zeit gekommen ist, wo alle Dinge vergehen ?

Du verheißt uns das Land der Liebe, der Freiheit von Sieche und Tod. Darauf freuen wir uns von Herzen und dafür danken wir Dir, jetzt und in Ewigkeit.

Wer immer nur geben will, und immer nur schenkt die Liebe, dem öffnet sich das Tor zum Paradiese. Da, wo die Liebe wohnt, da kehrt ein Dein Segen. Und Licht wird es in den Herzen, die Dir dienen. Selig, wer dieses erkennt, um Dir zu dienen, wer sich selbst vergißt, um mit Dir zu sein. Denn wer sich selbst aufgibt um deinetwillen, dem wirst Du alles geben, jetzt und in Ewigkeit.

Alles liegt in Deiner Hand. Ein Tor ist, wer dieses nicht erkennt und sich selbst als der Schöpfer dünkt. Wer sich für groß hält, den machst Du klein, den Stolzen bringst Du zu Fall. Den Überheblichen lehrst Du Demut, dem Stolzen vergeht die Eitelkeit. Da, wo die Lüge hinfällt, wächst kein Gras mehr, keine Blume des Lebens. Weil alles nur besteht aus Liebe und Gerechtigkeit.

Du bist der Vater aller Dinge, Schöpfer allen Seins. Möge das Licht der Liebe und Erkenntnis über uns leuchten, uns heimbringen aus Dunkelheit und Finsternis, heim in Dein Reich. Wo die Liebe hinfällt, Herr, da bist nur Du. Denn alle Liebe stammt von Dir. In allen Dingen, die ich liebe, liebe ich Gott allein.

Von Ihm kommt alles, und zu Ihm kehrt alles zurück. Wer weise denkt, richtet all sein Gedankengut auf seinen Schöpfer, der ihn lenkt und liebt. Nur die Liebe zählt, die unsere Welt erhält.

Nicht „money makes the world go round", nur Gott allein. Wer dies verkennt und fremden Göttern dient, der wird bitter enttäuscht und fällt weit zurück auf der Leiter. Nicht wir sind die Richter, sondern die Gerichteten. Was Du säest, das wirst Du ernten.

„Was Du nicht willst, was man Dir tu,
das füg auch keinem andern zu."

Übe Dich in Demut und Geduld, Schweigen und Genügsamkeit und harre Deines Schöpfers. Denn Er kommt mit Riesenschritten, aber Er wirft keine Schatten voraus, weil Er ist nur Licht und Liebe. Aber wer wacht, der erkennt Ihn schon von ferne, der spürt Sein Nahen tief in seinem Herzen. Den einen macht es hüpfen, tanzen, jauchzen und jubilieren, dem anderen bereitet es wahrhaftig Höllenqual, das Kommen unseres Herrn und Erlösers ein zweites Mal. Die Wiederkunft des Herrn steht bevor, ja, sie ist schon da, in uns. Die einen wissen es, anderen fehlt der Glaube.

Jeder wird angerührt, muß sprechen ein vernehmliches „Ja" oder „Nein" zu Gott. Gott ist nur Liebe und schenkt allen Seinen Kindern Verständnis und Nachsicht. Besorgt und sorgenvoll blickt Er auf Seine ungestümen Kinder. Gott weiß um jedes einzelne und Seine Schwächen, schenkt jedem Vergebung und Geduld.

Wer sich besinnt auf Gott, unseren Herrn, den nimmt Er an, dem schenkt Er neues Leben. Wer sich den Ausstrahlungen Seiner Liebe verschließt, der liebt sich selbst mehr als Gott, wer andere richtet, richtet sich selbst. Wen Gott züchtigt, den liebt Er, dem gewährt Er eine neue Chance, zu leben. Wer die Liebe wählt und damit Gott, der schöpft neues Leben, der wird beschenkt mit reichen Gaben der Weisheit und Erkenntnis. Wer seinen Stolz ablegt, der gewinnt die Demut vor Gott und den Menschen, der bereitet sich für das göttliche Reich.

Befreie Dich von der Macht des Bösen, verweise es in seine Schranken, nach dem Vorbild Deines Herrn und Meisters, der für Dich stritt und starb. Lasse Seinen Kampf bitte nicht umsonst gewesen sein. Höre nicht auf die Einflüsterungen des Teufels, der Dir vorgaukelt, Gott sei nur Lug und Trug und Jesus Christus als Sein Sohn nur ein begabter Magier. Wer so denkt, ruft seinen geistigen Tod, der bereitet sich selbst unendliche Höllenqual.

In der Ewigkeit dazumal, wirkt jeder Schmerz noch tiefer, vernichtet uns mit Haut und Haar. Bei Gott ist alles heiter, drum steh' nicht auf der Leiter, sondern ruf' Ihn in Dein Leben, bevor die Erde ist am Beben.

Es kommt der Tag des Schreckens, wo diese Welt vergeht. Denn Gott verkürzt am Ende die Zeit, um Seiner Auserwählten willen. Er schenkt Freude und Erbarmen, Hoffnung und Liebe jedem, der Ihn bittet. Aber viele hören Seine Stimme nicht, können Ihn nicht verstehen, verhärten ihre Herzen, möchten lieber vergehen.

Ein Tor, wer solches denkt, ein Mensch, der sich zu spät bekehrt. Gott spricht jeden an, bietet Seine Freundschaft, die Kindheit uns an. Wer auf Ihn hört, den macht Er stark !

Gottvater, schenk' Du uns die Kraft, Dir zu dienen, jetzt und in Ewigkeit. Siehe uns unsere Sünden nach und vergib uns unsere Schuld !

Wer Gott nicht kennt, der weiß nichts vom Leben, der führt das Dasein eines Untoten, der schon gestorben ist, aber selber noch nichts davon weiß. Ohne Gott wäre kein Leben. Wer sich von Gott trennt, verbindet sich mit dem Tod.

Drum betrachte Dein ganzes Sein mit den Augen der Liebe. Begegne allen Geschöpfen mit Nachsicht und Geduld, und Gott ist mit Dir. Kämpfe an der ersten und einzigen Front des Lebens, in Dir selbst. Streite mit den Waffen des Lichtes und der Liebe.

Erfrage keinen Trost von anderen, diskutiere nicht über Glaubensfragen, damit Du nicht erneut fällst in Versuchung. All das bringt nur Zank und Streit. Gib alles in Gottes Hand, laß' alles los in Glauben und Vertrauen. Schaffe Dir den Himmel auf Erden durch Gottes Fügung, indem Du Dich bereitest für das Himmelreich.

Dank sei Gott, dank sei Gott, dem Herrn, jetzt und in Ewigkeit. Gepriesen sei der Herr.

Dank sei Seinen Engeln, Gottes Liebe mit den Menschen. Jauchzet und jubelt dem Herrn, gepriesen sei Sein Name.

Erhebet die Herzen ! Wir haben sie beim Herrn, jetzt und in Ewigkeit. Amen.

Gelobt sei Jesus Christus !

22

Himmlischer Vater, geliebter Herr, wir danken Dir so sehr, für all´ Dein Licht und Deine Liebe. Amen.

Gelobt sei Jesus Christus.

Starker König, großer Gott, Du schenkst uns Mut zum Leben, Du schenkst uns Freude am Sterben, denn Du schenkst uns die Zuversicht, alles hat einen Sinn und ist von Dir gewollt. Dein allein heiliger Wille geschehe, jetzt und in Ewigkeit. Du bist der Vater aller Dinge, Schöpfer allen Seins, König Himmels und der Erden.

Dank sei Gott dem Herrn !

Vater, Du heiligst Gerechte und züchtigst Ungerechte. Du siehst in jedes Herz, schenkst Einsicht und Erkenntnis, gewährst Gnade und Barmherzigkeit, wenn es Dein Wille ist. Du bist der ewig Gnädige und Gütige, der Vater aller Dinge.

Du vermittelst uns richtige Sicht der Dinge und leichtes Annehmen Deiner Lehre. Herr, Du schöpfst aus Deiner unendlichen Liebe, aus Deinem Ozean von Licht und Liebe. Schier unendlich ist Deine Allmacht, Deine Stärke und Deine Zärtlichkeit. Du machst Kleine groß und Große klein. Du bringst Trost den Trauernden und gerechte Strafe den Sündern. Du entfachst das Licht der Liebe in unseren Herzen, Du eröffnest uns unendliche Weiten des Seins, kraft Deiner Liebe und Gnade.

Nichts und niemand entgeht Deinem Gericht, bist Du auch nur Licht und Liebe. Aber Liebe bedeutet auch Ernst und Ordnung, Annehmen und Ablehnen, Gnade und Ungnade. Du siehst tief in das Herz eines jeden Menschen. Du siehst auf Gerechte und Ungerechte. Alles liegt in Deiner Hand !

Weise handelt der, der seinem eigenen Willen entsagt, der ganz Dir vertraut und sich Dir unterwirft. Du läßt niemanden ungeschoren, denn Du liebst alle Deine Kinder.

Wer Dich ruft, zu dem eilst Du mit Gedankenschnelle. Du überwindest Zeit und Raum, kraft Deiner Liebe, schenkst uns wieder den Glauben an die Einheit. Wer an Dich glaubt, den machst Du stark, dem bescherst Du ein seliges Sein auf Erden, im Bewußtsein Deiner Gnade und Liebe. Ohne Deine unendliche Güte, Gnade und Liebe müßte alles Erschaffene vergehen, Vater. Der Mensch braucht Dich mehr denn je !

Der Liebling Deiner Schöpfung gebar sich selbst ein solches Ausmaß an Problemen, daß er sie selber nicht mehr lösen kann.

Vater, Gott und Herr, den Deinen schenkst Du jeden Tag Erfüllung und Erschöpfung im Dienste Deiner Liebe. Wer sich für Dich verausgabt, Sein Leben in Deinem Dienste spendet, dem schenkst Du Deine Gnade.

Nicht durch Werke erwirken wir Deine Gnade, aber durch Deine große Liebe wird sie uns geschenkt. Vater, laß uns jeden Augenblick in der tiefen Sehnsucht nach dem Kommen Deines Reiches in Demut und Geduld verharren.

Du hast uns verheißen Dein Kommen auf Erden in dieser Zeit. Drum nimm an unsere Gebete, öffne unsere Herzen, laß das Licht der Liebe und Erkenntnis einfließen in jeden Menschgeist. Du machst alles neu, schenkst Güte und Gnade, wie es Dir selber gefällt. Dank sei Gott dem Herrn !

Du verheißt uns ewigen Frieden, nur Licht und Liebe, ein harmonisches Reich aller Wesen auf Erden. Du schenkst uns Reinigung im Lichte Deiner Liebe, gewährst uns Neugeburt und Neues Leben durch Deine Herrlichkeit. Du senkst herab Dein Reich in diese Welt, löst auf alles Dunkle und Undurchsichtige, spendest Licht und Erkennen in allen Dingen. Wer weise liebt, bittet Dich um Führung.

Du gewährst uns die Gnade des Lebens durch die Allmacht Deiner Liebe. Du machst Blinde sehend, Taube hörend und Lahme gehend. Wer sich in Deine Hand begibt, den erhältst Du durch Deine Stärke. Wer wollte Dir widerstehen ?

Vater, schenk uns Dein Erbarmen. Öffne unsere Herzen, damit wir uns nicht verscherzen, diese letzte Gnadenmöglichkeit.

Überall erkennen wir Früchte Deiner Liebe. Überall bist Du, oh Herr. Laß uns Dich erkennen und ehren, Dich erreichen mit unserer zarten Liebe, Dir zur Ehr´.

Wer Dich nicht liebt, der kennt Dich nicht. Denn Du bist nur Licht und Liebe, schenkst uns Befreiung und Erleuchtung nach Deinem allein heiligen Willen. Alles liegt in Deiner Hand.

Laß´ uns dies erkennen, um Dir zu dienen. Nur wer sich selbst verleugnet, kann Dein Diener sein. Wer seinen Willen und sein Dasein Dir zu Füßen legt, den nimmst Du an ! Dem bereitest Du eine Welt aus Licht und Liebe aus der Tiefe Deines Herzens, aus Dir selbst.

Herr, wir sind nur ein Teil von Dir, wir können von Dir nicht getrennt sein. Schenk' uns wieder das Gefühl der Einheit in Deiner Liebe. Laß' uns überwinden das Gefühl des Getrenntseins, welches nur Angst und Haß produziert.

Laß' nicht zu, daß die Gaukeleien des Satans unsere Seele in die Tiefe reißen. Bewahre uns in der Versuchung, Herr, und achte auf unsere Wege.

An Deiner Hand sind wir mächtig, durch Dich gekleidet sind wir prächtig. Wenn Deine Liebe strahlt aus unserem Herzen, wer wollt' es sich mit Dir verscherzen, der Du doch der König bist ? Wer Dich erkennt und folget Dir nach, der ist geborgen in Dir in Gott.

Geliebter Jesu Christ, der Du für uns gestorben bist. In Deinem Namen erbitten wir von Gott, unserem Herrn, ganz viel Licht und Liebe. Möge Er uns lenken, leiten und schützen, jetzt und immerdar.

Gott ist der Herr der Heerscharen, König Himmels und Erden, wer sich in Seine Hand begibt, den nimmt Er an. Jedem schenkt Er Nachsicht und Güte, der sich Ihm zuwendet und Ihn anruft in Deinem Namen.

Vater, nimm alle Deine Kinder an, alle, denen Du das Leben schenktest. Laß' uns alle endlich heimkehren zu Dir, damit die Zeit der Drangsal, des Kummers und der Not schwinden möge, sich auflösen möge im Feuer Deiner Liebe.

Alles liegt in Deiner Hand, Licht und Liebe, Leben und Tod. Vater, schenk' uns Dein Erbarmen, Freiheit von Lüge und Tod. Durch uns kam die Lüge in die Welt, mit uns mögest Du sie auflösen, kraft Deiner Liebe und Gnade.

Herr, Du bist das Allheilmittel all' unserer Gebrechen an Körper, Seele und Geist. Du schenkst uns die Kraft unseres Herzens. Du belebst jede einzelne unserer Zellen, schenkst uns Genesung und Heilung, wenn wir uns dafür bereiten.

Großer Gott, geliebter Herr. Du schenktest uns unsere Sinne, um Dich zu erkennen in allem Geschaffenen. Nur durch Deine Gnade leben wir, nur durch Deine Gnade sterben wir zur Neugeburt unserer Seele im ewigen Lichte Deiner Liebe. Vater, schenke allen Kindern Deiner Liebe die Kraft, Dich zu erkennen und Dir zu danken, denn schulden tun wir Dir all' unser Sein.

Mögest Du uns führen, lenken, leiten und schützen frei nach Deinem allein heiligen Willen. Du überläßt nichts dem Zufall, Herr, jeder erhält das, was er gesät hat, Liebe oder Nicht-Liebe, Glauben oder Unglauben, Licht und Liebe, Krankheit und Tod.

All' das ist würdig und recht, Gnade und Gerechtigkeit. Nur Du vermagst uns zu retten, niemand sonst. Du schenktest uns einmal das Leben, und nochmals und nochmals !

Laß' uns zu Bewußtsein kommen, bevor es zu spät ist, bevor wir Deiner Gnade und Güte verlustig gehen müssen aus eigener Schuld. Schenke Du uns richtiges Erkennen und Erfassen Deiner Lehre. Laß' uns Dir folgen in Demut und Geduld und uns erflehen von Dir Barmherzigkeit und Vergebung.

Denn Du trägst keine Schuld, oh Herr. Wir folgten unserem eigenen Gutdünken und Willen, als wir Dich verließen. Nun haben wir es schwer, zu Dir zurückzufinden. Doch Du schenkst uns sicheres Geleit und Erkennen. Du lenkst jeden unserer Schritte, wenn wir an Dich glauben und Dir vertrauen.

Du bist der Vater aller Dinge, Schöpfer allen Seins, jetzt und in Ewigkeit.

Gelobt sei Jesus Christus, der da kommt im Namen des Herrn ! Und Er ist schon da, in uns, zu richten die Lebenden und die Toten, zu scheiden die Spreu vom Weizen, zu läutern die Seelen der Menschen und zu öffnen ihre Herzen.

Vater, laß Deine Liebe fließen, auf daß jeder gerettet werden kann. Verbanne die Sünde aus der Welt und aus uns, die nur bringt Verderben, Krankheit und Tod.

Schenk' uns das Licht der Liebe, von Wahrheit und Leben. Dein Licht zerteilt die Dunkelheit als das Schwert des Richters. Denn Du bringst uns nicht den Frieden, sondern das Schwert. Du scheidest die Spreu vom Weizen, bringst Leben und Tod.

Nur wer in Dir lebt, den machst Du stark. Du raubst die Kräfte, entziehst die Liebe dem, der Dich nicht kennt, auf daß er gerettet werde. Nichts tust Du ohne Sinn ! Lieber leiden an körperlichen Gebrechen und erwachen in Deiner Liebe, als zu erleiden ewige Höllenqual !

Vater, Du machst alles neu, Dein Reich kommt auf Erden, es ist schon da. Alles ist neu im Entstehen.

Alles muß noch vergehen, auf daß mitten in uns entsteht, das Königreich Deiner Liebe. Was menschlicher Geist niemals vollbrachte, das schenkst Du uns aus Liebe, das Land ewiger Liebe und Gerechtigkeit.

Nur wer sich für Dich bereitet, der geht ein in das Neue Paradies. Das Tor steht weit offen zum ewigen Leben, für jeden von uns.

Schenke Du uns die Gnade der Erkenntnis und der Bewußtwerdung Deiner Liebe, auf daß wir finden die Pforte zur ewigen Glückseligkeit.

Nur wer Dich ruft, den erhörst Du !

Nur wer Dich kennt, dem wird aufgetan !

Drum bereite Deine Braut dem Bräutigam. Schenke jeder Seele die Kraft, einzugehen in Dein Reich der Liebe. Reiche Du uns die Hand, Vater, und ziehe uns auf sicheres Land, damit wir nicht untergehen in der Flut der Zornschalen Gottes. Dein Gericht komme über uns, Herr, aber richte nach Deiner Barmherzigkeit und nicht nach Gerechtigkeit !

Die Letzten werden die Ersten sein. Drum überhebe sich keiner über den anderen, sondern der Eine sei des anderen Knecht. Nur wer dem anderen dient, ist wahrhaft Herr.

Du wuschest uns die Füße, wolltest uns dienen durch Deinen Tod. Für uns unwürdige und schlechte Knechte brachtest Du Dein Leben dar auf dem Opferaltar, zu überwinden die Macht des Todes auf Erden, zu weisen den Satan in Seine Schranken.

Nur wer Dich voll Vertrauen und Glauben anruft, hat wahrhaft starken Schutz. Drum hüte sich ein jeder vor Lug und Trug und Gaukelei des bösen Feindes.

Vater, Du hast als menschgewordener Sohn Gottes auf Erden soviel gelitten, wie können wir Sterblinge es wagen, ein Wort des Jammers oder gar einen Seufzer der Not auszustoßen ?

Du trugest unser Kreuz der Eitelkeit, des Stolzes und des Todes. So brachtest Du das Leben in unsere Welt. Laß´ Deine Sonne scheinen, jetzt und in Ewigkeit, in unseren Geist und unsere Herzen, ohne Dich nur Verderben und Tod, Enttäuschung und Not.

Wir danken Dir für Deine Liebe, Deine Nachsicht und Geduld, mögest Du allezeit mit uns sein, jetzt und in Ewigkeit. Amen.

23

Großer Gott, geliebter Herr, wir danken Dir so sehr für all Dein Licht, Deine Liebe und Deine Wahrheit. Möge Dein allein heiliger Wille an uns geschehen, jetzt und in Ewigkeit.

Deine Macht und Deine Stärke sind unser Rückhalt, Deine Liebe unsere große Chance zum Leben. Du senkst Licht und Liebe in unsere Herzen, wenn wir uns für Dich bereiten.

Du schenkst uns Einsicht und Erkenntnis, gewährst uns tiefsten Einblick in Deine Geheimnisse. Ohne Deine Gnade erlangt keines Deiner Geschöpfe geistigen Reichtum.

Nichts und niemand gedeihet ohne Deine Gnade. Du machst Arme reich, gibst den Bedürftigen, offenbarst den Unwissenden, und schenkst den Blinden neues Licht. Alles liegt in Deiner Hand, wer will Dir widerstehen ?

Die Welt liegt Dir zu Füssen und weiß es leider nicht. Die Erde ist ein Spielball der Elemente, wird gehalten und stabilisiert durch Deine Güte und Gnade.

Du leuchtest uns heim, schenkst uns immer neue Gnade. Durch Deine unendliche Geduld erwirkst Du uns das Leben, eröffnest uns neue Weiten des kosmischen Seins in Dir, oh Herr !

Offenbare Du uns Deine Größe und Unendlichkeit, alleine wir können es nicht fassen, sehen keinen Anfang und kein Ende, denn in Dir ist nur die Ewigkeit. Alles ist eins in Allem in Gott. Du bist das Alpha und das Omega, der Anfang und das Ende.

Schenke Du uns Deine Liebe, Herr, auf daß der Satan keine Macht hat über uns. Es gilt nur Deine Gerechtigkeit, drum laß nicht zu, daß Boshaftigkeit und Zorn uns abbringen von unserem Weg zu Dir. Bewahre uns durch Deine Liebe.

Beschütze uns vor dem geistigen Feinde, der auf Verderben sinnt. Wer sich Dir widersetzt, öffnet sich selbst dem Bösen. Wer unwissend und ahnungslos ist, ist geschützt vor Strafe nicht.

Nicht Gott straft uns, aber Er läßt zu, daß uns das Böse anfällt, um uns zu prüfen, damit wir besser verstehen. Wer sich Gott verschreibt, der hat keinen Feind, der kann niemals vergehen. Gestärkt durch Gottes Engel, gefesselt durch Gottes Liebe, kann Ihm keiner widerstehen.

Ein jeder wähle Licht und Liebe, damit das Böse verschwindet aus der Welt. Erst dann, wenn jede einzelne Seele auf Erden den Teufel erkannt und in seine Schranken verwiesen hat, ist der Sinn aller Schöpfung erfüllt.

Drum sei ein jeder wachsam jeden Augenblick, bekümmere sich um jeden einzelnen unsauberen Gedanken, jede Unlauterkeit im Fühlen, und verschließe so dem Tode die Pforte.

Wer dem Feinde das Lebensmilieu entzieht, der rottet das Übel mit der Wurzel aus. Nur wer einen reinen Geist und klaren Verstand in sich trägt durch Gottes Gnade, dem offenbart sich das Reich Gottes.

Erkläre uns Deine Werke, Vater, damit wir besser verstehen, das Unfaßbare fassen lernen. Das Dunkle in uns mögest Du erleuchten, damit durch die Waffen des Lichtes und der Liebe allem Unreinen der Nährboden entzogen wird.

Nur durch Deine große Stärke, Deine unendliche Größe und Herrlichkeit ist das Übel zu überwinden. Schenke Du uns die Kraft, Deinem allein heiligen Willen zu folgen. Du offenbarst uns Deine Liebe in all Deinem Wirken, erschließt uns Deine Schönheit in allen geschaffenen Dingen, machst uns staunen in einem fort.

Herr, nimm Du uns an als Deine Diener, mache uns leichter zu sehen, was vor unseren Augen liegt. Lasse uns unser Kreuz auf uns nehmen, um Dir noch besser zu dienen.

Öffne unsere Herzen Deiner Herrlichkeit, erbarme Dich unser und mache uns bereit für Deine Wiederkunft auf Erden. Löse ein Dein Wort, geliebter Herr, komme Du hernieder in Deinem Licht und mache alles neu. Nur durch Dich ist Rettung möglich, nur durch Dich kommt eine Neue Welt. Drum laß Deine Liebe fließen, wie es Dir gefällt. Keinem entzieht sich Deine Gnade, der Dich zum Herrn erwählt.

Laß' uns bitten in Jesu Namen, nicht um Reichtum und Geld. Gewähre uns die Gnade des Lebens, in Deiner neuen Welt. Eröffne uns neue Dimensionen des Seins, Herr, die Du geschaffen hast, Dir zur Ehr', und für uns aus Liebe für die Ewigkeit.

Schenke Du uns richtige Sicht der Dinge, erhelle Du unsere Welt durch Deine Güte, Gnade und Gerechtigkeit, wie es Dir gefällt. Der König dieser Erde bist nur Du allein, oh Herr, und alle haben Dir zu dienen, Deinem Feind zur Schad' und Dir zur Ehr'. Wer Dich findet in sich selbst, der lebt die Liebe, dem erschließt sich Deine Neue Welt. Wer sich selbst überwindet, der ringt den Satan nieder und legt ihn in Ketten für die Ewigkeit!

Laß' ihn uns packen und binden, der uns alle plagt und quält, alleine er ist vonnöten, so lange es Dir gefällt, uns zu versuchen, uns Kindelein.

Verkürze Deine Tage, Herr, schenke du uns Zeitlosigkeit. Du läßt verfliegen eine Ewigkeit, um uns zu retten, bist Du bereit.

Herr der Heerscharen, Schöpfer allen Seins, Himmels und der Erden, bei Dir sind alle Dinge möglich, drum sprich nur ein Wort, so wird meine Seele gesund.

Kraft Deiner Allmacht überwindest Du die Welt in einem Stück. Wer sonst hat diese Stärke, wem schenktest Du die Kraft, zu überwinden das Übel in der Welt?

Großer Gott, oh Vater, oh Du geliebter Herr, zeig' Du Dich durch Deine Werke, jetzt und in einem fort. Beweis uns Deine Stärke und halt' Dich an Dein Wort!

Wer an Dich glaubt, den machst Du stark, dem schenkst Du die Kraft, zu widerstehen der Versuchung in Reinheit und Unschuld. Nur wer Böses denkt und bereit ist zu tun, der macht den Teufel stark. Wer nur die Liebe lebt, folgt der Stimme seines Herrn, ist geschützt durch Gottes Gnade vor Angst und Pein.

Verschließe Dich dem Bösen, verschließe ihm Deinen Geist. Schüttele ihn ab wie einen Tropfen Wasser, scheuch' ihn weg wie ein lästiges Insekt. Schenk' ihm keinen Raum in Deinem Geist, denn auf Dich sieht der Herr der Herrlichkeit.

Tue alles nur aus Liebe zu Gott und Seinen Dienern. Wer sich ehrlich zu Gott nur bekennt, der gewinnt wahrhaft ewiges Leben, wandelt in linnenem Hemd. Wer die Liebe nur wählt, für den der Mammon nicht zählt. Alles liegt in Gottes Hand, denn Er ist unser Unterpfand für Glück und Gerechtigkeit.

Und drum ist es soweit, zu folgen Seinem Worte, zu gelangen zu jenem Horte, den Er uns verhieß, als man Ihn verstieß. Er gab uns Sein Wort an jenem Ort, wo Er für uns starb. Nur Licht und Liebe will Er uns sein, nur Erkenntnis und Einsicht.

Drum öffne sich ein jeder den heilenden Energien unseres Herrn und Schöpfers. Möge ein jeder sich selber ergehen in Glauben, Gebet und Meditation und Danksagung an Seinen Schöpfer.

Nur wer wahrhaft liebt, schenkt sich Gott, gibt sich ganz hin, dem, der ihm das Leben gab. Das, was jeder sucht, findet er nur in Gott. Und Gott hat viele Gesichter!

Ergründe Dich selbst, und Du findest Gott in Dir. Rufe an die Quelle allen Lebens, die sprudelt ohne Unterlaß.

Gib Dich hin, dem Ruf der Liebe, immer und ohne Maß.

Wen Gott erwählt, dem schenkt Er alles das. Nur wer sich für Ihn bereitet, der spürt Seine Nähe im Übermaß. Gott ist allgegenwärtig und überall. Er sieht ins Verborgene, Er ist das alles durchscheinende Licht!

Alles erwächst aus Ihm aus Liebe zu den Menschen und allem Geschaffenen. Erkenne Gott und Seine Liebe in allen Dingen, denn Er ist immer für Dich da. Du bist nie einsam und allein, Er ist mit Dir allezeit. Er stützt Dich in Krankheit und Not, Verderben und Tod.

Alle Dinge sind von Ihm ausgegangen, so kehrt auch alles zu Ihm zurück, jetzt und in Ewigkeit.

Gelobt sei Jesus Christus, jetzt und in Ewigkeit. Amen.

24

Wer immer nur Liebe schenkt, der wird auch ewig nur Liebe ernten. Das ist Gottes Gerechtigkeit.

Die einzigen, die sich diesem göttlichen Gesetz entziehen, sind die Menschen. Sie öffnen sich dem Unguten und Bösen, folgen üblen Eingebungen und Versuchungen, folgen schlechten Gedanken und Impulsen, folgen niederen Instinkten und Gelüsten und vergessen, daß sie Kinder eines Vaters sind.

Doch wer Übel säet, der wird Übel ernten, und daran im Geistigen wachsen, oder zugrundegehen. Gott läßt zu, daß der Mensch und sein sterblicher Körper Mangel und an Krankheit leiden, damit seine Seele gerettet wird.

Wer dieses versteht und Gottes Gebote folgt, die Liebe zu leben, der ist behütet und beschützt, im Geistigen wie im Materiellen, um Gott zu dienen.

Nur wer eigenem Willen ganz entsagt, kann ein brauchbares, liebendes Werkzeug im Namen Gottes sein. Denn niemand schöpft Kraft oder Weisheit aus sich selbst, jeder empfängt alles vom Vater.

Nur wer sich ganz auf Gottes Gnade und Liebe verläßt, dem kann alles gegeben werden. Nur wer ganz auf die Hand des Vaters vertraut, hat auf keinen Sand gebaut.

Er ist der Herr der Heerscharen, der Schöpfer allen Seins, Himmels und der Erden, Vater aller Dinge. Möge Gott allezeit mit uns sein und uns führen, lenken, leiten, schützen, frei nach Seinem allein heiligen Willen. Wer anders sollte besser über alle Dinge im All wissen, als der, der alles geschaffen hat ?

Gottvater lebt seit Anbeginn aller Zeiten, Jesus Christus, Sein eingeborener Sohn, als erstes seiner Kinder. Der Vater schenkte Ihm alle Gaben, setzte Ihn zum Fürsten der Engel und Völker, bestimmte Ihn zum Beauftragten für Himmel und Erden. Drum schuldet ein jeder Ihm Gehorsam und Dank.

„Wer ist wie Gott in der Höhe ? Wer ist wie Jesus Christus, Sein eingeborener Sohn ? Wer ist wie Maria ?" All dies beinhaltet das gesamte Geheimnis der Schöpfung und des menschgewordenen Wortes und ist den bösen Geistern Schrecken und Greuel.

Die Macht dieses gesprochenen Wortes schreckt alles Ungute und Verderbliche ab, öffnet den Himmel und verschließt die Hölle mit all ihren üblen Bewohnern.

Wer im Vertrauen und Glauben Gott und seinen Engeln dient, der steht unter des Höchsten Schutz und Liebe, dem offenbart sich wahrhaft göttliche Wahrheit und Weisheit.

Wer auf die Hand des Vaters vertraut, hat Gottes Wahrheit und Liebe geschaut. Gott verläßt die Seinen nicht. Er macht die Seinen stark und wird sie wunderbar erhalten.

Gottvater, Gottsohn, Gottheiliger Geist enthält alles eins in Allem, umfaßt Himmel und Erden, Gottes gesamte Schöpfung und Ordnung. Nur wer in dieser göttlichen Ordnung lebt, erfährt Güte und Gerechtigkeit, erfährt Liebe und allumfassenden Schutz.

Unser himmlischer Vater kennt alle Seine Kinder seit Anbeginn aller Zeiten. Er weiß um Wohl und Wehe eines jeden, Er offenbart jedem einzelnen Seine Herrlichkeit und Stärke, wie es Ihm selber gefällt. Gott ist nur Licht und Liebe, wer sonst könnte Schöpfer sein ?

Nur wer fähig ist, allumfassend zu lieben, der ist wahrhaft ein Kind Gottes. Wer die Augen verschließt und sich vom Satan blenden läßt, der rennt in Sein Verderben.

Vertraue ganz auf Gott und schenke dem Satan keine Kraft über Dich. Nur wer sich ganz in Gottes Hand begibt, kann der Versuchung widerstehen.

Der göttliche Geist ist der Ursprung aller Dinge. Wer in diesem Bewußtsein und Glauben lebt, ist eins mit Gott. Nur wer die Herrlichkeit des Vaters von Angesicht zu Angesicht schaut, dem offenbart sich Seine ganze Größe und Allmacht.

Was dem Menschen durch Gottes Weisheit doch alles verborgen bleibt ! Nur wer stark ist in Glauben und Gebet, dem schenkt Gott die Gnade, in Sein Himmelreich einzugehen in Ewigkeit.

Wen Gott liebt, den züchtigt Er. Die Schule der Demut und Geduld bringt großen Segen ! Die Kraft des Gebetes erwirkt allen Gläubigen große Gnade. Nur durch Licht und Liebe, denn nichts anderes ist ein Gebet, wird das Böse in der Welt überwunden. Der Satan als Ankläger aller Sünde und Nachlässigkeit, beruft sich auf jede kleine Unstimmigkeit im Seelenleib eines jeden Menschen und kämpft so hart mit Gottes Engeln um Gnade und Gerechtigkeit.

Wer guten Willens ist, tut gut daran, ganz auf Gott zu vertrauen, und bei allem, was er denkt, tut und fühlt, sich ganz unter Gottes Schutz zu stellen. Nur so ist wahrhaft vollkommener Schutz durch Gottes Gnade und Gerechtigkeit möglich.

Je größer Zweifel, Angst und Unglauben, um so größere Kraft verschaffe ich der Anklage des Satans. Denn dieser böse Feind lauert auf unsere kleinsten Schwächen, um genau da zuzuschlagen, wo es am empfindlichsten trifft.

Wer das Schwert für Gott schwingt, gibt dem Übel keine Chance. Und unser Kampf währt ein Leben lang. Solange wir Menschen und dreidimensional sind, solange unterliegen wir den Anfechtungen und Anfeindungen des Bösen. Und Gott läßt es zu, um Seine Gnade zu offenbaren, und damit Seiner Gerechtigkeit Genüge getan werden kann.

Der Teufel neidet dem Menschen die Gnade Gottes, wieder in das Himmelreich Gottes eingehen zu dürfen, um hier Sein strahlendes Angesicht schauen zu dürfen.

So versucht er mit allen Mitteln, die Sterblichen von ihrer Bewußtwerdung und ihrem Glauben abzulenken, und die Menschen sind leider dumm genug, dieses zuzulassen. Sie sind restlos verblendet in ihrem Eigensinn, ihrer Selbstverliebtheit und ihrer Eigenschaft, ständig fremden Göttern zu dienen.

Wer freiwillig fremden Göttern dient, der wird Gottes Gestalt niemals schauen, der verschließt sich selbst das Paradies. Nur wer erwacht, und allem Vergangenen abschwört, der findet wahrhaft Vergebung und Erlösung vom Tod. Gott schenkt uns allen Seine Gnade, wenn wir uns dafür bereiten.

Der himmlische Vater liebt alle Seine Kinder, doch wer sich Seinem Einfluß entzieht und fremden Herren dient, dem kann nicht geholfen werden. Gottes Gerechtigkeit läßt um Ihrer selbst willen zu, daß unsere Seele verloren geht, wenn wir uns dafür bereiten. Drum achte ein jeder auf seinen Weg, fliehe die Versuchung und sei eifrig im Gebet !

Wer bewußt die Macht der Liebe in sein Leben ruft, der wird erhört und angenommen. Hierfür ist das Gebet unausweichlich Grundvoraussetzung.

Aber nicht die Worte zählen, sondern die Taten. Nur wer die Liebe lebt, erlangt Einsicht und Erkenntnis der göttlichen Lehre.

Alles, was uns von Gott ablenkt oder wegführt, lenkt unseren Schritt zum Verderben. Jede kleine Nachlässigkeit, Lauheit oder Sünde nutzt der böse Feind, um uns zu vernichten und in seinen Besitz zu bringen, aus lauter Boshaftigkeit und Neid.

Wer ihm durch Unglauben, Angst, Zweifel und Nachlässigkeit Macht über sich selbst verleiht, den hat er schnell beim Wickel und läßt nicht mehr los.

Je mehr Raum wir seinen Vorspiegelungen und Gaukeleien gewähren, um so größer der Nachhall in unserer Seele und der Schaden in unserem Leben.

Unsere Engel und Schutzengel müssen sich all' unsere Gebete und guten Werke zunutze machen, auch diejenigen unserer Eltern und Großeltern, Geschwister, Freunde und Bekannten aus früheren Leben und dem jetzigen Sein, um im Kampf gegen den Satan vor Gottes Gerechtigkeit einen Freispruch und Gnade für uns zu erwirken.

So sehr Gott uns liebt, muß Er doch entsprechend Seinem eigenen Gesetz der Wut und der Anklage des Teufels Gehör verschaffen, um über Wohl oder Wehe eines jeden von uns zu befinden, jeden Augenblick. Nur so ist dem Menschen geistiges Wachstum möglich. Das ist der Weg zu Gott.

Der Herr und Seine himmlischen Heerscharen tun alles, um jeden einzelnen zu erretten, aber wer den Ernst der Lage verkennt, sich bei Gott rar macht und Seinen Namen nicht nennt, der überantwortet sein Leben in die Hand des Teufels !

Wer das jetzt noch nicht versteht, dem hat man wahrlich schon das Hirn verblendet. Wer es zuläßt, ist selber schuld und wird an seinen Früchten zu knacken haben, in schlechter Gesellschaft.

Drum sorge sich ein jeder um sein geistiges Heil, öffne sich der Liebe und sage dank dem Gott, unserem Herrn. Es verstehe ein jeder, daß nur Gott kann unsere Rettung sein. Jeder Gedanke, jedes Gefühl, jede Entscheidung in unserem Leben unterliegt des Höchsten Richterspruch, unterliegt der Fürsprache der Engel und der Anklage des Satans.

Nur wer sich den guten Energien öffnet, ruft das Licht und die Liebe Gottes in sein Leben oder erfährt Befreiung und Schutz, der stärkt die Waffen und Argumente seiner Verteidiger im Kampfe um Leben und Tod. Alles liegt in Gottes Hand.

Er allein hat die Allmacht und schenkt uns Sein Erbarmen. Nur wer Gott kennt und glaubt, der wählt das Leben. Nur wer auf die Hand des Höchsten schaut und Seiner Weisung gehorcht, dem offenbart sich ewiges Leben.

All' dies ist wahrhaft göttliche Weisheit und wahrhaft göttliches Wort. Dies ist der Weg eines jeden in seinem Leben, egal ob bewußt oder unbewußt. Nur der Glaube und das Gebet führen ans Ziel.

Drum verfalle keiner dem Kult oder der Hexerei, denn Geister, die ich rief, werde ich nicht mehr los, im Guten wie im Schlechten.

Wen Gott liebt, den züchtigt Er, dem schenkt Er die Gnade zu leiden. Lieber im Hier und Jetzt leiden, und in Ewigkeit leben, als mit einer Lüge zu leben und zu erleiden den ewigen Tod.

Gott läßt nichts unversucht, unsere Seele zu erretten, bis zum letzten Augenblick. Alles, was uns täglich begegnet, dient uns nur zur Reifung und Erleuchtung, allein sehen und erkennen muß es jeder selbst.

Nur wer sich öffnet und bemüht, ausdauernd und beharrlich ist im Gebet, der wird Früchte ewigen Lebens und ewiger Glückseligkeit horten im Paradiese.

All das ist würdig und recht, wahrhaft göttliche Gerechtigkeit. Wer Gott dienen möchte, ist herzlich eingeladen, sich sofort zu bekehren oder noch ausdauernder zu beten und zu glauben. Wem Gott Gnade und Schutz gewährt, der wird sich wundern, was ihm an Gutem widerfährt.

Der Herr geht sehr freizügig mit Seinen Gnaden und Gaben um, wo Er guten Willen und wahre Liebe erspäht. Drum wer sich bekehrt und auf wahre Liebe sinnt, dem schenkt Gott Sein Erbarmen, jedem wirklichen Kind. Jeder besinne sich auf seine Jugend, seine Unschuld, Offenherzigkeit und Tugend.

Werdet wie die Kinder ! Lernet, allumfassend zu lieben und zu dienen, und Euer Vater nimmt Euch an ! Nur wer guten Willens ist, erfährt Rettung und neues Leben.

Gelobt sei Jesus Christus !

Er zeigt uns den Weg der Tugend, des Erbarmens, der Armut und Demut. Wer käme Ihm gleich an Gnaden und Gaben ?

Er ging uns voraus, drum nimm ein jeder sein Kreuz und folge Ihm nach. Aber bitte nicht nur bis zur nächsten Bushaltestelle !

Gott sieht ins Verborgene und jeden unserer Schritte. Wer glaubt, Gott habe nur vor zweitausend Jahren gelebt, und sei zwischenzeitlich abwesend oder verhindert, der irrt gewaltig und weiß nicht um die Allmacht und Ewigkeit des Schöpfers.

Wenn unsere Erde heute so finster dreinschaut, dann allein deswegen, weil der Mensch entgegen Gottes Gnade dem Satan Macht und Kraft über sich selbst verleiht. Die Auswirkungen dessen dürfen wir täglich in den Nachrichten erfahren, oder besser am eigenen Leibe.

Wer all' dies nun weiß, dem diese göttliche Offenbarung in den Schoß sinkt, der mache sich schleunigst auf, sein Seelenheil zu erhaschen, bevor ihn der Höllenhund noch mehr am Hintern packt. Wo er einmal zupackt, läßt er nicht mehr los !

Man halte ihm immer die Größe unseres Herrn und Schöpfers, oder die Demut unseres Erlösers Jesus Christus unter die Nase:

"Wer ist wie Gott in der Höh',
wer ist wie Jesus Christus, sein Sohn ?
Wer ist wie die Jungfrau Maria ?"

Aussprüche und Gedanken dieser Art bereiten dem üblen Genossen wahrhaft Pein, erschrecken ihn „zu Tode", der er ja selber ist, peinigen ihn aufs Blut und verschaffen ihm wahrhaft Höllenqual.

Die Vorstellung der Glorie Gottes, Jesu Christi, der Gottesmutter Maria und aller Engel, die Ihm dienen, schleudern den üblen Genossen mit seinem gesamten listigen Anhang für eine gewisse Zeit in den tiefsten Höllenschlund, betäubt und geschlagen durch die Kraft, Macht und Herrlichkeit unseres himmlischen Vaters.

Wer diese Regel kennt und daran glaubt, mache sie sich zunutze. Nur so ist Befreiung von der Tyrannei des Bösen und Unguten in unserer Welt möglich.

Wer sich bekennt, im Glauben und Vertrauen zu Licht und Liebe unseres Herrn und Schöpfers, dem wendet sich ein unendliches Gnadenmaß zu, dem erschließt sich ganze Allmacht und Herrlichkeit der Gottheit, in diesem Leben und in Ewigkeit.

Es sorge sich ein jeder um sein Dasein, jetzt und in Ewigkeit. Denn es kommt der Herr der Heerscharen, zu richten für die Ewigkeit. Wer sich selbst erniedrigt, in Demut und Geduld, der wird erhöht werden. Wer sich selbst erhöht, der wird gestürzt !

Der eine sei des anderen Knecht !
Der eine hilft dem anderen die Leiter hinauf !

Nur wer wahrhaft liebt, Gott über alles und seinen Nächsten wie sich selbst, der wandelt auf dem Pfade des ewigen Lebens.

Wer hadert, zaudert, sich ängstigt und weint, der bete zu Gott in Ewigkeit.

Nur die Macht, Gnade und Güte des Allmächtigen schenkt uns die Kraft zum Leben. Nur wer sich selbst vergißt, findet sich wieder in der Einheit mit Gott !

Alles ist eins in Allem in Gott. Es überwinde ein jeder sich selbst für Gott. Weise den Vater des Übels und der Lüge in seine Schranken und Gott ist mit Dir.

Greife nach der Rettungsleine, nach dem Fallschirm, der Dich trägt, hin zu sonnigen Gefilden der Liebe und Glückseligkeit.

Es erfasse ein jeder den Sinn dieser Worte, einem jeden erschließt er sich nach seinem Gnadenstande. Drum erbitte ein jeder Gnade und Erbarmen im sündigen Stande, um Verzeihung und Vergebung zu erlangen, vor Gott unserem Herrn.

Denn nur Er ist der Richter, der Herr über Leben und Tod. Ihm sind alle Dinge untertan, jede Kirche, jede Weltmacht und jede Nation. Alle sind aus Seiner Gnade, alle schulden Ihm Preis und Ehr' und Jubel noch viel mehr !

Wer vergißt, Ihm zu danken, den erlangt das Verderben, der erleidet bitteren Tod. Nur wer sich rein hält im Geistigen, dem verheißt Er süße Speise und Lob, der erntet, was er gesät hat, ewiges Leben und Brot.

Denn das Brot, das ist die Speise des Geistes, das ist die Liebe unseres Herrn und Meisters, der uns allen Befreiung und Erleuchtung unseres Geistes schenkt, wenn wir ihn alle darum bitten.

Gelobt sei Jesus Christus, jetzt und in Ewigkeit !

Du kommst, zu richten die Lebenden und die Toten. Nun mach doch bitte, daß wir auf der rechten Seite des Vaters stehen. Schenke Du uns richtige Erkenntnis und Einsicht, auf daß Dein allein heiliger Wille an uns geschehen möge.

Lasse bitte nicht zu, daß all' unser Kreuz und Leid, daß all Dein Blut, welches für uns vergossen worden ist, umsonst geschehen ist. Dein allein heiliger Wille geschehe an uns, jetzt und in Ewigkeit. Denn Du allein weißt, was gut für uns ist.

Du sendest uns Deine Engel, welche zu uns sprechen, und uns Deine Botschaften überbringen.

Vater, wenn wir doch all´ dies wissen, und wahrhaft an Dich glauben, dann schenke uns doch bitte auch die Kraft, Deinem Willen zu folgen.

Hilf uns in Deiner unendlichen Güte, Gnade und Barmherzigkeit, dem Bösen zu entfliehen und die Liebe zu leben, Werkzeuge Deiner göttlichen Gnade zu sein !

Du allein hast die Kraft, Du allein schenkst uns die Gnade, Herr. Drum erbarme Dich unser, empfange unser Gebet, spende uns Deinen Segen, damit wiederersteht in uns, Dein göttlicher Geist, Dein göttliches Wort.

Mögest Du unser Führer, unser Lenker, unser Leiter und Schützer sein. Nichts zählt auf der Welt, nur Dein göttlicher Wille, nur Dein göttliches Wort. Alles ist Dein, oh Herr. Wer wollte Dir etwas streitig machen ? Wer wollte mit Dir rechten, wo wir doch alle aus Deiner Gnade nur sind ?

Schenke Du uns Demut, schenke Du uns Geduld, schenke Du uns Kraft, Dir zu folgen und uns selbst zu überwinden.

Nur die Liebe zählt ! Denn das ist die unendliche und ewige Kraft, die aus Dir selbst erwächst. Nichts und niemand kann ihr widerstehen. Laß´ Licht und Liebe die Welt regieren, und alles wird gut.

Errette Du uns vor dem geistigen Fall in unabsehbare Tiefen. Erschließe uns Deine Gnade, Herr, damit wir nicht vergehen und gut überstehen die Zeit der Neuerung, in der viele hinübergehen, die Du erwählt hast, in Deiner unendlichen Güte und Gnade.

Es entsteht das Reich der Liebe, das Neue Jerusalem mitten unter uns. Der Grundstein ist gelegt, Jesu Christ erlag dafür den Kreuzestod. Es erwächst in unseren Herzen das neue Licht der Welt, um Frieden, Liebe und Glückseligkeit zu spenden, denen, die es erhellt.

Vater aller Dinge, Schöpfer allen Seins, Himmels und der Erden, Du erwähltest Dein Volk, welches Du aus eigener Schuld verwarfst und straftest.

Nun erwählst Du aus allen Kindern der Erde die, die wahrhaft guten Willens sind. Laß´ das Licht der Liebe erstrahlen in unseren Herzen, mögest Du es verschmerzen, daß wir so träge sind. Wir vergessen, Dir zu danken, sind rege uns am Zanken, wer wohl schlauer oder stärker ist.

Vater, gewähre Deinen Kindern Güte und Barmherzigkeit !

„Vergib' Ihnen, Herr, denn sie wissen nicht, was sie tun !"

Wer wollte es Ihnen verübeln, sind doch die Anfechtungen und Anfeindungen des bösen Feindes so groß, daß wir zerbrechlichen,
zarten Geschöpfe im Erdenkleide ihnen schutzlos ausgeliefert sind.

Nur Deine große Güte und Gnade, Deine unaussprechliche
Liebe zu Deinen Geschöpfen und allem Erschaffenen gewährt uns
Hilfe, Beistand und Trost auf diesem Planeten der Finsternis.

Deine geliebten Engel und Diener, Deine geliebten Lichtwe-
sen, unsere geistigen Brüder und Schwestern in Deinem göttlichen
All vermögen uns zu helfen, uns Beistand zu erflehen im Namen
Deines Sohnes Jesu Christi, unseres Erlösers.

Nichts und niemand sonst schenkt uns Antwort auf alle Fragen,
gewährt uns so tiefen Einblick in den Sinn allen Seins.

Vater, Schöpfer, Herr und Gott, König der Könige, Quell allen
Lebens, Ursprung allen Seins, wir danken Dir ! Wir danken Dir für
all' Dein Licht und Deine Liebe, Deine unendliche Güte, Gnade
und Barmherzigkeit.

Laß uns beten zu Dir, der Jungfrau Maria und allen Heiligen,
auf daß sie uns beistehen in der Stunde der Not, daß Dein Segen
allezeit mit uns sei.

Laß uns beten zum Heiligen Antonius, daß er verhindern möge,
daß uns die Liebe zu Dir, geliebter Gott, und Deiner gesamten
Schöpfung, verloren geht !

Denn alles ist eins in Allem in Dir, oh Herr. Laß uns das niemals vergessen, sondern erhalte Du uns in Wachsamkeit, Demut
und Geduld, auf daß wir harren mögen auf den, der da kommt, im
Namen des Herrn, uns nicht den Frieden zu bringen, sondern das
Schwert, das Schwert des Jüngsten Gerichts, zu richten die Lebenden und die Toten, für die Ewigkeit.

> *„Einer ist der Richter,*
> *einer ist der Herr,*
> *und das bist Du, Vater !"*

Wir bekennen uns zu Dir und folgen Deinem heiligen Worte
und beten zu Dir, wie Du uns gelehrt hast:

Vater unser,
Der Du bist im Himmel,
geheiligt werde Dein Name,
Dein Reich komme,
Dein Wille geschehe,
wie im Himmel, so auf Erden,
unser täglich Brot gib uns heute
und vergib uns unsere Schuld,
wie auch wir vergeben unseren Schuldigern.
Und führe uns nicht in Versuchung,
sondern erlöse uns von dem Bösen.
Denn Dein ist das Reich und die Kraft,
und die Herrlichkeit, jetzt und in Ewigkeit.
Amen

Ich glaube an Gott, den Vater, den Allmächtigen,
Schöpfer Himmels und der Erden,
und an Jesus Christus, Seinen eingeborenen Sohn,
empfangen durch den Heiligen Geist,
geboren durch die Jungfrau Maria,
gelitten unter Pontius Pilatus,
gekreuzigt, gestorben und begraben,
hinabgefahren in das Reich der Toten,
wiederauferstanden am dritten Tage,
aufgefahren in den Himmel,
dort sitzt Er zur Rechten des Vaters,
und Er kommt zu richten,
die Lebenden und die Toten
am Tage des jüngsten Gerichts.
Ich glaube an den Heiligen Geist,
empfangen durch die Gnade Gottes, unseres Herrn
der dies den Aposteln hat verkündet.

Ich bete zur Gottesmutter und Jungfrau Maria,
Königin der Himmel, Königin der Engel,
Gegrüßet seiest Du Maria, voll der Gnaden,
der Herr ist mit Dir, Du bist gebenedeit unter den Frauen,
und gebenedeit ist die Frucht Deines Leibes, Jesu.
Heilige Maria, Mutter Gottes, bitte für uns Kinder
jetzt und in der Stunde unseres Todes.

Himmlischer Vater, geliebter Herr,
wir danken Dir so sehr, für all Dein Licht
Deine Liebe, Deine Wahrheit,
für alles, was Du uns gibst und schenkst,
jetzt und in Ewigkeit,
in Deiner unendlichen Güte, Gnade und Barmherzigkeit !
Schenke Du uns Deine Liebe,
Sei Du uns gnädig, jetzt und allezeit,
denn Du bist der Vater aller Dinge,
der Herr der Heerscharen,
Schöpfer Himmels und der Erden !
Dein allein heiliger Wille geschehe an uns.
jetzt und in Ewigkeit.
Dank sei Gott,
Dank sei Gott dem Herrn
jetzt und in Ewigkeit.

Amen.

Gelobt sei Jesus Christus !

Mögen diese Worte des Lichtes und der Liebe erreichen alle Menschenherzen, mögen sie sich öffnen dem heiligen Willen ihres Vaters, auf daß es Licht werde auf Erden.

Die Macht des Teufels ist gebrochen, das Reich Gottes auf Erden ist gekommen, die Stunde des Gerichts ist da.

Nichts und niemand entgeht seinem gerechten Urteil. Das ist wahrhaft göttliches Recht, und wahrhaft göttliche Gerechtigkeit.

Der Bann des Bösen ist gebrochen, das Reich der Liebe entsteht mitten in uns.

Dank sei Gott dem Herrn, jetzt und in Ewigkeit.

Amen. Amen. Amen.

DANKSAGUNG

Ich danke unserem geliebten Herrn und Meister, Jesus Christus, unserem himmlischen Vater und allen, die Ihm dienen, für die unendliche Güte, Gnade, Geduld und Barmherzigkeit, die mir und allen Menschen mit der Fertigstellung dieses Werkes erwiesen wird.

Gott überläßt nichts dem Zufall ! Und so glaube ich auch, daß dieses Buch gottgewollt und gottinspiriert geschrieben worden ist. Ich danke unseren geliebten Lichtwesen, unseren geliebten Engeln und Erzengeln, die im Namen Gottes beigestanden haben, alles und alle, die bei der Geburt des Buches helfen durften, zu lenken, zu leiten und zu schützen.

Ich denke, daß einige der sterblichen Wesen, nicht zuletzt ich selbst, sich gar nicht bewußt sind, welch hohe Gnade sie durch die Annahme ihrer Mithilfe erfahren haben. Möge Gott uns allen richtige Erkenntnis und Erleuchtung schenken !

Ganz besonders bedanken möchte ich mich bei meiner geistigen Lehrerin und der christlichen Mystikerin Frau Marianne Evertz für die Animation und Inspiration zum medialen Schreiben. Sie ist die Mittlerin und Trägerin der geistigen Brücke zur göttlich-geistigen Welt, die durch ihre Gebete und Fürsprache Gottes Gnade auf uns herabgezogen hat. Möge Gott ihr allezeit gnädig sein und ihr ein langes und gesegnetes Leben schenken zum Wohle der Menschheit und der gesamten Schöpfung. Engel auf Erden sind heute sehr selten geworden !

Ich selbst betrachte mich nur als ein geringfügiges und leider oft sehr unnützes und nachlässiges Werkzeug, mit dem mein geliebter Geistführer und Schutzengel wohl oft genug seine liebe Mühe hat.

Mögen alle Geschöpfe der diesseitigen und jenseitigen Welt und Gott selbst mir all' das nachsehen und verzeihen, was ich selbst in dieser noch recht jungen Inkarnation gegen Gottes Willen und gegen die geistigen Gesetze der Liebe unternommen habe. Jugendlicher Leichtsinn und Ungestüm sind nicht immer eine Entschuldigung für begangene Sünden !

Ich danke nochmals im Namen Gottes allen Wesen und Geschöpfen der diesseitigen und jenseitigen Welt, die geholfen haben, dieses Werk in der vorliegenden Form entstehen zu lassen.

Vergelt's Gott !

Markus Tebartz